KB098453

시간과
물에 대하여

Um tímann og vatnið
by Andri Snær Magnason

Copyright © Andri Snær Magnason, 2019
Title of the original Icelandic edition: Um tímann og vatnið
Published by agreement with Forlagið, www.forlagid.is

Korean translation © 2020 Bookhouse Publishers Co.
All rights reserved.
The Korean language edition is published by arrangement with
Forlagið, Reykjavik through MOMO Agency, Seoul.

이 책의 한국어판 저작권은 모모 에이전시를 통해 Forlagið, Reykjavik사와
독점 계약을 맺은 북하우스 퍼블리셔스에 있습니다. 저작권법에 의해 한국 내에서
보호를 받는 저작물이므로 무단 전재와 무단 복제를 금합니다.

This book has been translated with a financial support from
 **ICELANDIC LITERATURE CENTER**

시간과
물에 대하여

Um tímann
og vatnið

안드리 스나이르 마그나손 지음

노승영 옮김

북하우스

이 책을 우리 아이들과, 아이들의 아이들과,
아이들의 아이들의 아이들에게 바친다.

"결국 우리가 간직하는 것은 우리가 사랑하는 것뿐이요,

우리가 사랑하는 것은 우리가 이해하는 것뿐이요,

우리가 이해하는 것은 우리가 배우는 것뿐이다."

귀드뮌뒤르 파울 올라프손 (아이슬란드의 동식물 연구가, 환경 운동가)

차례

일러두기

1. 이 책은 Andri Snær Magnason, *Um tímann og vatnið* (Reykjavík: Forlagið, 2019)와 *On Time and Water*, trans. Lytton Smith (London: Serpent's Tail, 2020)를 저본으로 삼았다.

2. 저자 주는 미주로, 옮긴이 주는 각주로 표기했다.

3. 단행본 제목은 겹낫표(『』), 기사·시 제목은 홑낫표(「」), 신문·잡지·영화 등의 제목은 홑화살(〈 〉)로 표기했다.

흥미진진한 시대를 살아가시길

"자신이 무엇을 유념하는지 유념하라."

소르발뒤르 소르스테인손 (아이슬란드의 시각예술가, 작가)

외국에서 손님이 올 때마다 보르가르툰 거리, 소위 '부서진 꿈의 거리'를 따라 드라이브를 시켜준다. 나는 회프디 건물을 가리킨 다. 1986년에 로널드 레이건과 미하일 고르바초프가 회동한 흰색 목조주택, 많은 이들에게 공산주의가 몰락하고 철의 장막이 걷힌 사건으로 기억되는 곳이다. 회프디에서 가장 가까운 건물은 온통 유리와 대리석으로 덮인 검은색 상자 모양 건축물로, 한때 쾨이싱 그 은행 본사가 있었다. 2008년 쾨이싱그 은행의 파산은 그 규모가 자본주의 역사상 네 번째로 컸다. 인구 1인당 액수가 아니라 전체 액수로 따져서 그랬다. 무려 200억 달러였으니까. 20,000,000,000 달러.[1]

남의 불운을 고소해할 생각은 없다만, 내가 지긋한 중년도 되기 전에 공산주의와 자본주의라는 거대한 두 신념체계의 몰락을 목격했다는 것이 놀라울 따름이다. 두 체계를 지탱한 것은 기성

11

체제의, 정부와 문화의 정점에 있던 사람들, 피라미드 꼭대기에 있다는 이유로 존경받던 사람들이었다. 이 체계 안쪽 깊숙한 곳에서 사람들은 마지막 날까지도 허세를 부렸다. 1989년 1월 19일 에리히 호네커 동독 서기장이 말했다. "장벽은 앞으로도 50년간은 서 있을 것이며 100년이 지나도 끄떡없을 것입니다." 장벽은 그해 11월에 무너졌다. 쾨이싱그 은행이 아이슬란드 중앙은행으로부터 긴급 융자를 받은 2008년 10월 6일, 은행장은 텔레비전 인터뷰에서 이렇게 말했다. "우리는 매우 훌륭히 대처하고 있으며, 중앙은행에서도 대부금 상환을 확신한다고 분명히 말씀드릴 수 있습니다." 은행은 사흘 뒤에 파산했다.

체계가 무너질 때는 단단히 묶여 있던 사슬에서 언어가 풀려나온다. 현실을 담아야 할 단어들이 허공을 떠돌며 더는 아무것도 가리키지 못한다. 교과서는 하룻밤 새 구판이 되며, 정교하기 그지없던 체계가 허물어진다. 문득 올바른 문구를 떠올리기가, 현실에 부합하는 관념을 만들어내기가 힘들어진다.

회프디와 쾨이싱그 옛 본사 사이에는 잔디밭이 있다. 잔디밭 한가운데 자잘한 잡목림이 서 있고, 가문비나무 여섯 그루와 부들부들한 버드나무 몇 그루가 보인다. 나무 사이에 누워 하늘을 올려다보고 있자니 다음에는 어떤 체계가 무너질지, 어떤 거창한 사상이 몰락할지 궁금해졌다.

과학자들은 생명의, 지구 자체의 토대가 무너지고 있음을 드러내고 있다. 20세기의 주요 이념들은 땅과 자연을 값싸고 무한한 원자재로 간주했다. 인류는 대기가 배출가스를 끊임없이 받아들일 수 있고, 대양이 쉬지 않고 폐기물을 받아들일 수 있고, 대지가 비료만 주면 끝없이 재생할 수 있고, 인간이 점점 많은 공간을 점유하면 동물은 계속해서 딴 데로 이동할 것이라 생각했다.

대양과 대기에 대한, 기후에 대한, 빙하와 연안 생태계의 미래에 대한 과학자들의 예측이 옳은 것으로 입증되면 우리는 이 어마어마한 사태를 어떤 언어로 표현할 수 있을까. 어떤 이념이 여기에 대처할 수 있을까? 무엇을 읽어야 할까? 밀턴 프리드먼, 공자, 카를 마르크스, 요한계시록, 꾸란, 베다를 읽어야 하나? 우리의 이 욕망을, 어떤 측정치에 따르더라도 지구의 기본적 생명 체계를 압도하고 말 이 소비량과 물질만능주의를 어떻게 가라앉혀야 하나?

이 책은 시간과 물에 대한 것이다. 앞으로 100년에 걸쳐 지구상에 있는 물의 성질이 근본적으로 달라질 것이다. 빙하가 녹아 사라질 것이다. 해수면이 상승할 것이다. 기온이 높아지면서 가뭄과 홍수가 일어날 것이다. 해수가 5000만 년을 통틀어 한 번도 보지 못한 수준으로 산성화될 것이다. 이 모든 현상이, 오늘 태어난 아이가 우리 할머니 나이인 아흔다섯까지 살아가는 동안 일어날 것이다.

지구 최강의 힘들이 지질학적 시간을 벗어나 이제 인간의 척도로 변화하고 있다. 예전에는 수십만 년이 걸리던 변화가 이젠 100년 사이에 일어난다. 이 속도는 가히 신화적으로, 지구상의 모든 생명체에 영향을 미치며, 우리가 생각하고 선택하고 생산하고 믿는 모든 것의 기반이 된다. 우리가 아는 모든 사람, 우리가 사랑하는 모든 사람에게 영향을 미친다. 우리가 맞닥뜨리고 있는 변화는 우리의 정신이 평소에 다루는 대부분의 현상보다 복잡하다. 이 변화들은 우리의 모든 과거 경험을 뛰어넘고 우리가 현실의 나침반으로 삼는 대부분의 언어와 은유를 초과한다.

비교를 위해 화산 폭발음을 녹음한다고 생각해보자. 대다수 기기에서는 소리가 뭉개져 백색잡음밖에 들리지 않는다. '기후변화'라는 단어가 대다수 사람들에게는 그런 백색잡음에 불과하다. 그보다 사소한 문제에 견해를 표명하는 건 쉽다. 우리는 귀중한 물건이 사라지면 그 사실을 알아차릴 수 있으며 동물이 총에 맞거나 사업이 합의된 예산을 초과해도 그 사실을 알아차릴 수 있다. 하지만 무한히 큰 것, 성스러운 것, 우리의 삶에 근본적인 것이 결부된 사건에 대해서는 어떤 반응도 보이지 못한다. 그런 척도는 뇌가 감당하지 못하는 거다.

이 백색잡음은 우리를 속인다. 우리는 신문에서 '빙하 해빙', '기록적 고온', '해수 산성화', '배출가스 증가' 같은 머리기사 제목을 보면 그것이 무슨 뜻인지 안다고 여긴다. 과학자들이 옳다면 이 단어들은 지금까지의 인류 역사에서 일어난 그 어떤 사건보다 심각하다. 우리가 제대로만 이해한다면 이 단어들은 우리의 행동과 결정을 직접적으로 변화시킬 것이다. 하지만 이 의미들의 99퍼센트는 백색잡음으로 흩어져버린다.

'백색잡음'은 틀린 비유인지도 모르겠다. 이 현상은 블랙홀에 더 가깝다. 블랙홀을 본 과학자는 아무도 없다. 질량이 태양의 수백만 배나 되기에 빛을 모조리 흡수해버리기 때문이다. 블랙홀을 감지하려면 그 너머를, 블랙홀 근처의 성운과 항성을 관측하는 수밖에 없다. 지구상의 모든 물, 모든 지표면, 전체 대기에 영향을 미치는 문제들도 너무 거대해서 모든 의미를 흡수해버린다. 이 주제에 대해 글을 쓰는 유일한 방법은 그 너머로, 옆으로, 아래로, 과거와 미래로 가는 것, 개인적이면서도 과학적인 태도로 신화의 언어를 구사하는 것이다. 나는 이 주제에 대해 쓰지 '않음'으로써 써야 한다. 뒤로 돌아감으로써 앞으로 나아가야 한다.

우리는 생각과 언어가 이념의 굴레에서 해방된 시대를 살아가고 있다. 옛 중국의 저주가 실현된 시대를. 아래 번역은 분명 오역이겠지만 뜻은 통하리라.

"흥미진진한 시대를 살아가시길."•

• 영어권에서 축복의 말인 듯하지만 저주로 쓰이는 이 말의 정확한 원어는 알려져 있지 않은데, '평화로운 시기에 개로 사는 것이 난세에 인간으로 사는 것보다 낫다'를 뜻하는 중국의 속담 '영위태평견 모주난리인寧爲太平犬 莫做亂離人'에서 유래했다는 설이 있다.

작은 보물

1997년 여름, 나는 아이슬란드 대학교 문학과 졸업 후 아우르드니 마그뉘손 중세연구소 지하실에서 일했다. 연구소 출입문은 잠겨 있었는데, 내내 같은 건물에서 일하면서도 어떤 이유에선지 그 문으로는 한 번도 들어간 적이 없었다. 출입문은 신비한 통로, 아이슬란드의 '은둔자들'이 산다는 '엘프의 굴뚝'이었다. 저 세계로 사라져 다시는 돌아오지 않은 사람들의 이야기를 들어서 그렇게 여겼던 것 같다. 연구소 안에는 아이슬란드 사가^{saga} 필사본이 소장되어 있었고, 이 보물을 탐독할 평온과 시간이 필요한 학자들이 있었다. 저 문의 초인종을 누르는 것은 화재경보기를 누르는 것만큼이나 엄두가 나지 않았다. 나는 한동안 감히 초인종을 누르지 못했으나 결국 안에 무엇이 있는지 보고 싶은 간절한 욕망에 승복하고 말았다. 그래서 초인종을 누르고 안으로 안내받았다.

출입문 뒤쪽은 고요하고 어둑했다. 고서의 내음이 짙게 깔려 있어, 젊은이에게는 진정 위압적인 적막이었다. 불안감이 엄습했다. 안에는 고대 사본을 연구하는 학자들이 있었는데, 몇몇은 우리 조부모 세대였다. 커피포트를 가운데 놓고서 86년 여름에 전설의 바이킹 소르발뒤르가 스카가피외르뒤르 피오르에 있었는지 아닌지를 놓고 논쟁이 벌어지자 나의 무식을 절감했다. 그들이 말하는 연도가 1186년인지 1586년인지 1986년지 감도 잡을 수 없었다. 독서량이 부족하다는 취급을 받을까 봐 전전긍긍하면서 말도 어눌해졌다. 무식한데다('한 데다'라고 띄어 써야 했나?) 문법도 모르는 바보가 된 심정이었달까.

여름에는 늘 도로포장과 정원 가꾸기 같은 야외 아르바이트를 했다. 자유를 누리지 못하는 사무직 노동자들이 어찌나 불쌍하던지. 그러다 연구실에 있을 때는 동료들이 가벼운 옷차림으로 교정에서 잔디 깎는 광경을 창밖으로 내다보았는데, 그러면 나의 마음은 그들을 지나쳐 더 넓은 세상으로 뻗어나갔다. 생물학자인 외삼촌 존 소르비아르드나르손이 베네수엘라 맹그로브숲에서 아나콘다의 짝짓기 습성 연구를 도와달라며 나를 초청한 일이 있었다. 그 일이 끝나면 아마존 우림에서 또 다른 연구진과 함께 마미라우아 지속가능발전 보호구역에서 악어 알을 헤아리자고 했다. 목표는 남아메리카 최대의 포식자인 검은색 카이만악어 멜라노수쿠스 니게르를 구하는 것이었다.[2] 숲이 범람하면 수위가 연중 약 10미터씩 오르락내리락하기 때문에 연구진은 수상가옥에서 지내야 했다. 존이 말했다. "아침마다 문밖에서 돌고래가 물고기 잡는 소리를 들으며 잠에서 깨면 얼마나 근사하겠니."

하지만 그때 여자친구 마르그리에트가 우리의 첫아이를 임신했기에, 그런 모험을 훌쩍 떠나는 건 무책임하게 느껴졌다. 인생의 갈림길에 섰다고나 할까. 기차는 베네수엘라와 아마존을 향해, 나를 내버려둔 채 떠났다. 진지한 학술 연구와 고독한 글쓰기가 과연 내게 맞는지 회의적이었으나 운명은 내 손을 떠났다.

어느 날 연구소 위층 작은 전시실에서 필사본 전시회가 열리는데 안내를 맡아달라는 부탁을 받았다. 전시회 책임자는 문헌학자 기슬리 시귀르손이었다. 그는 나를 데리고 육중한 철문을 지나 지하실로 가더니 열쇠 세 개를 꺼냈다. 그가 보관실 문을 여는 순간 이곳이 사본 보관소인 것을 알고 놀라움에 사로잡혔다. 아이슬란드 문화사의 성스러운 심장부였다. 경외감을 자아내는 고대 보물이 나를 둘러싸고 있었다. 안에는 양피지 사본이 들어 있었다. 고대 사건들을 기록한 것으로, 가장 오래된 것은 1100년경 작품이었다. 아이슬란드 사가―바이킹과 기사에 대한 사가, 왕에 대한 사가, 고대 법률책―의 최초 사본도 있었다. 기슬리는 선반으로 가서 상자를 열었다. 그는 작은 사본을 가져와 조심스레 내게 건넸다.

나는 소리 죽여 물었다. "무슨 책인가요?"

왜 소리를 죽였는지는 모르겠다. 그냥 그 공간에서는 정숙해야 할 것 같았다.

"코덱스 레기우스예요. 우리말로는 '코눙스보크(왕의 책)'죠.

황홀감에 무릎이 후들거렸다. 에다의 시편이 들어 있는 코덱스 레기우스는 아이슬란드를 통틀어, 어쩌면 북유럽을 통틀어 가장 귀한 보물일 것이다. 북유럽 신화의 두 번째 주요 원전이자 「예언녀의 계시」, 「지존자의 노래」, 「스림의 노래」 같은 시들의 최초 사본이며 바그너, 보르헤스, 톨킨에게 영감을 준 주요한 원천이었다. 엘비스 프레슬리를 품에 안은 기분이었다.

겉모습은 볼품없었다. 내용과 영향력에 견주자면 금박에 번쩍거려야 마땅했지만 실제 모습은 작고 새카만 것이 주술 책자 같았다. 그래도 오래된 것에 비해 쪼글쪼글하지는 않았다. 아름다운 갈색 양피지에는 글자가 간결하고 또렷하게 쓰여 있었으며 대문자 몇 개를 장식한 것 말고는 그림은 거의 없었다. 책을 표지로 판단해서는 안 된다는 최초의 사례이려나.

기슬리가 사본을 신중하게 펼쳐 페이지 한가운데에 또렷이 보이는 '태'를 보여주면서 말했다. "여기서부터 읽어보세요." 눈에 힘을 주고 한 자 한 자 읽어나갔다. "태양이 지고 대지가 바다에 가라앉는다. 하늘에서 빛나던 별들도 사라진다. 불꽃이 만물의 생명수인 세계수를 집어삼키니 불길이 타올라 하늘까지 치솟는구나."

전율이 등골을 타고 일어났다. 「예언녀의 계시」에 묘사된 라그나뢰크, 세상의 종말이었다. 문장들은 행갈이 없이 전체가 한 줄로 이어져 있었다. 나는 700년도 더 전에 이 페이지에 글을 썼을 사람과 직접 접촉하고 있었다. 주위 환경에 극도로 예민해졌고, 기침하다 사본을 떨어뜨릴까 봐 겁이 났다. 이렇게 가까이에서 숨 쉬는 것마저도 살짝 죄책감이 들었다. 좀 과한 반응이긴 했을 것이다. 어쨌거나 이 책은 눅눅한 뗏장집에 500년간 보관되다가 상자에 담겨 말 등에 실린 채 불어난 강물을 건넜으며, 1662년에 배에 실려 덴마크 프레데리크 3세에게 바치는 선물로 보내졌으니 말이다. 머나먼 과거와 연결된 듯 감정이 북받쳤다. 내가 쓰는 언어는 사본을 썼을 사람의 언어와 사실상 같았다. 이 언어가 앞으로 다시 700년을 이어갈 수 있을까? 2700년까지? 우리의 언어와 문명이 그렇게 오래 살아남을 수 있을까?

인류라는 종은 성스러운 고대 신화를 지금껏 보전하고 있다. 신화는 하늘을 다스리는 힘과 신들에 대한 생각이요, 세상의 시작과 끝에 대한 생각이다. 우리에게는 그리스 신화, 로마 신화, 이집트 신화, 불교 신화가 있다. 힌두교 세계관, 유대·기독교와 이슬람교 세계관, (일부나마) 아즈텍 세계관이 있다. 북유럽 신화도 그런 세계관 중 하나이며 그런 이유로 코덱스 레기우스는 모나리자보다 더 중요하다. 북유럽 신들, 발할라 궁전, 라그나뢰크에 대해 우리가 아는 것은 대부분 이 책에서 왔다. 이 사본은 끝없는 영감의 원천이자 신앙과 예술의 샘이다. 여기에서 현대무용과 데스메탈 밴드, 할리우드의 현대 고전 영화까지 나왔다. 가령 마블 코믹스에서 제작한 〈토르 라그나로크〉에서는 토르가 친구 헐크와 힘을 합쳐 사기꾼 로키, 거인 수르트, 무시무시한 펜리스 울프와 맞선다.

나는 사본을 덤웨이터*에 넣어 위층으로 올려 보냈다. 그러고는 좁은 계단을 뛰어올라가 사본을 받았다. 조심조심 작은 수레에 담아 긴 복도를 밀고 간 다음 조산아를 인큐베이터에 넣듯 유리상 자 속 제자리에 넣고 단단히 잠갔다. 그 주 내내 꿈자리가 뒤숭숭 했다. 대개는 시내에서 사본을 잃어버리는 꿈이었다. 한번은 꿈속 에서 청소용 수레를 밀고 복도를 걸어가는 사람을 만났다. 순간 문화적 재앙을 직감했다. 사본은 양동이에 떨어졌다가 얼룩 하나 없는 백지가 되어 올라왔다. 타불라 라사가 되어.

마케팅은 연구소 중세 학자들의 장기가 아니었기에 관광객들 은 이곳 대신 게이시르 온천과 귀들 폭포를 찾았다. 덕분에 나는 온종일 혼자서 이 보물들과 지낼 수 있었다. 우리의 이 모나리자 와 홀로 지낼 수 있다는 것만도 틀림없는 특권이었지만 이것은 약 과였다. 바이킹 시대의 법률이 실린 『그라가스』, 아이슬란드의 주 요 사가가 실린 『모드루벨리르의 서』, 독피지 200장에 생생한 삽 화가 그려진 『평평한 섬의 서』 등 연구소 소장품 중에서도 최고의 보물들이 '왕의 책'과 나란히 진열되어 있었다. 나는 이따금 유리 상자 위로 허리를 숙여 펼쳐져 있는 면의 텍스트를 읽어보려고 낑 낑거렸다. 가독성이 가장 좋은 것은 『코눙스보크』로, 글자가 또렷 해서 고대 단어들을 더듬더듬 읽어갈 수 있었다. "나는 어릴 적 홀 로 떠났다가 길을 잃었다. 동행이 생기자 부자가 된 기분이었다. 사람은 사람에게 기쁨이니."

● 작은 짐을 나르는 데 쓰는 엘리베이터.

바로 그 주, 마르그리에트와 한밤중에 산부인과로 달려가 갓 태어난 아들을 품에 안았다. 이렇게 새롭고 이렇게 섬세한 것은 한 번도 다뤄본 적이 없었다. 이렇게 오래되고 이렇게 섬세한 것은 한 번도 다뤄본 적이 없었다. 시내에서 속옷 바람으로 아이와 사본 둘 다 잃어버리는 꿈을 꾸기 시작했다.

사본 보관실 옆방에는 또 다른 보물이 있었다. 민속학자들이 1903년부터 1973년까지 아이슬란드 전역에서 채록한 테이프였다. 그곳에서 아이슬란드에서 가장 오래된 음반을 들을 수 있었다. 1903년 밀랍 실린더에 홈을 새긴 에디슨의 '그라포폰'으로 녹음한 자료였다. 음반에서는 나이 든 여자, 농부, 뱃사람이 자장가를 부르고 옛 가락을 읊고 이야기를 들려주었다. 이렇게 낯설고 아름다운 소리는 처음이었다. 이 고대의 목소리를 하루빨리 대중에게 들려주어야겠다는 생각이 들었다. 그해 여름 나의 주 임무는 민속학자 로사 소르스테인스도티르와 함께 CD로 제작할 녹음을 추리는 것이었다.

검은색 릴을 녹음기에 걸고 헤드폰을 쓸 때마다 타임머신을 타는 기분이었다. 나는 1888년에 태어난 노인과 거실에 함께 있었다. 시계가 부엌에서 째깍거리는 동안 가락이 흘렀다. 그 가락을 그는 1830년에 태어난 할머니에게서 배웠고, 그 할머니는 라키 화산이 폭발한 18세기 후반에 태어난 할머니에게서 배웠고, 그 할머니는 1740년에 태어난 할머니에게 배웠다. 녹음 연도가 1969년이었으므로 가락이 전수된 기간은 250년에 이르렀다. 가장 손위가 가장 손아래를 가르치는 세계에서 온 가락. 옛 가락의 양식은 우리가 생각하는 아름다운 노래와 달랐다. 음조와 창법은 내가 들어본 어느 노래와도 닮지 않았다. 나는 표본을 릴에 담아 친구들에게 들려주면서 어느 지역 가락 같으냐고 물어보았다. 친구들은 아메리카 토착민의 가락이라고, 순록을 기르는 사미족의 가락이라고, 티베트 승려의 가락이라고, 아랍의 기도가라고 했다. 그들이 자기가 아는 오지의 오지 문화까지 모조리 들먹인 뒤 나는 이렇게 말해주었다. "여기서, 1970년 베스트피르디르 지역에서 녹음한 거야. 노래를 부르고 있는 사람은 1900년에 태어났고."

집에서 아이가 소동을 피울 때면 나는 이 녹음을 들려줬는데 노래가 시작되자마자 누그러졌다. (고대의 송영이 유아에게 진정 효과를 발휘하는지 학술적으로 연구해볼까 싶었다.)

나는 시간을 포착한다는 발상에 매혹되었다. 우리 주위의 얼마나 많은 것이 저 가느다란 검은색 릴 속의 노인들처럼 조만간 사라지게 될까. 나는 그해 여름 생존해 있는 나의 할아버지 세 분과 할머니 두 분의 이야기를 채록했다. 욘 할아버지는 1919년생, 디사 할머니는 1925년생, 휠다 할머니는 1924년생, 아우르드니 할아버지는 1922년생, 비외르든 할아버지는 1921년생이었다. 그 분들은 제1차 세계대전 직후에 태어나 대공황을 겪은, 유례없는 전환기에 속하는 세대였다. 제2차 세계대전과 20세기의 가장 굵직한 변화들을 이겨내고 살아남았다. 몇몇은 전기 조명과 기계의 시대 이전에 태어나 가난과 굶주림이 판치는 사회 속으로 내던져

졌다. 나는 릴 녹음을 계기로 주변 사람들을 인터뷰하기로 마음먹
었다. 처음에는 휴대용 VHS 비디오 카세트 레코더인 딕타폰을 이
용하다가 새로 등장한 스마트폰으로 바꿨다. 내가 찾는 것이 무엇
인지는 알지 못했다. 그것은 미래의 몫으로 남긴 채 모든 것을 수
집하려고 애썼다. 나는 나만의 기록 보관소를 만들고 있었다. 안
드리 마그나손 연구소를.

미래에 대한 대화

여기는 레이캬비크 인근 홀라드바이르에 있는 휠다 할머니와 아우르드니 할아버지 댁이다. 우리는 부엌에 앉아 있다. 집 앞으로 엘리다강이 구불구불 흐르고 사람들이 강변을 따라 조깅한다. 블라우피외들 산맥의 비탈에는 아직 군데군데 눈이 쌓여 있지만 정원에는 꽃이 만발했다. 나는 노트북을 열어 할머니와 어머니에게 몇십 년간 아무도 본 적 없는 영상을 틀어드렸다. 내가 당신들의 창고방에서 찾은 오래된 16밀리 테이프를 디지털 형식으로 변환해둔 자료였다. 할아버지가 1956년에 찍은 영상으로, 흑백에 무성이었으나 화질은 완벽했다. 증조할아버지가 강변에 지은 커다란 흰색 주택 '셀라우스 거리 3번지' 집 식탁에 아이들이 얌전하게 앉아 있다. 아이들은 콜라가 담긴 작은 유리컵을 들고 있고, 할머니가 촛불을 밝힌 근사한 파블로바 케이크*를 들고 미소를 띤 채 나타난다. 식탁 끝에 나란히 앉은 열 살짜리 쌍둥이 자매가 웃으며 촛불을 힘차게 불어 끈다. 아이슬란드 전통 복장을 입은 증조할머니도 모두를 지켜보고 있다. 다음 장면에서는 아까 그 아이들이 마당에서 원을 그리며 춤춘다. '이 그라인니 뢰이튀'^{**}를 하는 게 틀림없다. 어머니와 할머니는 영상을 보면서 화면에 등장하는 사람이 누구인지 알려준다. 1956년에 아이 생일파티를 16밀리 필름으로 촬영했다는 건 대단한 일이다. 아이슬란드 정부의 공식 영상도 없던 때니까.

지금은 2018년, 우리는 60년 전과 같은 부엌에 앉아 있다. 어머니는 일흔이 넘었고 할머니는 아흔넷이며 내 막내딸은 열 살이다. 할머니는 골프를 그만둔 것 말고는 내가 기억하는 모습과 거의 달라지지 않았으며 기억 못 하시는 일도 없다. 몇 해 전에 어떤 사람이 나에게 할머니가 어떻게 이렇게 정정하시냐고 덕담을 했다. 좀 아니꼬웠다. '정정'이라고? 나이 드셨다는 얘기잖아. 할머니는 그대론데. 할머니도 당신이 나이 들었다고 생각 안 한다. 나름의 유머지만. 언젠가 할머니가 어깨에 파란색 숄을 걸치고 있기에 숄이 예쁘다고 말씀드린 적이 있다. "그래, 어떤 노인네가 뜨개질해줬단다." "노인네가요?" 내가 물었다. 할머니는 웃으면서 대답했다. "그래, 나보다 열 살은 족히 어리지만!"

- ● 머랭과 비슷하게 겉은 바삭하면서 안은 부드러운 케이크.
- ●● 아이들이 원을 그리면서 노래를 부르며 반지를 옆으로 돌린 뒤, 가운데 엎드려 있던 술래가 누구 손에 반지가 있는지 맞히는 놀이.

전화벨이 울리자 할머니가 받으러 간다. 우리는 낮게 웅웅거리는 라디오 방송을 들으며 팬케이크를 먹는다. 나는 딸 휠다 필리피아에게 간단한 산수 문제를 내준다.

"증조할머니가 1924년에 태어나셨으면 지금 연세가 어떻게 되지?"

휠다가 재깍 대답한다. "아흔넷."

내가 말한다. "계산 잘하네."

휠다가 싱긋 웃으며 말한다. "할머니 연세 알고 있었어."

"좋아, 이번엔 진짜로 더하기를 해볼 거야. 넌 언제 아흔넷이 될까?"

"그러니까 내가 태어난 2008년에 더하기 94를 하면 되지?"

"그렇지."

휠다가 고개를 갸우뚱거리며 종이에 볼펜을 끄적이다가 쭈뼛쭈뼛 답을 내민다.

"2102년 아냐?"

"맞아, 그때 너도 지금 할머니처럼 활기차길. 어쩌면 바로 이 집에 살고 있을지도 모르겠구나. 어쩌면 네가 지금 여기 앉아 있는 것처럼 2102년에도 너의 열 살배기 증손녀가 찾아와 이 부엌에 함께 앉아 있을지도 모르고."

휠다가 우유를 홀짝거리며 말한다. "그래, 어쩌면."

"계산 한 번 더. 네 증손녀는 언제 아흔넷이 될까?"

휠다가 내게 약간의 도움을 받으며 종이에 숫자를 적는다.

"2092년에 태어났으면?"

"그래, 맞아."

"2092에 94를 더하면… 2186년!"

휠다가 가만 생각하더니 웃음을 터뜨린다.

"그래, 상상할 수 있겠어? 2008년에 태어난 네가 2186년에도 살아 있을 아이를 알 수도 있다는 거 말이야."

휠다가 입을 오므리고 허공을 쳐다본다.

휠다가 말한다. "이제 가도 돼?"

내가 말한다. "거의 다 됐어. 하나만 더 풀고. 1924년에서 2186년까지 전부 몇 년일까?"

휠다가 셈을 한다.

"262년?"

"상상해보렴. 262년이야. 그게 네가 연결된 시간의 길이란다. 넌 이 시간에 걸쳐 있는 사람들을 알고 있는 거야. 너의 시간은 네가 알고 사랑하고 너를 빚는 누군가의 시간이야. 네가 알게 될, 네가 사랑할, 네가 빚어낼 누군가의 시간이기도 하고. 너의 맨손으로 262년을 만질 수 있어. 할머니가 네게 가르친 것을 너는 손녀에게 가르칠 거야. 2186년의 미래에 직접 영향을 줄 수 있다고."

"2186년이라니!"

슬라이드

2015년 12월 2일

할아버지가 텔레비전 방에서 롤 블라인드를 내리더니 오래된 다리미판에 슬라이드 영사기를 올려놓았다. 그런 다음 작은 작업실에서 사진 상자를 가져온다. 사진마다 할아버지 글씨가 적힌 채 가지런히 놓여 있다. 1965년 론쇠라이비 황야, 1955년 바트나예퀴들 빙하, 1960년 크베르크피외들 산맥. 스노모빌, 스키 산장, 스키 챔피언을 찍은 사진이다.

화면에 영상이 나타난다. 한 남자가 족히 6미터는 쌓인 눈을 치우고 있다. 거대한 비행기 꼬리와 엔진이 눈더미 위로 비죽 튀어나와 있다. 할아버지는 오래전 일도 거의 다 기억한다. 사진이 있으면 더욱 생생하게.

"이 사진은 1951년 바트나예퀴들 빙하 바우르다르붕카산에서 찍은 거란다. 거기서 눈에 파묻힌 미군 수송기 다코타 스카이트레인을 파냈단다. 원래는 그 수송기가 자기네 수비대원을 구출하려고 게이시르 호수까지 날아간 거였거든. 근데 빙하에 발이 묶여서 이륙을 못 했어. 눈이 엄청 쌓인 겨울이었지. 대담한 조종사 몇 명이 군에 연락을 해서 1파운드당 7센트에 팔겠다고 하면서 구조를 요청했어.

그렇게 해서 FBSR, 그러니까 레이캬비크 항공지상구조대가 출범했단다. 우리는 빙하의 작은 혹처럼 보이는 비행기를 찾아내 파냈다. 지옥 같은 일이었지. 비행기는 7미터 높이의 눈더미 속에 있었거든. 비행기를 임시 활주로까지 끌고 내려와 한 번 만에 시동을 걸었어. 거기서 레이캬비크까지 비행해왔고. 동화 같은 사건이었지." 할아버지의 눈빛이 애잔하다.

"게이시르 호수 주변에 잔해가 남았는데, 구조대는 기내에 남은 물건 회수를 허가받았단다."

할머니가 대화에 끼어든다.

"그뷔드비외르그의 세례복을 뭘로 만든 줄 아니? 빙하 위의 비행기에서 겨우내 잠자고 있던 옷감으로 만들었단다."

할아버지가 잔해 사진을 보여준다. 앞바퀴와 비행기 이름이 보인다. 당시 게이시르호는 항로를 이탈하여 바트나예퀴들 빙하 중턱에 추락했다. 승무원들은 사망한 것으로 추정되었고 수색은 중단되었으며 국가 애도 기간을 지정해 추도식을 준비했다. 그러다 우연히 라웅가네스 반도 정박지에서 일하는 해안 경비대원이

비상전화를 받았다. "…시어." 아무도 무슨 말인지 이해하지 못하다가 나중에야 '글레이시어'(빙하)의 뒷소리임이 밝혀졌다. 방대한 수색 끝에 기체가 발견되었다. 미군 구조기가 날아가 빙하 위에 착륙했지만 기체의 스키가 얼음에 달라붙어 이륙할 수 없었다. 다행히 북부 지역 아쿠레이리시㾞에서 출동한 구조대의 도움으로 게이시르호 승무원 여섯 명을 비롯한 탑승객 전원이 걷거나 스키에 실려 빙하 아래로 내려왔다. 추락 사고가 영화화되는 것은 시간문제였다.

앨범에는 롤라이플렉스 카메라로 찍은 오래된 필름이 들어 있고, 할아버지가 볼렉스 카메라―사진가 그뷔드뮌뒤르 프라 미드달에게 구입한―로 찍은 8밀리와 16밀리 필름도 상자에 담겨 있다. 수천 매의 사진과 필름은 할아버지의 전 생애에 걸쳐 찍은 거지만, 할아버지가 사진에 등장하는 일은 거의 없다. 늘 렌즈 뒤에 있었으니까. 어머니가 저기 있다. 아니, (내가 농담 삼아 부르듯) 어머니들이지. 일란성 쌍둥이 자매 크리스틴과 그뷔드룬이 오버올을 입고 있다. 둘을 구분하려고 바지에 'KB'와 'GB'를 크게 박음질했다.

이것들은 값을 매길 수 없는 자료이며 몇몇 필름과 사진은 어엿한 예술작품이다. 할아버지에게는 아름다운 구도를 찾아내는 안목이 있는 것이 틀림없다. 나이 여든에 스캐너와 컴퓨터를 구입했는데, 다들 할아버지가 정신이 나갔다고, 사기꾼 외판원에게 속았다고 생각했다. 몇 년 동안 할아버지는 작은 작업실에서 온종일 옛 필름을 스캔했다. 처음에는 출력했지만 아흔이 넘은 뒤로는 페이스북에 바로 올렸다. 소설, 사진집, 다큐멘터리에 쓸 만한 자료들이다. 들려줄 이야기가 수없이 많다.

요즘에는 우리 아들이 사진에 푹 빠졌다. 얼마 전 할아버지에게서 1960년식 롤라이플렉스 카메라를 받았기 때문이다. 녀석은 카메라에 맞는 필름도 어찌어찌 구했다. 스마트폰에 달린 최고급 카메라를 놔두고 생돈 써가며 사진을 찍다니. 우리가 슬라이드를 보는 동안 녀석은 차고에 가서 낡은 확대기를 찾고 있다. 집에 암실을 차릴 작정이다. 녀석이 먼지 덮인 사진 액자를 가지고 나타난다. 오래된 저인망어선이다. 사진 아래쪽에 '아린비외르든 헤르시르호'라고 쓰여 있다. 할아버지가 사진을 보더니 한숨을 내쉬며 말한다.

"아, 이 사진. 여기서 모든 게 시작됐지. 모든 게 시작된 곳이야. 우리 아버지가 이 배에 타고 계셨단다."

사진 뒤에 누레진 〈비시르〉 스크랩이 붙어 있다. 날짜는 1933년 3월 10일이다.

아린비외르든 헤르시르호가 어제 오전 조업을 위해 출항한 직후 선원 캬르탄 비그푸손이 배에서 떨어져 익사했다. 어떻게 된 일인지 정황을 아는 사람은 아무도 없었다. 캬르탄이 실종되자 선박은 귀항하여 경찰에 신고한 뒤에 다시 조업을 위해 출항했다. 캬르탄은 37세의 기혼자로, 자녀 네 명을 두고 있었다.[3]

캬르탄은 아우르드니 할아버지의 아버지였다. 기사는 다소 무미건조하다. '조업을 위해 출항했다'라는 구절은 배에서 사람이 떨어져도 전혀 지체할 이유가 없었음을 보여준다. 1933년 1/4분기에 아이슬란드 선원 서른네 명이 익사했으며 외국 저인망어선 세 척이 약 마흔 명의 선원과 함께 해상에서 실종되었다.

1933년에 할아버지는 열한 살이었다. 증조할아버지 캬르탄은 어선에서 보일러공으로 일했는데, 위험하고 힘든 일이었다. 그가 어떻게 배에서 떨어졌는지는 아무도 모른다. 나는 할아버지에게 그날을 기억하느냐고 묻는다. 할아버지가 눈을 감은 채 80년 전 기억을 더듬는다.

"꽝꽝 언 레이캬비크 호수를 건너가고 있었지. 반쯤 갔을 때 얼음이 단단하지 않다는 것을 알아차렸단다. 호수가 발밑에서 무너지기 시작했어. 있는 힘껏 달리기 시작했는데, 발을 디딜 때마다 빙판이 갈라졌지. 목숨은 건졌지만 오딘스가타 거리의 집으로 돌아갈 때까지 한 번도 멈추지 않고 달렸단다."

그때 모든 것이 무너졌다. 할아버지가 집에 도착하자 목사가 기다리고 있다가 그날 아침 아버지의 익사 소식을 전해주었다.

할아버지가 말한다. "나는 아버지를 잘 몰랐어. 늘 바다에 계셨고 육지에 있을 때도 늘 취해 계셨거든. 기억나는 게 별로 없구나."

할아버지 가족이 살아갈 수 있었던 것은 당시가 원대한 사회적 이상을 품은 초창기였기 때문일 것이다. 그들은 선원 과부 기금 덕분에 아우스바들라가타 거리 노동자 주거단지 신축 아파트에 입주할 수 있었다. 유럽의 최신 모더니즘 조류를 아이슬란드에 갓 들여온 스물셋의 건축가 귄뢰이귀르 하들도르손이 설계한, 수도, 변기, 샤워 시설, 전기 조명이 있는 현대적이고 기능적인 아파트였다. 노동조합장 헤딘 발디마르손의 주도로 건설된 신규 단지에 자리 잡았다. 야심 찬 사업이었다. 젊은 의사 그뷔드뮌뒤르 한네손이 단지 계획에 참여했는데, 그는 채광과 공기 질에 중점을 두었다. 1933년에 사람들이 '빈곤층'이 '부유층' 못지않게 중요하다는 사실을 깨닫기 시작한 것이 할아버지에게 유리하게 작용했다. 할아버지는 대화 중에 아우스바들라가타 거리의 노동자 주택을 곧잘 언급했으며 이 아파트를 받은 것에 진심으로 감사해했다. 할아버지는 가족이 뿔뿔이 흩어지거나 눅눅하고 퀴퀴한 지하실 신세가 되었다면 어땠겠느냐고 종종 말했다.

살 집은 있었지만, 할아버지는 열한 살에 학교를 그만두고 잔심부름꾼과 도축장 인부로 일하면서 가족을 먹여 살려야 했다. 할아버지의 어머니는 건강이 나빴으며 여동생은 갓난아기였기 때문이다. 할아버지의 초등학교 친구 중 몇몇은 공학자나 대학 교수가 됐다.

할아버지가 말했다. "나는 반에서 일등이었어. 하지만 대학교까지 간 사람들이 반드시 더 행복하다고는 생각하지 않아."

그건 알 도리가 없다. 나는 할아버지가 누구보다 훌륭하고 신중하게 살아왔다고 생각하지만, 교육 경험과 관련해서는 여전히 슬픔과 후회가 엿보인다.

노동자 아파트에는 '노동자 도서관'도 있었는데, 할아버지는 고된 하루를 보내고 저녁마다 서가에 가득 꽂힌 책을 읽었다. 할아버지는 승부욕이 또 대단해서, 핸드볼이 아이슬란드에 갓 도입되었을 때 발뤼르 핸드볼팀 소속으로 아이슬란드 핸드볼 선수권을 획득했다. 1942년에는 1500미터와 5000미터 달리기 종목에서 아이슬란드 챔피언이었다. 부비동염 때문에 1943년 경주에서 패한 것을 2016년이 된 지금까지도 아쉬워한다.

할아버지는 돈을 모아 카메라를 샀으며 곧 열정적인 아마추어 사진가가 되었다. 지하실 벽장을 암실로 개조해서는 멜라뵈들뤼르 경기장에서 집까지 달려와 필름을 현상하여 누가 간발의 차로 승리했는지 판정하곤 했다. 요즘 말하는 '사진판정'이었다.

슬라이드 기계가 웅웅거리더니 딸깍 소리와 함께 색색의 밝은 빛을 화면에 비춘다. 할아버지가 초점을 맞추자 달리아가 끝없이 늘어선 풍경이 나타난다. 할머니와 할아버지가 키운 것들이다. 이따금 사진이 뒤집히거나 기계에 끼어 멈추거나 두 장이 한꺼번에 영사되기도 한다. 할아버지가 기계를 조정하자 분홍색, 노란색, 붉은색 달리아가 줄지어 한들거리다가 산, 자동차, 사막 모래, 바트나예퀴들 빙하의 끝없는 눈더미가 나타난다. 해마다 친구들과 오스트리아 레흐에 스키를 타러 가서 찍은 사진도 이어진다.

슬라이드는 조금씩 바랬지만, 할아버지는 사진 속 장면을 전부 기억한다. 이름과 날짜까지 용케 떠올린다. 그러나 이제 단기

기억이 많이 쇠퇴했다.

"어느 날 갑자기 그렇게 됐어. 빙판이 갈라지는 것 같았지. 머리에 총을 맞은 것 같았어. 갑자기 자세한 내용이 하나도 기억나지 않는 거야." 할아버지가 이렇게 말하며 웃음을 터뜨린다. 세월이 지났어도 할아버지는 여전히 할아버지다. 그 모습을 보면 뇌가 아무리 많은 트라우마를 겪어도 그 사람의 정체성은 달라지지 않는 것만 같다.

하지만 요즘 할아버지는 달라졌다. 젊을 때는 하도 경쟁심이 강해서 꼬장꼬장한 노인네가 될 줄 알았는데, 정반대로 참솟깃오리 솜털처럼 부드러워져서 할머니를 칭찬하면서 고마워하고 감상에 젖기까지 한다.

11월에 아흔세 번째 생신을 축하드렸더니 할아버지는 이렇게 말했다. "무슨 일이냐? 부활절인가?" 이튿날이 되자 잔치가 열렸다는 것도 기억하지 못했다. 생신이었다고 말씀드리자 할아버지가 웃음을 터뜨리며 말한다. "재밌구나, 내가 지금 몇 살이니?" 112세라고 말씀드리면 못 믿겠다는 듯 대꾸한다. "아니야, 그럴리 없다." 그러면 진짜 연세를 말씀드린다. 할아버지는 그 나이조차 너무 많다고 생각한다.

한번은 나와 함께 병원에 가서 엘리베이터를 탔는데, 거울을 보며 놀란 표정으로 이렇게 말했다. "저거 누구니?" 내가 말했다. "할아버지시잖아요." "아니, 나는 빨간 머리란 말이다!" "이젠 아니에요, 할아버지." 할아버지가 얼떨떨한 표정으로 웃음을 지으며 이렇게 덧붙였다. "그렇구나. 옛날엔 당근 대가리라고 불리기도 했는데. 하지만 누구든 두 번은 그렇게 못 불렀지." 할아버지가 불끈 쥔 주먹을 내밀며 웃음을 터뜨렸다.

할아버지는 전날 무슨 일이 일어났는지 다음 날이면 기억하지 못하지만 누군가가 내게 대통령 출마를 권유한 일은 여태 기억한다. "너는 너무 어려. 네가 쉰 살이 됐는데 '벌써' 대통령을 해봤으면 어떡하니? 그다음엔 뭘 하려고?" 기억이 어떻게 작동하는지 궁금하다. 할아버지는 연세도 기억하지 못하고 더는 빨간 머리가 아니라는 것도 기억하지 못하지만, 내가 몇 살인지 기억하고 내가 임기를 두 번 마칠 때 몇 살일지 계산할 줄 안다.

슬라이드가 롤 블라인드 위로 딸깍딸깍 넘어간다. 이제 순서에 일관성이 보인다. 저기 고지대 여행 장면이 있고 저기 셀라우스 거리의 집이 보인다. 필리퓌스 증조할아버지가 전쟁 중 당신 할머니 가족이 아우르바이르 동네로 이사했을 때 지은 웅장한 흰색 주택이다. 그곳에 교외 단지가 형성되기 한참 전이었다. 이제 우리 할머니 형제자매 사진이 나온다.

할머니가 말한다. "남동생 소르하들뤼르가 태어났을 때 얼마나 실망했는지 모른단다. 눈을 꼭 감고 기도했지. '좋으신 하느님, 쟤 고추를 떼어가세요!'" 할머니가 웃으며 허벅지를 친다. "하지만 지나고 보니 나쁘진 않았어. 그 뒤에 여동생 소라가 태어났고."

"그럼 다섯 남매였네요?"

할머니가 설명한다. "살아남은 아이가 다섯이야. 둘은 죽었어. 얼마 못 살았지. 오빠 발뷔르하고 그뷔드룬이었는데, 작게 태어나서 스물네 시간밖에 못 살았단다. 목사님 찾느라 애먹었어. 세례를 못 받으면 천국에 못 가니 말이다. 세례 받자마자 죽었지. 무슨 문제였는지는 알 수 없었어. 그다음에 소르하들뤼르가 나왔지. 형과 누나처럼 약했지만 이번에는 의사를 불러서 살았어. 목사님이 아니라 의사를 불렀다면 그뷔드룬과 발뷔르가 어떻게 됐을지 가끔 생각한단다."

우리 할머니와 당신 형제자매에게서 시작된 가문에 대해 생각한다. 발뷔르가 후손 예순 명을 거느린 채 아우르바이르 동네의 큰 집 어딘가에 있는 모습을 상상한다. 상상 속 발뷔르의 삶을 소재로 쓴 역사소설을 상상한다. 뗏장집과 듬성듬성한 판잣집밖에 없던 시절로부터 시작된 네 세대에 걸친 이야기를. 이야기의 무대는 빨간 지붕이 있는 커다란 흰색 주택 셀라우스 거리 3번지다. 내 생각엔 증조할아버지가 집을 설계할 때 베사스타디르*나 총리 관저를 참고했을 것 같다. 그만큼 크고 모양도 비슷하니 말이다. 아이슬란드는 증조할아버지 가족이 이사한 1944년에 덴마크로부터 독립했다. 당시만 해도 아우르바이르는 외딴 동네였다. 시간이 흘러 주변이 집들로 가득 찼는데, 전부 셀라우스 3번지 집과 직각을 이루었다. 그 역사소설은 아우르바이르판 『악마의 섬』**이나 『백

---

* 대통령 관저.
** 아이슬란드의 스릴러 소설.

년 동안의 고독』과 비슷할 것이다.

할머니가 말한다. "난 신발을 절대 신지 않았단다. 어머니가 일요
일에는 신으라고 성화여서 어쩔 수 없었지만, 다른 때는 맨발로
엘리다 강변을 걸으면서 은둔자들과 이야기를 나눴지. 한번은 검
은가슴물떼새와 친구가 됐어. 어느 봄날 둥지에 앉아 있는 것을
보았는데 인내심을 발휘해 매일 조금씩 다가가 결국 녀석을 쓰다
듬었지.

우리는 엘리다강에서 물을 긷고 빨래를 했단다. 빨랫대야가
겹바닥이었는데, 이따금 연어가 그리로 들어왔지." 할머니가 미소
지으며 말을 잇는다. "늙은 농장 안주인 크리스티아나에게서 우유
를 사려고 아우르바이르의 낡은 뗏장집으로 심부름을 가기도 했
어. 내가 살던 브레이드홀트 동네가 지금은 집들이 빽빽한 교외지
만 그때는 그냥 풀밭이었단다."

할머니는 브레이드홀트 산자락에서 은둔자가 암벽 밖으로 나
오는 것을 본 적이 있다고 말한다.

"바위에 옷을 널더구나. 나는 식구들을 불렀어. 여럿이 달려
나와 그를 보았지. 하지만 그는 우리 눈앞에서 연기처럼 사라졌단
다. 절벽으로 달려가보니 아래쪽 풀들은 쓰러져 있었는데 아무도
없었어."

할아버지가 집어든 앨범에는 할머니 어릴 적 사진들이 들어
있다. 열세 살 때 자전거를 밀고 가는 사진이다.

"이 사진은 1939년 여름에 찍은 거야. 내 할머니를 만나러 자전거를 타고 스티키스홀뮈르 마을까지 갔을 때였어. 이제껏 겪은 것 중에 가장 더운 여름이었지."

우리 아들이 미심쩍다는 듯 묻는다. "레이캬비크 아우르바이르에서부터요?"

"아니, 실은 보르가르네스시市부터였단다. 거기서 보트를 탔어. 가는 길에 헛간에서 자고 이탄지 웅덩이 물을 마셨지."

그 코스는 지금도 150킬로미터는 되는 진흙길이다. 할머니는 가족의 영웅이다. 우리는 어릴 때 "우리 할머니가 너희 아빠보다 힘이 세셔"라며 자랑을 했다. 할머니는 1945년에 아이슬란드 여성 최초로 행글라이딩 면허를 따기도 했다.

할머니가 말한다. "저게 슐글라이터란다. 그다음에 슈나이더 그루나우 베이비를 몰았지."

할머니가 비행 자격증과 사진을 보여준다. 사진 속에서 할머니는 날개 달린 막대기 위에 앉아 있다. 비행의 역사 초창기에 라이트 형제가 만든 '플라이어'를 빼닮았다.

"행글라이더를 타는 건 무엇과도 비교할 수 없어. 엔진이 없는 데다 새처럼 고요하게 떠다니거든."

내가 묻는다. "겁난 적은 없으세요?"

할머니가 말한다. "기묘한 느낌이 들긴 했지만, 겁먹은 적은 한 번도 없단다. 그때 스카이다이빙이 없었던 게 아쉽구나. 그것도 해보고 싶었을 것 같은데."

할머니의 형제들은 하늘을 나는 꿈을 꾸며 자랐다. 1930년에는 그라프 체펠린 비행선이 레이캬비크 위로 솟아오르는 광경을 보려고 스콜라뵈르뒤홀트 언덕을 달려 올라갔고 1933년에는 이탈리아 비행사 이탈로 발보의 비행 대대 스물넉 대가 레이캬비크만에 착륙하는 장면을 넋을 잃고 바라보았다. 그해 여름에는 세계에서 가장 용감한 전문 비행가 찰스 린드버그가 찾아왔다. 이 영웅들에게는 왕실 만찬, 관악대 연주, 총리와의 오찬이 베풀어졌다.

할머니의 오빠 헬기는 조종사가 되려고 전쟁 직전 독일로 떠났다. 하지만 검사 결과 색맹으로 드러나 집에 돌아와야 했다. 이일로 타격을 받긴 했지만, 덕분에 목숨과 양심을 건질 수 있었을 것이다. 조종사가 되었다면 독일 공군 루프트바페에 입대했을 테니. 증조할아버지가 아들들을 의사에게 데려갔을 때 비행의 꿈은 추락하고 말았다. 의사 말에 따르면 모두가 색맹이었던 것이다.

헤클라 화산이 100년 동안의 잠에서 깨어 1947년 3월에 분화하자 할머니는 소형 2인승 비행기를 소유한 친구에게 전화를 걸어 분화 장면을 보면 재밌지 않겠느냐고 했다. 친구가 할머니 집 근처의 얼어붙은 호수에 착륙하자 할머니가 달려가 맞았다. 둘은 이륙하여 불타는 화산 주위를 날았다. 화산재가 비행기 날개에 엉겨 붙었다. 화산이 어찌나 요란하게 포효하던지 비행기 엔진 소리도 말하는 소리도 들리지 않았다.

할머니가 말한다. "근사했단다. 용암이 빛을 내며 쏟아졌지. 이만한 것도 있었어." 할머니가 과장된 몸짓으로 식탁을 가리키며

웃음을 터뜨린다. "우리는 헤클라 화산에서 얼마 떨어지지 않은 아우솔프스타디르 농장 옆 풀밭에 착륙했어. 차를 마실 생각이었는데, 집 안에 아무도 없더구나. 다들 달아난 거였어!"

1947년 3월이면 나의 쌍둥이 어머니들은 6개월이 갓 지났을 때였다.

"6개월 된 딸들을 집에 둔 채 포효하는 화산 주위를 날면서 무슨 생각을 하셨어요? 할머니의 어머니는 어떤 심정이셨을까요?"

"아버지가 늘 나를 격려하셨어. 내가 싸돌아다니는 걸 무척 대견해하셨지. 나는 그 조종사를 잘 알았고, 게다가 가족 모두가 비행을 좋아했단다. 무슨 일이 일어날지 전전긍긍하면 아무 일도 해내지 못해."

"비외르든 할아버지는 어디 계셨어요?"

할머니가 고개를 절래절래 흔들며 말한다.

"늘 어딘가에서 누군가를 치료하고 있었지. 코빼기도 보이지 않다가 수술을 배우겠다며 미국으로 갔단다. 6년을 기다렸어. 아무 일도 손에 안 잡히더구나. 영화도 거의 못 보러 다녔단다. 그러다 그 사람이 자동차를 끌고 귀국했지. 나는 어리석게도 곧장 운전면허 시험을 봤어. 우리 차가 될 줄 알았으니까. 알고 보니 차를 팔아 학비를 대려고 수입한 거였더구나."

할머니는 웨딩드레스까지 입어보았는데, 할머니의 아버지는 현실적이었다. 할머니가 드레스를 입어보는 동안 증조할아버지는 거실에 앉아 비외르든 할아버지가 지불해야 할 양육비를 계산하고 있었다. 증조할아버지가 옳았다. 비외르든이 온 것은 관계를 끝내기 위해서였다.

"하도 답답해서 레이캬비크 호수를 몇 번이고 돌았단다."

"미국에서 의사 아내로 살고 싶진 않았어요?"

"아니, 이제 와서 생각해보니 운이 좋았던 거였어. 등산을 시작했고 거기서 아우르드니를 만났으니까."

할아버지가 당신 이름이 불리는 것을 듣고 정신을 차린다. 요즘 들어 같은 말을 하고 또 하기 시작했는데, 사실상 끝없는 애정 표현이다.

"네 할머니를 만나서 얼마나 다행인지 아니? 이 사람은 진짜 보물이란다. 네 할머니가 없었으면 내가 어떻게 됐을지 모르겠구나."

내가 묻는다. "두 분은 어떻게 만나셨어요?"

"그뷔드뮌디르 프라 미드달 소개로 만났지. 산악회에서. 우리는 오락위원회 소속이었는데, 크베라달뤼르 골짜기의 스키 산장에서 지역 모임이 열렸단다. 그때 내가 네 할머니를 빙하 탐사에 초대했지. 예퀼헤이마르 산장에 연구 기지를 건설하는 동안 식사 준비를 도와줄 사람이 필요했거든. 레이캬비크 스키협회의 유력 인사들이 놀라서 묻더구나. '빙하에 여자를 데려갈 계획이라니, 정신 나갔소?' 나는 눈도 꿈쩍하지 않았단다."

할머니가 이야기를 이어간다. "빙하연구회에 갓 가입했을 때 아우르드니를 만났어. 바트나예퀴들 빙하에 데려가달라고 졸랐

지. 스나이펠시외퀴들 빙하에도 두 번 가봤는데, 그보다 힘들 리
는 없었거든."

탐사는 1955년 5월에 시작되었다. 낡은 예퀼헤이마르 산장에
비치된 방명록에는 이렇게 쓰여 있다.

이 산장은 예퀼헤이마르로, 아이슬란드 빙하연구회 소유다.

방명록에 서명한 일동은 자원봉사자로서 1955년 3월 30일
부터 6월 15일까지 산장을 지었는데, 6월 5일부터 12일까지 일
주일간은 그뷔드뮌뒤르 요나손과 바트나예퀴들 빙하에 스키를
타러 갔다. 날씨는 대체로 양호했으며 이곳 퉁그나이아우르보트
나르 산악 지대와 바트나예퀴들 빙하에서 매우 만족스러운 시
간을 보냈다.

1955년 6월 15일
예퀼헤이마르

휠다 필리퓌스도티르, 아우르드니 캬르탄손, 회이퀴르 하플리
다손, 아우르드니 에드빈, 스테이넌 외이뒨스도티르, 시귀르비
외르든 베네딕츠손, 스테파운 요나손

할아버지가 내게 산장 사진을 보여준다.

"우리는 이 여행을 하면서 이듬해에는 탐사대 규모를 키우자
고 약속했다. 신혼여행을 겸해서 말이지. 누나가 놀라서 묻더구

나. '딸 둘 있는 여자와 살겠다고?' 하지만 그건 내 인생에서 가장 잘한 결정이었단다."

할아버지는 파란색 체크무늬 셔츠 차림이다. 손은 여전히 튼튼하고 억세다. 코듀로이 바지는 정원 일로 닳았다. 다리는 말을 안 듣는다. 할아버지가 귀한 도자기 화병 같다는 생각을 한다. 비틀거리다 쓰러질 것 같지만 스스로 중심을 잡는 골동품.

사진들이 계속해서 화면에 나타난다. 이젠 대부분 스키 사진이다. 할아버지가 블라우피외들산 위쪽 드뢰이마달뤼르 계곡 너머 산장에서 무거운 땔나무와 씨름하고 있다. 계곡의 이름이 '꿈의 계곡'이라는 뜻이어서 그들은 산장을 '힘나리키', 즉 '꿈의 계곡에 있는 천국'이라고 불렀다. 그 뒤로 산장 사진, 젊은이들이 노래하고 춤추는 사진, 힘나리키 산장이 불에 타는 사진, 새로 지은 '천국 II'의 사진이 영사된다.

할머니가 미소를 지으며 말한다. "천국이라는 이름 때문에 오해를 사기도 했단다. 친구 마가와 버스를 타고 가는데 마가 아들이 '아빠 어디 있어?'라고 물었어. 마가는 '아우르드니 아저씨랑 천국에 있단다'라고 답했지. '언제 돌아와?'라는 물음에는 '월요일에 올 거란다'라고 말했어. 목사 한 명이 근처에 서 있었는데, 삼가 조의를 표한다는 표정이면서도 단호하게 말하더구나. '부인, 아이에게 진실을 말하셔야 합니다!'"

할아버지의 자료 중에는 아이슬란드의 초창기 공식 빙하 연구

문서, 항공지상구조대의 첫 연습 장면 필름, 아우르바이르 건설 초창기의 행글라이딩과 스키 장면도 있다.

할아버지가 말한다. "천국 스키 산장은 근사했어. 우리는 신나게 즐겼단다. 주말과 부활절 내내 사람들이 찾아왔어. 그 높은 곳을 찾은 사람이 일흔 명이나 됐지. 그 시기에 성사된 결혼이 몇 건인지 헤아릴 수도 없구나."

그들은 산악 스포츠를 즐긴 첫 세대였다. 당시에는 스키 시설이 원시적이어서 악천후에도 산장까지 몇 킬로미터를 걸어가야 했다. 스키 리프트도, 전기도, 설상차도, 플리스 스웨터도, 고어텍스도, 사람들을 목적지로 데려다줄 스노모빌이나 지프차도 없었다. 그런데도 그 시기를 산장에서 보낸 사람들은 누구나 그때가 행복의 정점이었다고 말한다.

돌이켜보면 그 세대는 거의 모든 것을 백지에서 만들어내야 했던 것 같다. 아이슬란드공화국을 건국하고 사회단체, 극장과 교향악단, 구조대와 스포츠단을 세우고 집을 짓고 현대적 기반 시설을 갖추고 텅 빈 초원에 레이캬비크를 건설해야 했다. 할머니 할아버지와 여기 앉아 있으니 이상하게도 양심의 가책이 든다. 두 분의 이야기를 듣고 두 분의 사진을 보고 있자니, 내가 그들의 이야기를 보전하려는 것이 이야기 자체를 위해서인지, 아니면 두 분의 삶을 보전해 불가피한 상실의 고통을 가라앉히기 위해서인지 모르겠다.

아우르드니 할아버지는 레이캬비크 인근 흘라드바이르 출신으로, 제1차 세계대전이 끝나고 4년 뒤에 태어났다. 그가 겪은 모든 일에 대해, 한 사람의 일생 동안 세상이 얼마나 달라질 수 있는지에 대해 생각한다. 모든 전쟁과 모든 진보, 예술과 과학에서의 모든 혁명에 대해 생각한다. 100년 뒤를 생각하면서 우리가 어디로 향하고 있는가에 대한 과학자들의 예측을 판단하고 이해하려 애쓴다.

할아버지가 슬라이드 영사기 쪽으로 걸어간다. 사진이 기계에 끼어서 화면에는 흰빛만 남았다. 그가 빛 속으로 들어가기 전에 묻고 싶은 게 너무 많다.

신의 광대함으로
만물을 아우르는 침묵

할아버지의 집필실에 있는 오래된 티크 책꽂이는 꽃 도감, 현대
작가 할도르 락스네스의 책, 아이슬란드 빙하연구회 회지 『예퀴
들』 등에 파묻혀 있었다. 내가 좋아하는 책도 있다. 베네딕트 그
뢴달의 두꺼운 조류 도감이다. 어느 날 책꽂이에서 아름다운 파란
색 책을 보았다. 작가 헬기 발티손이 1945년에 출간한 『순록의 나
라에서』다. 이 책은 헬기가 사진가 에드바르드 시귀르게이르손과
함께 1939년, 1943년, 그리고 독립의 해인 1944년에 바트나예퀴
들 빙하 고지대를 여행한 기록이다. 두 사람은 아이슬란드의 마지
막 남은 순록 떼를 찾아 떠났다. 1797년 아이슬란드에 들여온 순
록의 마지막 후손들이었다. 순록은 한때 극북에서 레이캬네스 반
도까지 아이슬란드 곳곳에 퍼졌지만, 거의 모든 곳에서 멸종했다.
브루야라우리외퀴들 빙하 자락의 은밀한 골짜기에 마지막 무리가
살아남아 있었다. 순록의 분만 장소는 크링길사우라니라는 곳이

었다.

헬기는 낭만주의자이자 진보주의자이자 시인이었다. 우연인지 모르겠지만 그의 순록 책을 만난 것은 내가 『꿈의 땅: 겁에 질린 나라를 위한 자조 지침서』를 쓰고 있을 때였다. 이 책은 아이슬란드 고지대를 위한 변론으로, 헬기의 책과 같은 지역을 다루고 있었다. 책장을 펼치자 손으로 색칠한 아름다운 사진과 여행기가 나를 맞이했다. 하지만 본문은 일반적인 산악 여행 서술과는 거리가 멀었다. 그의 글은 이따금 솟구쳐올라 현란하게 넘쳐흘렀는데, 적어도 여행기로는 이제껏 읽은 어떤 인쇄된 글과도 다른 바로크적 송가였다.

> 야생의 고지대는 너른 품이요 푸른 산이다. 그 고요에 당신은 침묵하고 귀를 기울인다… 당신은 매혹당한 채 제 영혼의 숨에, 오랫동안 잊었던 이 정수에 주의를 기울인다. 이곳에서 당신은 처음으로 당신 영혼의 무량한 넓이를 감지한다. 가만히 서서, 자기 영혼의 거룩함에 대한 말 못 할 경외감에 사로잡힌 채 깊은 침묵 속에서 놀라는 것이다. 기나긴 거리, 산의 푸르름, 거대한 빙하의 돔, 침묵의 묵직한 속삭임―이 모든 것이 하늘과 땅에 걸쳐 있는 당신 영혼의 천구 아래에서, 당신 영혼의 드넓은 지평 아래에서 반사되고 메아리친다. 당신은 낭랑한 종처럼 떨며 신의 광대함으로 만물을 아우르는 침묵에 빠져들어 그와 하나가 된다.[4]

나는 글을 소리내어 읽으며 "낭랑한 종처럼 떨며 신의 광대함으로 만물을 아우르는 침묵에 빠져들어" 같은 구절을 오래 음미했다. 숭고한 자연시를 많이 읽어봤지만 이렇게 고양된 작품을 만난 적은 별로 없다. 위의 구절만이 아니다. 책 전체가 단순한 여행기라기보다는 이곳 자연에 대한 사랑을 토로하는 장엄한 선언문이다. 헬기의 글은 아이슬란드 동부와 바트나예퀴들 빙하 북부 황무지, 특히 아이슬란드뿐 아니라 전 세계에서도 유례가 없는 크링길사우라니 지역에 대한 찬가다. 크링길사우라니는 한때 일종의 섬이었다. 해발 600미터에 넓이 50제곱킬로미터의 커다란 쐐기 모양 땅덩어리가 식물로 덮여 있었다. 삼각형의 한 변은 브루야리외퀴들 빙하이며 나머지 두 변에서는 자연 그대로의, 거의 건널 수 없는 빙하곡이 하나로 합쳐졌다. 저 높은 빙하봉과 이른바 전진빙퇴석은 1890년경에 빙하가 밀어닥쳐 퇴적된 비옥한 땅덩어리였다. 마치 빙하가 지표 식생을 양탄자 끝처럼 돌돌 말아올린 것 같았다. 이 융기는 높이가 10미터에 이르며 지구 지질에서 달리 유례를 찾을 수 없다. 빙하가 이런 식으로 땅을 밀어올린 또 다른 예는 스발바르 제도뿐이다.

헬기와 에드바르드는 사람의 발길이 거의 닿지 않은 이 어마어마한 황무지에 한동안 머물렀다. 에드바르드가 사진과 영상을 찍는 동안 헬기는 산의 영광을 조우한 감상을 기록했다. 이곳을 떠나는 헬기의 가슴속에는 아쉬움이 남았다.

아마도 우리 동료들은 크링길사우라니 지대와 베스튀뢰라이비 고원에 잠시 작별을 고했을 것이다. 내게는 영영 이별이었지만. 이런 생각을 하니 이상하게도 가슴속에서 쓰디쓴 상실감과 영문 모를 그리움이 치밀어오른다… 한번 본 사람은 이곳의 푸른 저녁 풍경, 교향곡처럼 어우러진 색깔과 윤곽을 잊지 못한다. 육신과 영혼의 열린 눈으로 보았다면 말이다. 깨어지지 않은 평안, 황무지의 고요, 세속의 이해를 초월하고 더 높은 지성에 속한 모든 것—이 모두가 빗방울처럼 떨어져 우리 정신과 영혼의 서리 낀 창공 위로 흘러든다.[5]

헬기 발티손은 1877년에 태어났으며, 그가 성인이 되었을 때 아이슬란드에는 향수와 낭만주의를 토대로 독립과 진보를 열망하는 진보 정치의 기운이 여전히 물결치고 있었다. 헬기는 크링길사우라니 지역에서 보낸 시기를 영적 계몽기라 일컫는다. 그는 100년 넘는 전통 속에 자신의 글을 적어넣는다. 물떼새와 중부리도요와 산호山湖에 대해 시를 짓는 것, 여름과 산과 꽃 덮인 비탈과 희망 자체를 노래하는 것에서 진정한 사람다움을 추구하던 전통이 있었다. 그는 영아 사망, 빈곤, 질병처럼 자연보다 더 혹독한 사회적 현실을 살아내면서도 이 전통을 추구했다. 하지만 생명에 대한 이런 낭만주의적 관점의 묘미는 무엇보다 온화함이다. 아이슬란드 문학에서 이보다 더 순수하게 자연을 숭배한 사례는 찾기 힘들 것이다. 낭만주의 철학은 헬기 발티손의 책이 쓰이던 바로 그 순간

절정에 이르렀으리라. 헬기는 100년간 축적된 낭만주의 어휘로 고지대의 인상을 넘쳐흐르는 바로크적 은유에 담아낼 수 있었다.

헬기와 에드바르드는 1939년 8월부터 9월 초까지 진행된 첫 크링길사우라니 탐사에서 외부와 전혀 접촉하지 않은 채 두 주를 보냈다. 그들이 돌아왔을 때는 독일이 폴란드를 침공한 뒤였으며, 그들은 지지하던 세계관을 공식적으로 철회했다. 헬기의 책은 최초의 핵폭탄이 터진 1945년에 출간되었다. 바로 그해에 모더니즘적인 '원폭 시'가 아이슬란드 문학계에 처음 등장했다. 세계는 순수를 잃었으며 전쟁의 참상을 목격한 많은 이들은 그가, 그러니까 이른바 '신'이 어디로 갔는지 의문을 품었다. 전능자와 조화를 이루는 아름다움을 신앙의 바탕으로 삼는 책들은 이제 설 자리가 없었다. 시인들은 난해한 모더니즘 시를 쓰기 시작했다. 스테이든 스테이나르는 '시간과 물'에 대해 썼으며 다른 시인들은 죽음 이후의 '무'에 대해 썼다. 하들도라 비외르든손은 이렇게 썼다.

땅의 차가운 어둠에서 우리의 여정이 끝나노니
우리는 이 여행이 끝났다는 것도 알지 못한다.

유럽은 불탔으나 전쟁은 세계를 변화시키고 수많은 산업을 일으켰다. 항공 산업은 완전히 탈바꿈했으며 금속 생산도 마찬가지로 번창했다. 핵 산업이 등장했는가 하면 대량생산이 확대되었으며 그 잠재력은 명백하기 그지없었다. 전 세계 알루미늄 산업은 폭탄과 항공기 수요를 맞추기 위해 몇 년 만에 1000퍼센트 성장했다.[6] 미국 정부는 알코아(아메리카알루미늄회사)에 공장 스무 곳을 삼 년 안에 신축하라고 지시하면서 자금과 원자재에 대한 우선권을 부여했다.

하지만 전쟁이 끝났어도 생산은 원래 속도로 돌아가지 않았다. 알루미늄 산업은 일회용 소비경제의 부상에서 탈출구를 찾았다. 산업 디자이너들은 사람들이 접시, 식기, 식품 포장재, 알루미늄포일을 비롯한 귀한 물건들을 한 번만 쓰고 버릴 수 있게끔 개발했다. 그들은 많은 에너지를 소비하는 알루미늄 캔에 음료를 담았는데, 이 캔은 유리병처럼 씻어서 반환하는 게 아니라 바로 버릴 수 있었다. 이런 사고방식은 귀중한 것을 귀히 여기고 아무것도 허투루 버리지 않고 밥을 남기지 않고 물건을 고쳐 쓰고 뭐든 활용하는 법을 배운 앞선 세대의 가치와 어긋났다.

포장재 산업과 소비사회는 무한한 원자재 수요를 창출하여 전 세계 미개척지를 야금야금 집어삼켰다. 2002년에는 국제적 소비 기계가 지구의 북쪽 끝까지 촉수를 뻗었다. 카우라흐니우카르댐 건설을 위해 크링길사우라니 대부분을 50제곱킬로미터 면적의 저수지에 수장하기로 결정한 것이다. 무슨 목적이었느냐고? 레이다르피외르뒤르시市 알코아 제련소에 전기를 헐값으로 공급하기 위해서였다. 그런데 이 공장에서 생산하는 알루미늄보다 미국인들이 매립지에 내다버리는 양이 훨씬 많다. 해마다 버려지는 알루미늄 캔만 해도 미국의 상업 항공기 재료를 합친 것의 네 배에 이른다. 미국에서 캔을 재활용한다면 그런 공장 서너 곳쯤은 짓지 않아도 될 것이다.

2006년 가을 카우라흐니우카르댐이 완공되자, "신의 광대함으로 만물을 아우르는 침묵"과 헬기가 그의 책에서 묘사한 경관 전체가 200미터 깊이의 빙하수 흙탕물에 잠겼다. 하지만 수위가 변동하기 때문에 전체 면적이 잠기진 않아서 이따금 수 제곱킬로미터에 이르는, 곱고 가벼운 미사 강변이 드러난다. 봄이면 이 생명 잃은 땅이 유령처럼 잿빛으로 모습을 드러낸다. 크링길사우라니는 빙산의 일각에 불과하다. 오늘날의 세대가 해마다 수천 가지 보물을 쓰레기통에 처넣고 있으니 말이다.

. 글문이 막히다

나는 크링길사우라니 보호구역이 아직 수몰되지 않았을 때 그곳에 가보았다. 덕분에 헬기가 묘사한 주술적 세계를 직접 체험할수 있었다. 예퀼사우 강바닥을 따라 짐승들의 계곡을 걷는 것, 협곡의 측면을 이루는 현무암 주상절리 사이로 기러기 둥지를 보는것, 용암처럼 붉은 암반에 서서 빙하 강물이 뢰이다플루드 폭포위로 콸콸 쏟아지는 광경을 보는 것 ─ 이것은 무엇과도 비교할수 없는 경험이었다. 걷잡을 수 없는 분출물처럼, 형체 없는 무질서처럼 좁은 크레바스로 물이 터져 나와 우레 같은 급류에 합류하여바위들을 위쪽으로 내던지는 광경은 넋을 빼놓았다. 머리 위로 매한 마리가 높이 떠 있었다. 연약한 토대에 외로이 서 있는 바위 하나가 보였다. 거인인 듯, 다스 베이더의 머리인 듯 사람 모양을 하고 있었다. 이 바위는 지역 상징물이었으며 부근의 어떤 바위와도다른 분위기를 풍겼다. 나는 평온한 마음으로 이곳에 찾아왔지만 왠지 그가 나의 존재를 불쾌해하는 것 같았다.

나는 내 마음을 헬기처럼 말하거나 쓸 생각이 없었다. "저기 퇴프라포스 폭포에서 조물주가 크링길사우강의 베이스를 가만히 튕기니 내 영혼의 하프가 덩달아 울렸다." 내가 『꿈의 땅』에서 이런 표현을 썼다면 책을 망쳤을 것이다. 모더니즘적이고 뉴에이지 풍이라며 도시 힙스터 난센스 취급을 받았으리라. 나는 이 비길 데 없는 지역을 쓸어버린 무분별한 파괴 앞에서 우수에 사로잡혔으나 온건하고 호소력 있는 단어를 선택했다. 자유주의, 혁신, 공리주의, 마케팅의 언어를 구사했다. 이 지역이 아이슬란드의 이미지에 미치는 중요성, 잠재적 관광 수입, 연구 가치, 영화나 광고 촬영지로서 외화를 벌어들일 고지대의 매력 등을 논했다. 영화는 경험을 창조하지만, 풍경 이미지는 그곳에 직접 찾아가는 것을 대신하지 못한다고. 우리가 살아가는 시대에는 돈이 현실의 잣대다. 우리가 만물을 아우르는 신의 광대함을 찾을 수도 있다는 말만 가지고는 자연의 생존권을, 그 본질적 가치를 옹호할 수 없었다.

아이슬란드 고지대를 둘러싼 이 논쟁에서 합리적 토론은 뒤집혀버렸다. 어떤 지역이 미답지라는 사실은 가치와 의미의 증거가 아니라 오히려 불리하게 작용했다. 그리하여 그 지역은 '인기 없는 곳'이라는 오명을 썼다. 이 논리에 따르면 자연에는 높은 '평점'이 필요했다. 사람들이 그곳을 구경하거나 이용하고, 호텔이나 주유소나 햄버거 가게를 짓고, 관광버스와 가이드를 데려와야 했다. 자연에 이런 것들이 없다는 사실은 이 자연이 얼마나 인기가 없는가를 입증할 뿐이었다. 어떤 식으로든 자연을 '이용'할 수 있어야 했다. 자동차 광고의 배경으로라도. 정의되지 않은 목적은 그 무엇에도 허용되지 않는다. 모든 것은 계량할 수 있어야 한다. 땅 위의 상황이 그 측정치에 상응하는가는 중요하지 않다. 현실을 정의하고 자연의 가치를 논하는 권력은 경제학에 속한다.

정치인들은 그 지역이 전혀 특별하지 않다며 깎아내렸다. 땅을 '소유'한 농부들은 소송을 제기하면서 이 지역이 실은 별 볼 일 없다고, 사리분별을 못 하는 건 대부분 도시인들이라고 불만을 쏟아냈다. "솔직히 해마다 양을 몰고 협곡 안쪽까지 올라가지 않아도 된다면 나쁠 것 없죠."

나는 이 지역이 국립공원의 자격이 충분하다고 주장하는 사람들 중 하나였지만, 보통은 자연을 처음 체험하는 현대 도시인으로 치부되었다. 마찬가지로 사진가들은 은밀한 목적을 이루기 위해 자연의 아름다움을 포토샵으로 덧칠한다는 비난을 샀다.

헬기 발티손이 크링길사우라니에서 지낸 것은 그곳에 어떤 이해관계도 개입하기 전이었다. 그의 책은 그 지역에서 실시된 유일무이하게 무엇과도 무관한 환경 영향 평가다. 그는 자연의 모습에 비추어 자신을 평가했다. 인류의 파괴력이 이 외딴 황무지를 그토록 빨리 움켜쥘 수 있으리라고는 결코 생각하지 못했으리라. 그는 "내가 죽으면 나의 영혼이 스나이페들산에서 안식할 것이다"라고 말한 뒤에 이렇게 격정을 토로했다. "오, 스나이페들의 신이여, 영원무궁한 황무지의 정령이여! 당신은 이 땅을 내게 약

속으로 주셨고 몸과 마음을 다해 이 땅을 사랑하고 섬기라고 명령하셨습니다. 이 땅이 저의 갈망이자 지복이요 슬픔이자 기쁨이 되게 하셨습니다."

내가 이 지역이 '아름답다'고 말했을 때 사람들은 과장한다며 나를 비난했다. 내가 크링길사우라니에 간 것은 『시간 상자』라는 동화를 반쯤 썼을 때였는데, 며칠간 그곳을 돌아다니다 보니 조만간 물속에 잠길 이 장관에 비하면 나의 사상은 하찮고 진부하다는 생각이 들었다. 캐터필러 중장비가 내려다보였다. 트럭과 굴착기가 하프라크밤마글리우뷔르 계곡을 가로질러 190미터 높이의 댐을 세우고 있었다. 댐은 데스 스타°만큼 진한 회색이었다. 이 아름다운 50제곱킬로미터가 생명 없는 잿빛 인공 저수지에 잠길 운명이라니 끔찍했다. 이 경험이 일종의 글럼프writer's block가 되어 내 뇌의 양반구를 메우는 바람에 아무것도 떠오르지 않았다. 아이슬란드 에너지 기업들은 아이슬란드 고지대 최고의 진주 여럿을 깡그리 파괴할 대공사 계획을 세워두었다. 그들은 세계 최대의 분홍발기러기 번식지 트효르사우르베르 고원을 레이캬비크 면적(40제곱킬로미터)의 저수지에 수장할 작정이었다. 스캬울반다플리오트강의 알데이야르포스 폭포, 스카가피외르뒤르만의 하얀 빙하강을 비롯하여 토르파예퀴들 지역의 지열 지대들이 위험에 처했다. 아이슬란드 고지대의 아름답고 성스러운 거의 모든 곳이 다국적 제

● 〈스타 워즈〉에 나오는 전투용 인공위성.

조 기업에 값싼 에너지를 팔기 위해 막히거나 폭파되거나 수장될 위기를 맞은 것이다.

아이슬란드는 그간 산업혁명이 낳은 최악의 참사를 면했는데 세계가 20세기에 저지른 실수를 21세기 들머리에 뒤늦게 모조리 저지를 기세였다. 내가 아는 많은 사람들이 오랫동안 무엇에 대해서도 쓰거나 생각하지 못했다. 치열한 투쟁이 한 사람 한 사람을 얼마나 소진했는지 모른다.

나는 헬기의 책을 읽고서야 나와 내 동시대인들이 지배 담론에 얼마나 단단히 사로잡혀 있는지 깨달았다. 그의 글은 교육이 '투자'이고 자연이 미개발 '자원'에 불과하다는 경제학 언어에 포위되지 않았다. 자연이 더 숭고한 것, 더 귀한 것, 정의를 넘어서는 것, 어쩌면 '성스러운' 것일 가능성은 우리 시대에 타당한 논증으로 간주되지 않는다. 헬기에게는 관광객 유치나 고용, 수출 실적을 거론하지 않아도 되는 자유가 있었다. 그는 아름다움과 자연과 숭고함을 자신이 느끼는 대로 쓸 수 있었다.

나는 이 지역을 직접 찾아 우렁찬 퇴프라포스 폭포 옆 시로미 밭에서 하루를 보낸 뒤 스나이페들산을 비추는 커다란 보름달 아래서 야영을 하면서 헬기가 묘사한 경험을 똑같이 경험했다.

밤은 고요하고 평화롭고 생생하고 순수하며 무엇에도 방해받지 않는다. 마치 바깥세상과의 물리적 연결이 모두 끊어진 것처럼. 침묵, 그리고 만물을 아우르는 밤의 정적에 둘러싸인 채 영혼은 홀로 자신을 찾는다. 말없이 모든 것을 감지하면서. 믿을 수 없는 달콤한 기쁨의 감각을 통해 부드럽게 중얼거리듯 시대와 영원이 영혼을 통해 흘러간다.

황무지의 고요 속에서 우리의 삶이 영광스럽고 놀라운 모험임을, 신의 선물임을, 우리가 좀처럼 이해하지도 못하고 온당한 관심을 기울이지도 않는 것임을 온전히 깨닫는다.[7]

헬기에게 숭고한 감정과 영감의 원천이던 곳이 아이슬란드인들에게 양극화, 적대감, 의견 대립의 본보기가 된 상황은 우리에게 많은 것을 시사한다. 헬기의 정신에 입각하여 황무지에서 깨달음을 경험한 사람들에겐 환경 극단주의자라는 낙인이 찍혔다.

헬기 발티손은 아스캬 화산 폭발로 막대한 피해가 발생한 지 2년 뒤인 1877년 아이슬란드 동부에서 태어났다. 그가 성년이 되었을 때 아이슬란드인들은 여전히 기아로 죽어가고 있었으며 인구의 20퍼센트가 기회를 찾아 고국을 등지고 미국과 캐나다로 떠났다. 또 마흔이 채 되기 전인 1918년 대혹한이 아이슬란드를 덮쳤으며 스페인 독감은 500명 가까운 아이슬란드인의 목숨을 앗았다. 1939년에 헬기는 70대였을 것이다. 70년 뒤 아이슬란드는 풍요를 누리고 있었다. 인구 대비 자동차, 텔레비전, 비행기, 저인망 어선 대수가 세계에서 가장 많았으며 1인당 알루미늄 생산량도 세계 최고였다. 바로 그때 크링길사우라니 보호구역이 보호받지 못한 채 수몰되었다. 사진가 라그나르 악셀손이 내게 전화를 걸어

뢰이다플루드 급류 계곡이 물에 잠기고 있다고 알려주었다. 주말에 스튀들라가우트 협곡이 사라지기 시작할 거라고 말했다. 목이 메었다. 친구의 부고를 전해 듣는 심정이었다.

어떻게 헬기는 아이슬란드에 고난과 굶주림이 만연하던 시절에 자연에 대해 이토록 숭고한 감정을 느낄 수 있었을까? 헬기의 청년 시절에는 낭만주의 시가 가장 인기 있는 예술 형식이었다. 여러 세대의 굶주린 시인들이 시를 통해 어찌나 근사하게 꽃과 새를 찬미했던지 19세기 중엽 이후로 아이슬란드의 조류 종 중 절반은 사냥되지도 잡아먹히지도 않았다. 심리학자 매슬로의 욕구 위계론에 따르면 기본 욕구가 충족된 사람들은 낭만주의 시대의 가난한 시인들에 비해 자연의 숭고함을 감지하기에 더 유리한 위치에 있어야 마땅하다. 아이슬란드의 에너지 생산량은 국내 수요량의 세 배를 넘는다. 식량은 부족하지 않으며 창고는 그득하다. 그런데 우리 세대는 왜 헬기처럼 자유롭게 말하지 못하고 가상의 경제 용어와 합리주의 담론에 말문이 막혔을까? 발밑에서 눈을 들어 더 넓은 맥락을 감지할 순 없을까? 마치 권력을 쥔 자들, 어떤 사태가 와도 무사한 자들이 사람들로 하여금 결코 안전함을 느끼지 못하게 함으로써 늘 굶주림과 공포를 부추겨 더 많은 계곡을, 더 많은 폭포를 기꺼이 희생시키도록 조종하는 듯하다.

이로부터 전혀 다른 질문이 제기된다. 물에 잠긴 계곡의 면적은 약 50제곱킬로미터에 이른다. 지구 전체를 생각할 때 우리의 반응이 1000배 더 격렬하지 않은 이유는 무엇일까? 과학자들이 예측한 지구 온도 상승 추이에 따르면, 빙하가 녹아 바닷물이 불어나면서 금세기에 해수면이 30센티미터 내지 1미터까지 상승할 것이라고 한다. 아이슬란드의 빙하가 전부 녹으면 그것만으로도 해수면이 1센티미터 이상 상승할 것이다. 그린란드와 남극 대륙의 거대 빙상이 녹기 시작하면 상승 폭은 수십 미터에 이를 것이다. 21세기에 걸쳐 해수면이 0.74미터 상승할 거라고 줄잡아 예측하더라도 약 40만 제곱킬로미터의 육지가 바닷물에 잠길 것이다. 이것은 아이슬란드 면적의 네 배에 이르고 독일 면적보다도 넓다.[8] 대도시, 해안선, 항구, 간석지가 위험에 처했다. 그중에는 가장 오래된 문화 도시들, 전 세계의 역사적 건축물, 공장, 여름 휴양지, 농장, 경작지, 강어귀도 있다. 이들 지역의 인구는 약 1억 1500만 명에 이른다.

해수면 상승으로 인한 결과만 따져도 이 정도다. 기온 상승, 사막화, 가뭄, 산불, 지하수 고갈, 영구동토대 해빙, 해수 산성화의 결과는 셈에 넣지도 않았다.

나의 내면에서 무언가 웅웅거리는 게 느껴진다. 이 모든 단어들은 그 어마어마한 양으로 의미를 죄다 집어삼켜 내가 감지하지 못하는 블랙홀을 만들어낸다.

헬기가 신의 광대함으로 만물을 아우르는 침묵을 발견한 것은 하나의 작은 장소에서였는데, 우리 모두가 들이마시는 대기에 대해, 인류가 변화시키는 대기 조성에 대해 이야기하려면 어떤 단어를 동원해야 할까? 대양의 미래를, 해양 생물권을 우려할 때는 어떤 단어를 구사해야 할까? 지구의 허파로 손색이 없는 우림에 대해서는 어떤 단어를 써야 할까?

지구에 대해 논할 단어를 과학이나 정서, 통계, 종교에서 끌어내야 할까? 우리는 어디까지 개인적이고 감상적일 수 있을까? 애정, 냉철한 경제학, 군사적 비유, 복잡한 철학의 과장된 표현을 쓸수 있을까? 우파? 좌파? 아름다움? 추함? 경제성장? 지구는 미활용된 원자재일까, 무한한 신성함일까? 훼손되지 않은 지역을 환경영향평가서 부록에 실린 자연의 경제적·사회적 가치에 대한 도표와 그래프로 전락시켜야 할까?

유엔에서 기후변화 보고서의 형태로 일종의 '최종 경고'를 발표한 바로 그 주에 온라인 세계는 중요성이 제각각인 여러 자질구레한 것들에 사로잡혀 있었다. 모두 쉽게 이해할 수 있고 열띤 반응을 불러일으킬 만한 주제였다. 아이슬란드에서는 레이캬비크 시장 집무실에 걸린 화가 뱅크시의 복제화 값어치를 놓고 갑론을박이 벌어지고 있었다.

아무런 주목을 받지 못한 기후변화 보고서에는 전 세계 바다, 전 세계 대기, 전 세계 나라, 인류의 100년 뒤 미래, 재앙을 피하기 위한 조치 등이 들어 있었다. 수백만 년을 통틀어 가장 빠르게 일어나고 있는 변화, 그 변화가 수백만 제곱킬로미터 지역에서 살아가는 수억 명의 인구에게 미치는 어마어마한 영향도 언급되었다.[9] 사람들에게 이것은 당연히 중요한 문제였지만, 집무실에 걸린 미술품 하나에 대해 의견을 표명하는 것이 더 쉬웠다. 말하자면 그 모든 의견들은 귀를 멍멍하게 만드는 잡음이었다.

　내 목숨이 위험에 처하고 나의 땅과 후손이 위험에 처하면 무슨 일이 벌어질지 이해하는 것, 이건 의무 아닐까? 어떤 말로 이 세상을 정의할 수 있을까?

이야기를 들려주세요

크링길사우라니 여행은『꿈의 땅』으로 이어졌고 이 책은 나를 전
세계로 이끌었다. 나는 뮌헨에서 강연을 하고 독일 포츠담 기후
연구소의 과학자 볼프강 루흐트와 토론을 벌였다. 그는 10년 전
에 자신이 예측한 최악의 결과가 현실이 되었으며 그마저도 낮잡
은 것이었다고 말했다. 최후의 심판을 외치는 예언자가 되려는 생
각은 전혀 없었다고 했다. 시와 첫사랑에 빠졌으나 수학을 잘하는
바람에 결국 기후과학자가 된 사람이었다. 그는 강연에서 그리스
신화와 카산드라의 저주에 대해 이야기했다. 미래를 예언할 수 있
게 되었으나 아무도 자신의 예언을 믿지 않는 저주를 받은 인간.
그는 모든 것을 미리 아는 운명에 처했으며 모든 것이 현실화되는
것을 보는 저주를 받았다.

　　루흐트는 내게 왜 우리 시대의 가장 중요한 문제에 대해서가
아니라 풍경, 폭포, 산속의 숨은 계곡에 대해 썼느냐고 물었다. 나

는 기후는 복잡한 과학 문제이므로 전문가들에게 맡기는 게 낫다고 대답했다.

"하지만 수력 발전용 댐과 알루미늄 제련소를 논할 때는 전문가들을 거리낌 없이 비판하셨잖습니까."

"맞아요. 그땐 적어도 댐을 보고 땅을 걸으면서 저수지가 어떤 결과를 일으킬지 알 수 있었으니까요. 또 에너지 생산량을 직접 계산해 불필요한 제품들이 공장에서 얼마나 많이 생산될지 알아낼 수 있었고 공학자들의 계산을 이해하고 비판할 수 있었습니다."

"한 줌의 과학자들에게 맡기지 말고, 인류가 등장한 이래 지구에 일어나고 있는 최대의 변화에 대해 쓸 수 있다고는 생각하지 않으세요?"

"그건 과학자들이 할 수 있지 않나요?"

"그렇지 않습니다. 그들이 과학 소통의 전문가는 아니니까요. 통역자가 없으면 그들은 문외한에게 말하는 셈입니다. 선생이 작가이면서도 이 문제들에 대해 써야 할 필요성을 느끼지 않는다면 그것은 과학이나 문제의 심각성을 이해하지 못한 것입니다. 작금의 문제를 이해한 사람이라면 그 무엇도 이보다 중요시하지 않을 거예요. 저는 대규모 연구팀을 감독합니다. 확립된 과학적 규약에 따라 그래프와 도표를 저희가 발표하면, 사람들은 그것을 들여다보고 고개를 끄덕이고 어느 정도는 받아들이지만 실제로 '이해'하지는 못합니다. 저는 의회 위원회에 데이터를 제시하면서 우리가 행동하지 않으면 수백만 명이 보금자리를 잃을 거라고 설명합니다. 그러면 정치인들은 대뜸 이렇게 대꾸해요. '우리가 선생께서 말씀하시는 대로 하면 수십만 명이 당장 내일 일자리를 잃을 겁니다.' 그렇게 되면 제 책임이라는 겁니다. 정치인들이 제 말을 정말로 이해했다면 소매를 걷어붙이고 해결책을 찾을 겁니다. 사람들이 온전히 이해했다면 맨해튼 프로젝트 같은 것을 내놓을 거라고요. 수만 명이 사막에 파견되어 여름휴가와 성탄절 휴가도 반납한 채 밤새도록 일해 목표를 달성하고 핵폭탄을 만들어내지 않았습니까. 지구의 미래가 달렸다면 수백만 명이라도 많다고 할 수 없겠지요!"

나는 고개를 끄덕였다. 그런 내가 충분히 진지해 보이지 않았나 보다. 심각한 문제 앞에서도 웃음을 참지 못하는 성격이니. 그가 말했다. "농담 아닙니다. 사람들은 숫자와 그래프는 이해하지 못하지만 이야기는 이해하잖아요. 선생께서는 이야기를 들려줄 수 있습니다. 선생께서 이야기를 들려주셔야 합니다."

나는 생각에 잠겼다.

"하지만 종말론적 예언과 암울한 의견을 듣고 싶어하는 사람은 아무도 없습니다."

그가 말했다. "그게 문제입니다. 의사가 환자에게 당신은 초기 단계의 암에 걸렸다고 말하기 싫어한다고 상상해보십시오. 환자가 목숨을 구하려면 당장 금연하고 생활 습관을 바꾸고 심지어 1, 2년간 만사를 제쳐두고 수술과 방사선 요법과 재활 치료를 받

아야 한다고 말하기를 싫어한다면요. 선생이 겁먹을까 봐 두려워
서 앞으로 어떤 일이 일어날지 의사가 솔직하게 말하려 들지 않는
다고 상상해보십시오. 대신에 잎담배와 페퍼민트 차를 권한다고
생각해보세요."

"그거 그럴듯하군요."

"그게 지금 벌어지고 있는 일입니다. 그 결과 우리는 심각한
문제가 계속 커져만 가는 현실을 목도하고 있습니다. 환자는 생활
습관을 바꾸지 않은 채 에센셜 오일 향만 맡으면 치료되리라 믿습
니다. 우리는 죽느냐 사느냐에 대한 이야기를 하고 있는데, 사람
들은 그렇게 받아들이지 않습니다. 거론되는 해결책은 대부분 위
약입니다. 동종요법이라고요. 플라스틱 빨대를 금지하고 플라스
틱을 분리수거 하는 것 따위는 모두 시답잖은 방안입니다. 훨씬
급진적인 조치가 필요합니다."

그의 말을 들으니 그가 이 모든 문제를 아주 심각하게 여긴다
는 생각이 들었다. 하지만 그것은 아이슬란드 고지대의 댐에 대해
걱정하는 것과는 다른 문제다. 온 세상을 걱정하는 게 의미가 있
을까? 이 문제에 관여해 자신의 행복을 이 무한한 배수구에 처넣
는 것은 어떤 판도라의 상자를 여는 격일까? 코펜하겐, 파리, 리
우, 교토에서 회의가 계획되어 있었다. 전문가 수천 명이 보고서
와 도표를 내놓을 예정이었다. 여기에 더할 게 뭐가 있을까? 정치
인들이 귀를 기울이고 대응하지 않겠는가?

얼마 지나지 않아 아이슬란드 대학교에서 기후 문제를 논하는

회의에 참석했는데, 전문가들이 차례로 단상에 올랐다. 해양생물학자는 해수 산성화와 바닷새 절멸에 대해 이야기했다. 빙하학자는 빙하 해빙에 대해, 생태학자는 지구 식생 감소와 지하수 수위 하강, 임박한 물 부족의 결과에 대해 이야기했다. 이들은 숫자를, 수백만 명의 사람들을, 수백만 종의 동물들을, 수백만 년 동안 없었던 가장 빠른 변화를 줄기차게 언급했다. 하지만 어떤 자극도, 어떤 흥분도 없었다. 주위를 둘러보았더니 청중은 거의 반응을 보이지 않고 있었다. 농업 관세가 옥수수 생산에 미치는 영향을 논하는 자리라고 해도 이상하지 않을 것 같았다. 이쯤 되면 눈에 눈물이 맺혔어야 하지 않나? 사람들을 이런저런 행동 그룹으로 나눠 그날 저녁 바로 대응을 준비해야 하지 않나? 발표가 끝나자 사람들은 삼삼오오 모여 이런저런 담소를 나누다가 아무 일도 없었다는 듯 집으로 돌아갔다.

어쩌면 우리는 개인 자격으로는 세상을 이해하지 않는지도 모르겠다. 어쩌면 그날 나는 집단 히스테리의 대립물을, 일종의 집단 무감동을 경험하고 있었는지도 모르겠다. 심지어 각 주제의 전문가조차도 자신의 연구에 생기를 불어넣을 수 없는 것처럼 보였다. 바닷물에 잠수하여 전 세계 산호초를 측량하는 심오한 경험을 사람들의 상상력과 연결하지도, 자신이 사랑하는 모든 것의 죽음이 임박했다는 감각을 전달하지도 못하는 듯했다. 어쩌면 과학자들도 딴 사람들이 이해할 때까지는 자신이 무슨 말을 하고 있는지 온전히 이해하지 못하는 것인지도 모르겠다.

우리가 이해하지 못하는 단어들

"나는 아이슬란드어에 이 땅의 모든 생각에
대응하는 단어가 있음을 깨달았다."

에이나르 베네딕트손 (아이슬란드 시인)

우리는 단어를 쉽게 이해할 수 있다고, 이해하는 것은 자연스러운 일이라고, 우리가 신문과 책에서 지각하고 이해하는 세상이 우리가 지각하고 이해하는 세상이라고 믿는다. 하지만 그렇게 간단한 문제가 아니다. 전혀. 이를테면 우리는 '지구온난화' 같은 단어들을 대수롭지 않게 들어 넘기면서 훨씬 사소한 단어들에는 쉽게 발끈한다. '지구온난화'라는 단어에 담긴 의미를 속속들이 감지할 수 있다면 이 단어는 아이들이 옛날이야기를 듣다가 무서운 장면이 나올 때와 같은 반응을 일으켜야 한다. 우리는 소스라치게 놀라야 한다. 새로운 단어와 개념을 이해하는 데는 수십 년, 심지어 수백 년이 걸리기도 한다.

1666년에 아이슬란드 시의 대가로 손꼽히는 하들그리뮈르 페튀르손 목사의 『수난 송가』가 출간되었다. 서른 번째 송가는 이렇게 시작한다. "들으라, 내 영혼아, 이 죄악을! 양심은 왜 들이치지 않았는가." 이 시에 담긴 '죄', '영혼', '양심' 등은 당시의 문화를 지배하던 단어였다. 수 세기 동안 저 단어들은 성직자와 지배계급 이 손에 쥔 순수한 권력이었다. 사람들은 죄를 고백하고 양심을 정화하고 영혼의 영원한 처소를 천국에 마련했다. 하지만 이 단 어들이 늘 있었던 것은 아니다. 정착의 시대인 9세기의 북유럽 사 람들이 하들그리뮈르의 시를 이해했을 가능성은 희박하다. 영혼, 죄, 양심이 아이슬란드어에 들어온 것은 1000년경 기독교 신앙과 함께였다. 이 단어들은 진취적 바이킹들에게는 효력이 없었을 것 이다. 바이킹은 도적질하고 약탈하면서 양심이나 죄에 대해서는 전혀 개의치 않았다. 침략의 대가는 명예와 존경이었다. 적을 용 서하는 법이 없었으며 복수는 의무였다. 만일 복수하지 않으면 양 심의 가책 비슷한 감정을 느꼈을지도 모르지만, '양심'이라는 단 어 자체가 존재하지 않았다.

바이킹의 시를 스칼드 시라고 하는데, 여기에는 엄격하고 전 문적인 작시 관습이 있었다. 기독교 여명기인 10세기가 되었을 때 시인들은 난감한 상황에 처했을 것이다. 당시의 시는 케닝*을 활 용했는데, '땅'을 '오딘의 신부'로, '하늘'을 '난쟁이의 투구'로 표 현하는 식이었다. '시' 자체를 '아스 신의 벌꿀술'이나 '오딘의 선 물'이나 '크바시르(지혜로운 인간)의 피'로 묘사하는 전통에서 시

● 보통명사를 대신하는 간결한 복합어나 비유적 표현으로, 고대 게르만어와 고대 노르웨이어 및 고대 영어로 쓰인 시에서 나타난다.

인은 어떻게 하늘과 땅의 창조주인 하느님을 설명할 수 있었을까? 하늘과 땅의 창조주 하느님을 찬미하는 시에서 '이교도' 아스 신들을 언급하는 것은 분명히 문제의 소지가 있었다. 우리는 새로운 사고방식을 이해할 때 옛 사고방식에 기댄다. 처음에는 '난쟁이의 투구'와 '오딘의 신부'라는 단어 말고는 하느님을 가리킬 방법이 없었다. 기독교가 없앨 작정이던 바로 그 이교도 세계관에 의존해야 했던 것이다.

단어는 우리의 감정과 느낌에 영향을 미친다. 단어로 인해 우리는 존재의 상태를 파악하고 우리의 가슴에 잠들어 있는 것을 묘사할 수 있다. 단어는 보이지 않던 행동들을 엮어 얼개를 짠다. 아이슬란드어에는 달콤하지만 우수 어린 향수의 느낌, 의미 있고 때로는 슬픈 옛 노래에 귀 기울일 때 드는 느낌을 가리키는 단어가 있다. 그것은 '앙귀르바이르드'로, 문자 그대로의 의미는 '부드러운 슬픔'이다. 페로어에도 이 개념이 있으니, 그들이 쓰는 단어는 '소르그블리드니'로, 자구대로만 풀자면 '잔잔한 비애'다. 아이슬란드어와 페로어는 자매어로, '부드럽다/잔잔하다'와 '슬픔/비애'라는 두 쌍의 유의어를 이용하여 동일한 감정을 표현한다.

비애에 젖은 페로인의 감정이 슬픔에 잠긴 아이슬란드인의 감정과 똑같은지는 모르겠다. 하지만 우리는 이런 단어를 이용하여 언어를 풍성하게 사용하고 감정의 스펙트럼을 더 정확하게 묘사할 수 있다. '앙귀르바이르드'는 사람들이 모닥불가에서 나직이 노래 부를 때 가슴을 채우는 느낌에 붙여주기에 제격인 듯하다.

'소르그블리드니'도 비슷하지만, 여기에는 더 깊은 슬픔, 더 큰 애도가 담겼다. 이렇듯 우리는 이 두 단어를 이용하여 감정을 더 풍성하게 표현할 수 있다. 나는 할아버지의 옛 사진을 볼 때 낯선 '앙귀르바이르드'를 느꼈으며 당신이 세상을 떠난 지금 나의 가슴은 '소르그블리드니'로 가득 찼다.

1614년에 태어난 하들그리뮈르 페튀르손은 죄와 은총에 대해서는 격정적인 시를 쓸 수 있었으나 '자유', '인권', '민주', '평등'에 대한 시를 쓰려고 했다면 무척 애를 먹었을 것이다. 그는 훌륭한 시인이자 대단한 사상가였으나 이 단어와 개념은 그가 살았던 세기의 언어에는 존재하지 않은 거나 다름없었다.

1809년 아이슬란드인들이 '개의 날* 왕 예뢴뒤르'라고 부르는 예르겐 예르겐센이 아이슬란드에서 혁명을 선동했다. 그는 현지 덴마크 당국자들을 체포하고 급진적 선언문을 공표했다. 아이슬란드는 덴마크의 지배로부터 독립한 자유국이라는.

우리 귀에 이 말은 1262년에 주권을 잃은 속국의 간절한 소망처럼 들릴 것이다. 나는 학교에서 아이슬란드인들이 600년간 자유를 열망했다고 배웠다. 하지만 진실은 좀 더 복잡했다. 예르겐이 배를 타고 해안에 당도하여 선언문을 공표하기 전에는 그 누구도 자유를 돌려달라고 요구하지 않았다. 1809년 어느 화창한 여름

● 북유럽에서는 개의 별 시리우스가 나타나는 시기에 무더위, 가뭄, 액운이 찾아온다고 믿는다.

날, 새롭고 혁명적인 사상이 처음으로 생겨나 바로 그날부터 존재하게 된 것이다. 하지만 문제는 아이슬란드인 가운데 자유나 독립을 추구해야 한다고 생각한 사람이 아무도 없었다는 것이다. 아이슬란드에서 이 단어를 소리 높여 외친 사람은 아무도 없었다. 그러니 이 단어는 의미가 거의, 아니 전혀 없었다.

예르겐 예르겐센은 영국인 비누 상인 펠프스의 통역자 신분으로 아이슬란드에 왔다. 펠프스는 아이슬란드인들에게서 소기름과 양기름을 살 요량이었다. 아이슬란드 시골은 원래 살림살이가 넉넉했지만, 잉글랜드와 덴마크의 전쟁으로 인해 해로가 한동안 막히면서 아이슬란드는 곡물을 비롯한 생필품 부족에 시달렸다. 덴마크 국왕 직속 아이슬란드의 최고위직 관리인 총독 트람퍼 백작이 상거래에 훼방을 놓기까지 했다. 덴마크 상인들은 아이슬란드 교역을 독점했으며 법을 어기는 사람은 사형에 처했다. 그때 비누 상인 펠프스와 그의 선원들이 트람퍼를 자기들 배의 선실에 억류했는데 그동안 예르겐이 일시적으로 아이슬란드를 장악했다. 그는 아이슬란드에 사해동포주의를 천명했으며 아이슬란드인들을 위해 국기를 만들어 게양했다. 국기에는 소금에 절인 생선 세 마리가 그려져 있었다.

국내 여행이 엄격히 통제되던 시대였다. 예르겐은 아이슬란드인들에게 이동의 자유를 부여하여 공식 문서나 허가 없이도 누구나 자유롭게 국내를 이동하고 교역할 수 있도록 했으며, 모든 항구에서 모든 나라와 자유롭게 무역하는 것을 허했다. 자유무역은 아이슬란드인들에게 생소한 개념이었다. 그는 또 세금을 즉시 50 퍼센트 인하한다고 발표하여, 아이슬란드 세수가 아무런 대가 없이 덴마크로 흘러들던 관행에 종지부를 찍었다.[10] 나아가 기근과 경제 변동에 대비하여 1년 치 곡식을 비축하라고 권고했다.

예르겐은 몇몇 '비겁한' 상인들이 나라를 인질로 잡고 있는 현실을 거세게 비난했다. 19세기 들머리에 농장 노동자는 전체 인구의 약 25퍼센트를 차지했는데도 토지가 없다는 이유로 자유를 누리지 못했으며 벌집의 수벌처럼 결혼도 못 하고 자식도 못 낳는 신세였다. 예르겐은 병원 건축을 구상하고 산파술을 개량하여 영아 사망 방지 방안을 제시했다. 7월부터 8월까지 60일 동안 그는 사회의 거의 모든 분야에 대해 개선안을 내놓았다.

그는 아이슬란드 국민이 의회를 선출하고 공화국을 세울 때까지만 나라를 통치하겠다고 약속했다. 1809년 7월 11일 선언문 제12조에는 이 내용이 명시되어 있다.

> 우리는 대표자가 구성되는 즉시 공직에서 물러날 것을 선포하고 약속한다. 의회 소집일은 1810년 7월 1일로 정한다. 그런 뒤 적절하고도 온당한 헌법이 제정되면 우리는 사임할 것이며, 이제 정부 운영에서 빈민과 평민이 부자와 권력자와 똑같은 몫을 차지할 것이다.[11]

그에 앞서 프랑스에서 유럽 전역으로 퍼졌던 혁명 정신이 아이슬란드에는 거의 닿지 않았다. 자유, 평등, 독립 같은 용어를 정의한 기초 문서들은 아이슬란드어로 번역되거나 출간되지 않았다. 예르겐은 아이슬란드에서, 아니 전 세계를 통틀어 시대를 훌쩍 앞선 인물이었다. 덴마크인들은 1835년 제헌의회를 소집하면서 비로소 입헌 민주주의를 도입했다. 1809년에 예르겐이 빈민과 부자가 국정에서 동등한 몫을 가져야 한다고 말한 것은 프랑스혁명보다 한 발 더 나아간 것이었다. 프랑스에서는 선거권이 재산에 따라 부여되었기 때문이다. 당시에 아이슬란드 농민의 88퍼센트가 극빈층이었는데, 이들의 신분이 부유층과 동등하다는 것은 대다수 사람들에게 터무니없는 생각이었다. 빈민들은 자신이 비천한 신분이며 권력은 부자들에게 속하는 것이 당연하다고 생각했다.

예르겐은 우리에게 '자유'를 선사하고 싶어했다. 군주제를 폐지하고 민주주의를 도입하고 싶었다. 그는 자신을 위해 권력을 탐하지 않았으나―그는 군주제 반대론자였다―아이슬란드어에서 그의 역할을 묘사할 유일한 단어는 '국왕'이었다. 노르웨이의 스칼드 시인들이 '오딘의 신부'를 언급하지 않고서는 하늘과 땅의 창조주인 하느님을 일컬을 수 없었던 것과 마찬가지다. 당시 아이슬란드인들은 예르겐을 조롱하며 그에게 '개의 날 왕'이라는 별명을 붙였다.

예르겐은 당시 아이슬란드인들의 냉대에 낙담했다. 그는 사람들에게 자유를 주었으나 아무도 그의 뜻을 이해하지 못하여 그 자유를 받아들이려고 하지 않았다. 빈자가 부자와 똑같은 발언권을 가질 수 있다는 생각은 그들의 현실과 전혀 부합하지 않았다. 사람들은 왕이 없는 대표자 의회로 나라를 운영한다는 것을 상상하지 못했다. 의회라는 개념은 그들에게 낯설었다. 중세 사가에서 아이슬란드 의회 알팅그가 농촌 대표자들의 행정 체계와 함께 언급되기는 하지만, 사람들이 그런 한물간 제도로 돌아가고 싶어할 리 만무했다.

예르겐을 믿지 못할 이유는 얼마든지 있었다. 그는 고작 스물아홉 살이었으며 구제 불능 허풍선이에 도박꾼에 바람둥이였다. 아이슬란드를 대영제국에 병합하려는 수작이라는 의심도 받았을 것이다. 하지만 그의 동기가 무엇이었든 그 덕분에 급진적 사상이 이 나라에서 처음으로 목소리를 얻었다. 사람들에게 농담 취급을 받긴 했지만. 그 시기 아이슬란드의 최고 실력자 마그누스 스테프헨센 대법원장이 편지에서 내세운 평계는 "선량한 아이슬란드인 중에 독립을 바라는 사람은 아무도 없"다는 것이었다.

훗날 자유, 평등, 독립을 위해 투쟁한 사람들은 1809년에는 아직 어리거나 아예 태어나지도 않았다. 아이슬란드 독립 투쟁의 선구자로 손꼽히는 저술가 발드빈 에이나르손은 일곱 살이었고 시인 요나스 하들그림손은 두 살이었다. 아이슬란드 독립운동의 영웅이자 탄생일이 아이슬란드 국경일로 정해진 학자이자 정치가 욘 시귀르드손은 1811년에야 태어났으며, 시귀르드손의 자유 개념은 그가 중년이 될 때까지도 급진 사상으로 치부되었다.

아이슬란드 의회 알팅그가 복원된 1844년에는 재산이 있는 사람만 투표할 수 있었다. 이는 인구의 5퍼센트에 불과했다. 성인 남성 전체와 40세 이상 여성이 투표권을 얻은 것은 1915년이 되어서였다. 여성과 남성의 투표권이 완전히 동등해진 것은 1920년이었다. 완전한 독립은 1944년에야 달성되었다.

우리 세대는 초등학교에서 아이슬란드 국민이 600년간 덴마크의 압제에 시달렸으며 그 시기 내내 자유와 독립을 갈망했다고 배웠다. 하지만 실상은 전혀 그렇지 않았다. 낭만주의 시인들이 아이슬란드가 늘 독립을 원했다는 주장을 들고 나온 것은 19세기 중엽 들어서였다. 대다수 사람들은 시대정신에 무심했으며 하루하루 연명하는 데 급급했다. 사람들은 당대의 지배 언어와 권력 체계에 갇힌 채 자신의 현실에 안주한다. 대부분은 그 시대 안에서 제시되는 방향과 관념에 속박되어 생각할 수밖에 없는 운명이다. 예르겐의 선언문에 담긴 개념들을 아이슬란드인이 온전히 이해하기까지는 시, 연설, 포럼, 선언, 번역, 코펜하겐 술집에서의 토론을 100년 넘게 거쳐야 했다. 그제야 이 사상들을 논의할 토대와 (그리하여) 1918년에 주권을 쟁취할 바탕이 놓였다. 성 평등은 그러고도 100년은 더 논의되어야 했다.

여러분이 들고 있는 이 책 속 몇몇 단어는 예르겐이 당시에 썼던 단어만큼이나 생소한 것들이다. '해수 산성화'라는 용어는 2003년에야 기후학자 켄 칼데이라에 의해 만들어졌다.[12] 신문·잡지 보관 서비스 〈티마리트〉에 따르면 '해수 산성화'라는 개념이 처음 실린 아이슬란드 언론은 2006년 9월 12일 〈모르귄블라디드〉

다.[13] 그 뒤 2007년에 한 번, 2008년에는 없었으며 2009년에 두 번 실렸다. 이에 반해 '이윤'이라는 단어는 (같은 출처에 따르면) 2006년에 1170번, 2009년에 540번 등장했다. 해수 산성화 논의는 2011년에 언론에 고작 다섯 번 실릴 정도로 지지부진했으나 미국의 연예인 '카다시안'은 180번 실렸다.

이렇듯 해수 산성화는 우리를 스쳐지나가버린 개념 중 하나다. 지난 3000만에서 5000만 년을 통틀어 우리 지구의 화학 조성 및 구조에 일어난 가장 중대한 변화 중 하나인데도 말이다.

지금 우리가 이야기하는 주제는 생태계 전체를 교란할 수도 있는 해수 화학 조성의 근본적 변화다. 바닷물의 수소이온농도pH, pH가 낮을수록 산성도가 강함는 8.2에서 7.9로, 7.7까지 내려갈 것으로 예상되는데, 이것은 바닷물 맛이 달라질 정도의 어마어마한 변화다. 수소이온농도 수치는 대수적으로 변하기 때문에 대다수 사람들은 차이가 얼마나 큰지 실감하기 힘들다. 우리 머릿속의 기준틀에 들어맞지 않기 때문이다. 릭터 규모 2.0의 지진이 4.0보다 100배 작다는 사실을 실감하기 힘든 것과 마찬가지다.

해수가 산성화되는 것은 인류가 대기 중에 방출한 이산화탄소의 약 30퍼센트가 바닷물에 흡수되기 때문이다. 2500만 년 전부터 지금까지의 해수 산성도 변화를 살펴보면 소소한 변동이 자주 일어났으며 그중 일부는 수십만 년간 지속되었음을 알 수 있다. 상황이 예상대로 전개된다면 이후 100년간 해수 산성도는 마치 운석이 지구에 충돌한 것처럼 충격적으로 낮아질 것이다. 지구의 시간에서 100년은 찰나와 같다. 수백만 년 걸리던 과정이 100년 만에 일어난다는 것은 폭발에 버금가는 속도다.

해수 산성화. 나는 이 단어를 이해한다는 느낌이 들지만 어쩌면 아닌지도 모르겠다. 빈총과 장전된 총은 겉으로는 차이가 없다. 총의 쓰임새와 해로움은 장전되었느냐 아니냐에 따라 달라진다. 단어들은 장전된 정도가 저마다 다르다. 어떤 개념이 완전히 장전되는 데는 오랜 시간이 걸린다. 해수 산성화는 모든 시간 모든 바다만큼 거대하고 깊은 개념이다. 청어 떼와 둑중개 떼, 해덕 대구와 쇠돌고래, 굴, 식물성 플랑크톤, 향고래를 모두 합친 것만큼 거대하고, 웅장한 산호초와 그 속의 거북, 뇌산호, 흰동가리만큼 우람하다. 이 단어들은 마치 익족류(바다나비)를 한입 가득 욱여넣는 것 같아서 삼키기가 힘들다.

해수 산성화의 밑바탕에 있는 과학을 들여다보고 얼마나 많은 지구촌 주민이 바다의 건강에 의존하는지 살펴본다면, 2019년에 해수 산성화 개념이 힘을 발휘하지 못하는 것이 1930년에 '홀로코스트'라는 단어가 1960년에 비해 힘을 발휘하지 못했던 것과 비슷하지 않은지 의문이 들지도 모르겠다. 해수 산성화 개념의 중요성이 '홀로코스트'만큼 커지면 미래 세대의 가장 간절한 소원은 과거로 시간 여행을 떠나 낙원의 완전한 상실을 막는 것이 될 것이다.

오늘날 우리 지구촌 주민들은 개의 날 왕 시대의 아이슬란드인들과 비슷하다. '산성화', '해빙', '온난화', '상승' 같은 단어들은 '침략', '화재', '중독'과 달리 의미 있는 반응을 끌어내지 못하고 있다. 우리는 신문을 읽고 다큐멘터리를 보면서도 어떤 이유에 선지 동요하지 않은 채 일상을 살아간다.

기후 논의는 과학 개념과 (7.8pH나 415ppm 같은) 복잡한 통계로 가득하다. 우리는 아라고나이트, 칼슘 포화, 대기 중 이산화탄소 활성 같은 화학 개념을 접한다. 2050년, 2100년, 2150년 같은 해가 우리와 관계 있다는 느낌이 드는 때는 정치인들이 어떤 목표를, 이를테면 2040년까지 달성하겠다는 막연한 계획을 내세울 때뿐이다. 정치인들은 자신의 재임 기간이 끝나고도 대여섯 번의 임기 이후로 이 문제들을 미루고 싶어한다. 무수한 '개의 날 왕'이 모든 지구촌 주민에게 이로울 현실적 해결책을 들고 나왔는데도 우리는 그들을 심드렁하게 대했다. 자유를 손에 넣었지만 그걸로 무엇을 해야 할지 몰랐던 1809년의 농부처럼. 어쩌면 저 정치인들은 세상의 예견된 종말이 암호문으로 쓰였다는 핑계를 내세울지도 모르겠다.

2100년에는 해수의 수소이온농도가 (2018년 유엔 기후변화 보고서에서 제시한 온실가스 시나리오 6.0을 훨씬 웃도는) 7.8에 접근하면서, 북극의 아라고나이트 아_霰포화가 칼슘 형성 유기체에 중대한 부정적 영향을 미칠 것으로 예상된다.[14]

이 문장에 담긴 메시지는 두려움을 자아내야 마땅하지만 대다수 사람들에게는 암호나 마찬가지다. 이런 구절들은 정치인의 정책에, 선거에 직접적 영향을 미쳐야 한다.

예르겐은 모든 국민에게 복잡한 문제에 관여하고 견해를 내세우고 투표할 능력이 있다고 믿었다. 이제 전 세계의 국민들 앞에 난제가 놓여 있다. 과학자들은 우리가 지금의 정책들로 파멸의 길을 닦아왔다고 지적한다. 이제 우리의 체제가 시험대에 올랐다. 우리는 세상을 올바른 방향으로 이끌 수 있는 사람들을 선출해 권력의 자리에 앉힐 만큼 이 문제들에 깊이 관여할 수 있을까?

성스러운 소를 찾아서

2008년 10월, 『꿈의 땅: 겁에 질린 나라를 위한 자조 지침서』홍보차 영국 제도에 갔다. 책이 영국에서 갓 출간되어 서머싯의 작은 마을 프롬에서 대중 강연을 하기로 한 참이었다. 당시 런던의 저렴한 호텔에 묵고 있었는데, 로비에 놓인 신문들에 아이슬란드 소식이 대서특필되어 있었다. 한 신문에는 화산이 폭발하는 삽화와 함께 아이슬란드 은행들의 파산이 임박했다는 제목이 쓰여 있었다. 강연 뒤에 나와 토론하기로 되어 있던 젊은 영국 국회의원은 불참을 통보했다. 그는 자신의 이름이 아이슬란드와 결부되는 것을 바라지 않았다. 나는 기념품점에 가서 아내에게 줄 예쁜 스웨터를 한 벌 샀다. 스웨터를 사는 동안 파운드 대비 아이슬란드 크로나의 가치가 어찌나 폭락했던지 스웨터값이 5분 만에 7000크로나나 올랐다. 호텔 방에 돌아왔을 때 전화벨이 울렸다. 전화선 너머에서 누군가 자신을 하들도라라고 소개하고는 다소 이례적인 메시지가 있다고 말했다. 달라이 라마와 인터뷰할 의향이 있느냐는 것이었다.

놀라운 소식이었다.

"달라이 라마라고요?"

"달라이 라마께서 내년 6월에 아이슬란드에 가시는데, 환경 문제를 논의하고 싶어하세요."

그가 아이슬란드에 올 계획이라는 것은 금시초문이었기에 장난 전화가 틀림없다고 생각하여 이렇게 대답했다.

"좋네요. 기대가 큽니다. 하지만 저는 가톨릭교인이어서 교황 성하께 전화드려 허락을 받아야 합니다."

"좋습니다. 내일 다시 전화드릴까요?"

"네, 그때쯤이면 교황 성하의 재가를 받을 수 있습니다."

이튿날 교황의 대답에 대해 묻는 전화가 걸려 왔다.

"누구요?"

"교황이요!"

"아, 네. 교황 성하 말씀이시군요. 좋다고 하셨습니다, 아멘."

"그럼 질문을 보내주세요. 인터뷰를 하기 몇 달 전에 받아보았으면 합니다."

나는 불자가 아니며 불교에 대해 잘 알지도 못한다. 당시에 티베트와 달라이 라마에 대해 내가 아는 것이라고는 10대 시절에 읽은 『티베트에서의 7년』에 나오는 것이 전부였다.

달라이 라마는 1935년 티베트 암도 지구에서 가난한 농부의 아들로 태어났다. 그가 두 살 때 화려한 옷차림의 현인들이 찾아왔다. 징조와 길잡이별을 따라 온 그들은 서거한 13대 달라이 라마 존자의 보물을 가져왔다. 그는 그들이 내놓은 물건들이 모두 자신의 옛 소지품임을 알아보았다. 그리하여 그는 라싸로 옮겨가 성스러운 지도자로 세워졌으며 열다섯의 나이에 티베트를 다스리게 되었다. 1959년 마오쩌둥 중국 정부는 티베트를 침략하여 점령했다. 문화혁명 중 약 100만 명의 티베트인이 목숨을 잃었으며 6000곳 이상의 사찰이 무너졌다. 달라이 라마는 직속 수행원과 함께 인도로 피신하여 히말라야 산맥 자락 다람살라에 사원을 지었다. 그곳에 작은 티베트인촌이 조성되었다. 해마다 난민들이 유입되고 있다. 그곳의 모든 세대가 티베트 밖에서 자랐으나 여전히 언젠가는 고국에 돌아갈 수 있기를 소망한다. 2019년은 달라이 라마가 산맥을 넘어 피신한 지 60년이 되는 해다.

달라이 라마는 전 세계인을 통틀어 가장 남다른 삶을 살고 가장 큰 변화를 겪었을 것이다. 그는 세상에서 가장 폐쇄적인 사회에서 태어났으나 성인이 되어서는 사랑과 환경과 티베트 문제를 토론하는 일종의 영적 유명 인사가 되었다. 티베트인들에게 그는 보살, 즉 깨달은 자다. 그리스도가 우리와 함께한다는 말이 비유가 아니라 정말로 그의 영혼이 새로운 몸을 입고서 찾아온다는 뜻이듯 달라이 라마에게도 과거의 삶과 과거의 인격이 중단 없이 계속된다. 그는 더없이 성스러운 인물이며, 그를 알현하는 것 자체가 예삿일이 아니다. 하물며 꼬박 한 시간이라니.

티베트와 아이슬란드는 세계의 그 어느 두 나라보다 멀리 떨어져 있다. 하지만 불교에 따르면 만물은 서로 연결되어 있다. 열네 번 환생한 거룩한 사람에게 대체 무슨 말을 할 수 있을까?

그에게 시간에 대해 묻고 싶었다. 우리의 시간이 달라이 라마가 살았던 시간과 어떻게 다른지, 미래가 과거의 시대보다 더 불확실한지 묻고 싶었다. 모든 자연에 대해. 모든 미래에 대해.

나는 연결을 찾아 헤맸다. 불교를 이해하려고 애썼다. 달라이 라마, 판첸 라마, 까마빠 등 여러 다른 지위의 역할이 어떻게 구분되는지 조사했다. 불교는 복잡한 체계다. 신은 없지만 온갖 민간 전승, 악마, 초자연적 존재, 기도, 예언, 미신, 전통, 성례가 있다. 이 거룩한 이를 어떻게 대해야 할까? 하인리히 하러는 달라이 라마가 열한 살 때 만나 친구가 되었으며 훗날 『티베트에서의 7년』을 썼다.

티베트 사람들은 '달라이 라마'라는 호칭을 사용하지 않는다고 한다. 그 단어는 몽골어에서 파생한 것으로, '넓은 대양'이라는 뜻이다. 일반적으로 달라이 라마는 '존경할 만한 왕'이란 뜻의 '갈포 림포체'라 불린다. 부모와 형제들이 젊은 승왕과 말을 할 때면 보다 친밀한 호칭인 '쿤뒨'이라고 부르는데 이것은 단순히 '현존'을 의미한다.[15]

환생은 흥미로운 현상이다. 나와 대화를 나눈 사람들은 환생이 진짜라고 여기는 듯했다. 사람들은 환생한 이들에 대해 이야기하며 전생의 그가 다른 몸을 입은 같은 사람이라고 말한다. 이를테면 자신이 전생의 그를 아는데 그때는 고리타분했지만 지금은 활기차고 무척 재밌다는 식이다.

사실 내가 환생 개념에 관심을 가지게 된 것은 우리 아들 때문이다. 아이는 내게 자신이 어떻게 태어났는지 말해주었다. 올리브를 굽는 불 옆에 앉아 있다가 나와 함께 제 엄마를 보러 갔다는 것이다. 내가 아내를 보자 너무 기뻐서 입을 맞췄다고 했다. 아이는 세 살 때 '오래전에 돌아가신 옛 엄마'를 종종 언급했다. 돌에 이마를 맞아 죽은 형에 대해서도 이야기했다. 훗날 아이를 아동용 안장에 태우고 자전거를 타다가 옛 엄마에 대해 다시 물었다. "이젠 옛 엄마에 대해 말할 수 없어요." 아이는 그 뒤로 다시는 옛 엄마 이야기를 꺼내지 않았다. 내가 아는 것이 무엇일까?

나는 중국과 티베트 역사에 대한 책과 불교 경전을 읽었다. 보고서와 논문을 탐독하고 지도를 들여다보고 전기와 영화를 섭렵했다. 달라이 라마가 쓴 책과 달라이 라마에 대한 책을 읽었다. 그중에는 좋은 것도 있었고 형편없는 것도 있었다. 심지어 『중간 관리자를 위한 달라이 라마』라는 책도 있었다. 행복, 결혼, 젊음, 미래에 대한 책도 읽었다. 달라이 라마의 사진을 가지고 있다가 환생한 사람들에 대해, 중국의 지배하에 살아가는 약 600만 명의 티베트인들에 대해 읽었다. 나는 그들에게 책임감을 느꼈다. 티베트에서 어떻게 인권이 조직적으로 침해되었는지, 티베트 불교의 주요 기관들이 어떻게 해체되었는지 알 수 있었다. 판첸 라마는 달라이 라마 다음 중요한 지위로, 그의 환생은 1995년 5월 중국의 여섯 살짜리 아이에게서 확인되었다. 사흘 뒤에 아이는 가족과 함께 사라져 종적이 묘연해졌다.

『법구경』을 읽었다. 단순한 문장이 아름다웠으며 아이슬란드 시 「지존자의 노래」와 비슷한 구절이 곳곳에 있었다.

> 그 말 속에는 거짓이 전혀 없으며
> 말로써 남의 마음을
> 다치게 하지 않는 사람,
> 그를 일컬어 진정한 브라만이라 한다.[16]

나는 신화를 골똘히 생각하다가, 달라이 라마가 인도에 있었기에 성스러운 소를 떠올렸다. 아이슬란드 신화에서 생명의 기원을 성스러운 소로 묘사하는데도 우리 아이슬란드인들은 성스러운 소를 낯설어한다. 왜 그럴까?『산문 에다』에 따르면 세상은 서리에서 창조된 소 아우둠라로부터 시작된다.

> 이에 하르(높으신 자)가 말했다. "태초에 서리가 녹아 이슬이 되었고, 이로부터 아우둠라라는 암소가 생겨났다. 암소 몸에서

우유가 흘러나왔고, 그렇게 암소가 거인 위미르를 먹여 살렸다."

강글레리 왕이 말했다. "그 암소는 무엇을 먹고 살았나요?"

하르가 말했다. "암소는 소금기가 있는, 서리 낀 얼음덩어리를 핥아먹었다. 그것을 핥던 첫째 날 저녁때가 되자 사람의 머리카락이 보였고, 둘째 날 사람 머리 모양이 드러났다. 셋째 날이 되자 사람 전신 모습이 드러나니, 그의 이름은 부리라고 했다. 그는 멋진 자태에 키가 크고 힘이 셌다."

아우둠라는 위미르를 돌보았고, 세상이 그에게서 창조되었다. 위미르의 피가 바다와 물이 되고 살은 땅이 되고 머리카락은 숲이 되고 뇌는 구름이 되었다. 마블 코믹스에서는 토르, 오딘, 로키를 만화 주인공으로 삼았고, 발할라와 라그나뢰크를 소재로 오페라까지 제작되었는데, 어찌 된 영문인지 아우둠라의 존재는 찾아볼 수 없다. 이름부터가 미스터리다. '아우드'는 아이슬란드어로 '번영'을 뜻하지만 '움라'는 무슨 뜻일까? 아무도 모른다. 아우둠라 이야기는 신화의 옛 조각처럼, 부스러기처럼 들린다. 수천 년간 두 대륙을 가로지르다 처음과는 완전히 달라져버린 '말 전하기 놀이'* 같다. 처음에는 바닥없는 심연 긴눙가가프 말고는 아무것도 없었으나 얼어붙은 소가 찾아와 네 개의 젖줄로 세상을 먹였다는

● 한 단어를 여러 사람이 귓속말로 정확하게 전달하는 놀이.

이야기.

계속 읽다 보니 인도에 아우둠라의 자매가 있다는 사실을 알게 되었다. 힌두교 전승에 따르면 모든 인도 소의 어머니는 풍요의 암소 카마데누로, 성 프리트비와 가까운 친척이다. (프리트비는 땅 자체이며 종종 암소로 묘사된다.) 카마데누는 아우둠라와 마찬가지로 캄캄한 심연에서 나타났다. 모든 신은 그녀의 몸을 피난처로 삼는다. 그녀의 눈은 태양과 달의 신이며, 그녀를 떠받치는 발은 그림에서 히말라야 같은 산맥으로 표현된다.

『운문 에다』에 실린 아이슬란드 시 「훈딩을 죽인 헬기의 노래」에는 다음과 같은 구절이 나온다.

독수리 노래하던
머나먼 옛날
하늘 산맥에서
성스러운 물줄기 흘러내리니.

'하늘 산맥'은 아이슬란드어로 '히민피외들'인데 발음이 '히말라야 산맥'과 비슷하다. 나는 그 밖의 연결 고리를 찾다가 네팔에 '훔라'라는 지역이 있다는 것을 알아냈다. 거기서 대★히말라야 횡단로, 그러니까 옛 소금길이 시작되어 티베트의 성산인 카일라스산까지 이어진다. 이 산은 악시스 문디, 즉 세계의 축으로 불교, 힌두교, 자이나교, 티베트 본교의 고대 철학에 따르면 이 땅에서 가장 성스러운 장소다. '천국의 계단'으로 불리기도 한다. 카일라스산은 해와 달의 중심축이요 거대한 황소를 탄 시바 신의 거처다.

카일라스산 자락에는 마나사로와르호가 있는데, 오래전부터 세계에서 가장 지대가 높은 호수로 알려져 있다. 이 지역에서 아시아의 가장 신성한 강 네 곳이 발원하여 동서남북으로 흐른다.

인더스강은 아시아에서 가장 긴 강 중 하나로, 길이가 약 3200킬로미터이며 티베트에서 시작되어 인도 서부를 지나 파키스탄으로 흘러든다.

약 1500킬로미터 길이의 수틀레지강은 티베트에서 인도를 거쳐 파키스탄에서 인더스강과 합수한다.

인도와 방글라데시를 지나는 브라마푸트라강은 총 길이가 약 3000킬로미터로, 벵골만 어귀에서 갠지스강과 만난다.

카르날리강은 훔라현을 통과하면서 가가라강으로 이름이 바뀌어 네팔을 지나며 세계에서 가장 큰 폭포군 중 하나를 이루었다가 마침내 갠지스강의 지류가 되는데, 전체 길이는 1000킬로미터에 이른다.

인도에서 가장 성스러운 장소 중 하나는 우타라칸드주 히말라야 산맥 자락에 있다. 고무크라는 곡빙하인데, 이 빙하 아래쪽에서 갠지스강의 가장 중요한 원류 중 하나가 흰 거품을 부글거리며 갈라져 나온다. '고-무크'는 소의 주둥이 내지 얼굴을 뜻한다. '소'는 산스크리트어로 '고', 아이슬란드어로 '쿠'이고 '주둥이'는 산스크리트어로 '무크', 아이슬란드어로 '뮈뉘르'다.

갑자기 모든 것이 아귀가 들어맞는 느낌이었다. 북유럽 신화의 모호한 기원 이야기는 세상에서 가장 성스러운 산을, 하늘 산맥의 빙하를, 아시아에서 가장 중요하고 장엄한 강들을 가리키는 듯했다.

서리로 만들어진 암소는 빙하를 나타내는 완벽한 이미지다. 빙하강을 흐르는 물은 예사 물이 아니다. 빙하가 수천 년간 아래 바위 표면에서 갈아낸 광물질이 녹아들어 우윳빛으로 흐른다. 빙하수는 들판과 목초지에 쓸 수 있는 최상의 비료이며 이 성스러운 강들은 파키스탄, 인도, 방글라데시, 중국의 생명의 원천이다. 도합 10억 명 이상이 히말라야 산맥에서 흘러내리는 성수聖水에 의탁한다. 이 물은 대부분 수천 개의 빙하에서 발원하는데, 어떤 발원지는 7000미터 높이까지 있다.

산스크리트어에는 '홈라'와 발음이 비슷한 단어들이 있다. '하이말라'는 겨울을, '히마'는 눈이나 서리를 뜻한다. 아이슬란드에는 아우둠라, 얼어붙은 소가 있다. 얼음은 생명과 번영의 원천이다. 불교는 만물이 서로 연결되었다고 가르치니, 일순간 눈앞에서 모든 끈이 하나로 엮인다. 저기에 어떤 연관성이 있진 않을까? 사실 아이슬란드어 단어 중에는 힌디어에도 있는 단어가 있다. '삼반드samband'와 '삼반드sambandh', 둘 다 '연결'을 뜻한다. 만물과 만물이 연결되고 모든 것이 서로 들어맞는다.

이 연관성을 제대로 설명할 이론을 만들어내려면 비교언어학에 평생을 바쳐야 할 것이다. 하지만 정말 중요한 건 그게 아니다. 내가 주목하는 것은 시적 메아리이며, 아우둠라가 히말라야 빙하는 물론 전 세계 빙하의 역할을 완벽하게 표현한다는 사실이다. 인도 갠지스 평원은 문명의 요람 중 한 곳으로 손꼽힌다. 사람들은 이 우윳빛 강에 자리 잡고 농경을 시작했으며 동물을 길들였다. 빙하는 완벽한 시스템이다. 우기에 물을 모았다가 건기에 인구 밀집 지역에 녹은 물을 내보내는, 빙하수는 생명의 원천이자 영양 공급원이다. 빙하는 우기와 건기의 극단적 변동을 완화한다. 기온이 가장 높은 시기에는 빙하수가 유일하게 구할 수 있는 물일 때도 있다. 이 시스템은 넓은 면적에 걸쳐 지하수 수위를 유지하며 농작물과 초목에 꼭 필요하다. 몬순 강우가 내리지 않는 지역에서는 빙하수가 극도로 중요하다. 사람들이 쓸 수 있는 물인 민물의 최대 90퍼센트를 차지하기 때문이다.

아우둠라는 어떻게 생겨나 북극권 바로 아래 섬 아이슬란드까지 구전되었고, 아이슬란드인이 기독교를 받아들인 지 200년 뒤까지도 신화적 기억으로 남아 사본에 기록되었을까? 8000킬로미터에 이르는 여정을 추적할 방법은 없지만, 우리는 모두 연결되어 있으며 모두가 같은 민족의 후손이다. 『산문 에다』에서는 아스 신들이

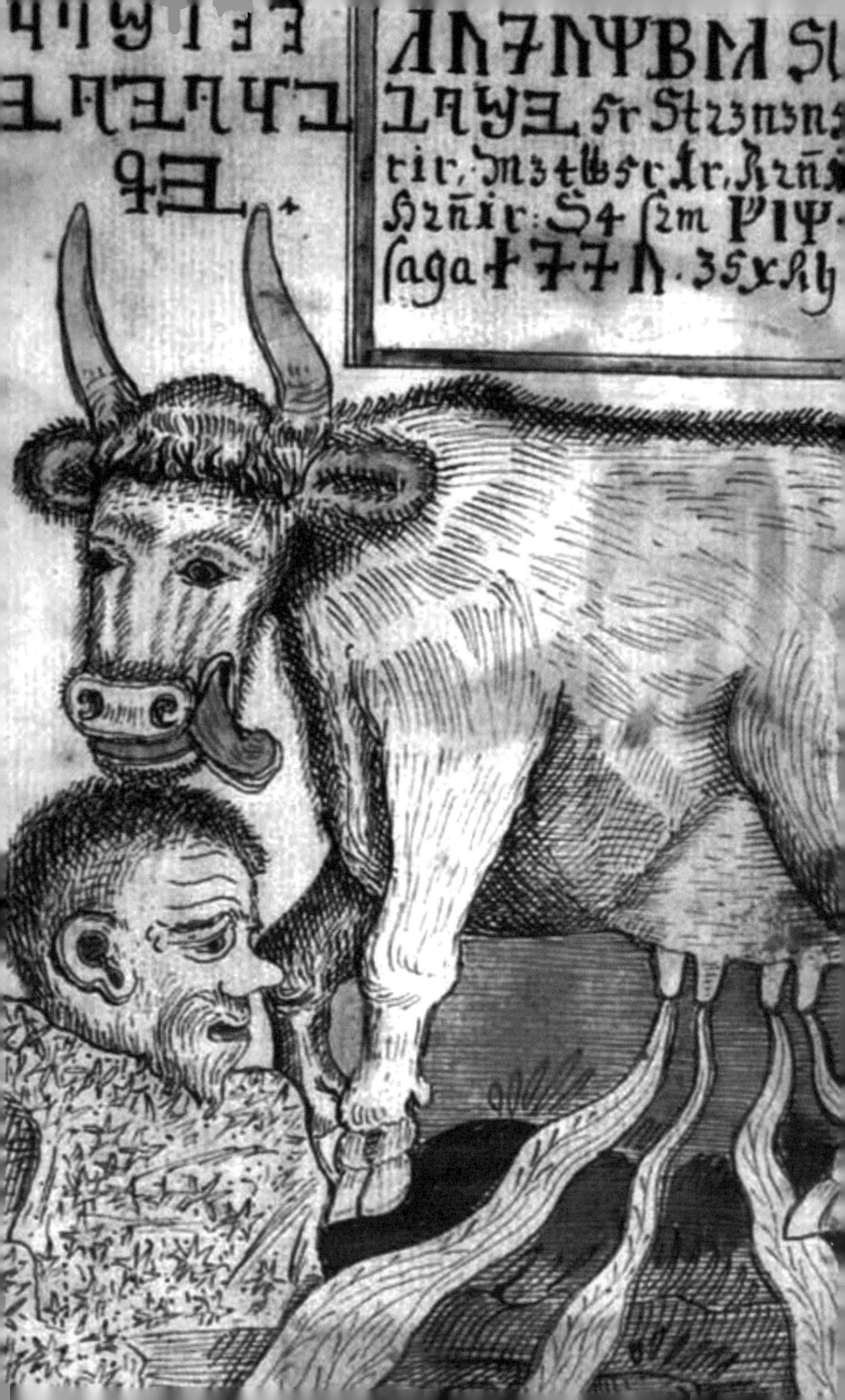

터키에서 북유럽 나라들로 왔다고 말하지만 탐험가 토르 헤위에르달은 그들의 출신지가 아제르바이잔이라고 생각했다. 인도·유럽어족 언어들 간의 관계는 두 자매가 각자 암소를 데리고 각자의 방향으로 자신의 부족과 이야기를 이끈 지 수천 년 뒤인 지금도 어엿하다. 어쩌면 한 자매의 이름이 에다였고 다른 자매의 이름이 베다였을지도 모르겠다.

암소의 눈으로 우리 문화를 보면, 노르웨이와 영국 제도를 거쳐 아이슬란드에 상륙한 사람들의 뿌리는 인도·유럽의 소 목동들로 거슬러 올라간다. 사가의 시대인 아이슬란드 자유국 시기(930~1262년)에 값과 가치를 재는 단위는 소의 값이었다. 사람의 가치도 소의 가치로 따졌다. 중세 아이슬란드에서 쓰인 『정착의 서』에는 여자가 땅에 정착하는 법이 기록되어 있다.

하지만 법률에 정한 바 여자가 정착하여 차지할 수 있는 땅은 봄날 두 번의 해거름 동안에 두 살배기 암소나 젊은 수소를 끌고 넉넉히 주파할 수 있는 면적 이내로 정한다.[17]

아이슬란드어 알파벳 'A'의 어원으로 생각되는 '알레프'는 이집트 상형 문자에서 소의 머리를 나타내는 기호였는데, 이를 뒤집으면 그리스어의 '알파'가 되며, 이는 아랍어에서 '길들인'을 뜻하는 '알리프'와 관계가 있다. 'B'는 집을 나타내는 기호였다고 추측된다. 길들인 소, 영구적 거처. 인류 역사의 상징적 A와 B. 많은 장소에서 우리는 소 덕분에 뿌리를 내리고 집을 짓고 밭을 일구고 가정을 건사하고 마을을 건설하고 도시와 체제와 종교를 세울 수 있었다. 그리하여 소는 종종 생명과 부와 행복의 원천을 나타내는 상징이었다. 소는 풀밭을 식량으로 바꿀 수 있었으며, 소를 데리고 땅을 개척한 사람은 겨우내 꼴을 대기 위한 건초를 만들 수 있는 한 어디든 정착할 수 있었다. 소젖을 짤 수 있으면 결코 배를 곯지 않는다. 이렇듯 풀이 자라고 물이 흐르는 곳에서는 어디든 사람이 정착하여 가정을 꾸릴 수 있었으며, 그곳에서 사람들은 산을 올려다보고 물이 내려오는 거대한 샘을 바라보았다. 뿔 같은 봉우리가 있는 흰색 아우둠라를, 생명의 원천을, 히말라야의 세계소를. 어떤 사람들은 소가 이 지역에서 신성한 동물이 된 시점은 인구 과밀이 시작되었을 때라고 생각한다. 인구가 밀집한 이 나라에서 늘 소고기를 먹었다면 그렇게 많은 사람을 먹여 살릴 수 없었을 테니 말이다.

히말라야 산맥에 발을 디디면 어디에서나 빙하와 소의 연관성과 유사성을 찾아볼 수 있다. 얼음 동굴의 성스러운 고드름은 '젖통'이라고 불린다. 부빙이 떨어져 나와 빙상이 바다나 초호에 흘러들면 빙하가 '새끼를 낳는다'라고 말한다. 이것은 소가 새끼를 낳을 때 쓰는 표현과 같다. 왜 사람들은 빙하가 송아지를 낳는다고 말할까?

이 관계의 실마리가 떠올랐을 때 나는 희열을 느꼈다. 역사적인 발견을 한 듯한 기분에 친구이자 멘토인 자연과학자 그뷔드뮌뒤르 파우들 올라프손에게 전화를 걸었다. 전화선 건너편에서 정적이 흘렀다. 허황한 유사성을 두고 호들갑을 떤 게 아닌가 하는 생각이 잠시 들었다. 마침내 그가 입을 열었다. "오늘 탈고한 책 『물』의 한 장章을 보내줄게." 그는 자신이 쓰고 있던 역작의 일부를 내게 보냈다. 글은 이렇게 시작되었다. "히말라야 산맥은 세계 소이자 카일라스산으로, 아우둠라에게 젖을 먹였다…"

그도 아우둠라에 대해 계시를 받았던 것이다. 내게는 신비에 가까운 경험이었다. 어떻게 우리가 따로 이런 생각을 해냈을까? 그 순간 지구상에는 카일라스산이 성스럽다고 믿는 사람이 20억 명가량 있었다. 누군가는 오래전에 이 시적 유사성을 발견했어야 했다. 아우둠라는 왜 지금 음매 하고 울었을까? 우리는 서로의 생각을 공유하기로 했다.

그뷔드뮌뒤르 파우들은 물에 대한 자신의 책이 나오는 것을 보지 못했다. 그는 2012년 늦여름 암으로 세상을 떠나 그의 책은 유작으로 출간되었다. 〈네팔 타임스〉는 네팔 작가 쿤다 딕시트가 쓴 부고를 실었다. "그는 내게 구루 같은 존재로 남았다." 나도 같은 심정이었다. 그뷔드뮌뒤르 파우들은 기술, 문화, 자연이 조화를 이루는 사회를 꿈꿨다. 사람들이 현대 과학을 이용하여 자연을 더 깊이 이해하고, 자연을 파괴하는 것이 아니라 자연과 조화롭게 살아가는 사회를.

그가 죽기 전에 우리는 신앙에 대해, 죽음 이후의 삶에 대해 이야기를 나눴다. 우리는 그가 돌아온다면 새가 되어 돌아올 거라고 확신했다. 위풍당당한 수리나 큰아비가 아니라 찌르레기처럼 천대받는 새일 거라고. 그뷔드뮌뒤르 파우들은 언제나 천대받는 동물의 편에 섰다. 장례식 이틀 뒤에 작업실 문을 열다가 낯선 날갯짓 소리와 쩍쩍 소리를 들었다. 어떻게 들어왔는지 모르겠지만 작은 찌르레기 한 마리가 날개로 창문을 마구 치고 있었다. 내 눈을 믿을 수 없었다. 조심조심 찌르레기를 잡아 살며시 손에 쥐었다. 눈에 눈물이 가득 고였다. 창문을 열고 찌르레기를 놓아주고는 녀석이 늦여름 햇살 속으로 날아가는 광경을 바라보았다.

*

오늘날, 히말라야 산맥 최정상부에 쌓인 눈에 급격한 변화가 일어나고 있다. 기후변화에 영향을 받지 않으리라 여겨졌던 해발 수천 미터에서 이런 일이 벌어지고 있다. 느릿느릿 움직이던 곡빙하가 뒤로 물러나 불안정한 빙하호를 남겼다. 이따금 호수가 터져 하류의 마을과 농장을 쓸어버리기도 한다. 어떤 지역에서는 빙하가 해마다 1미터씩 얇아지고 있으며 과학자들은 이런 해빙이 수천만 명의 삶에 직접적 영향을 미칠 거라고 말한다.[18] 빙하가 녹으면 강물이 일시적으로 불어난다. 얼음이 녹아 수량이 증가하는 것이다. 해수면 상승에 대처하는 것은 별개로 치더라도 식수원이, 생명의 흐름 자체가 끊기면 어떻게 해야 하나? 아우둠라는 죽어가고 있는 걸까?

14대 달라이 라마 존자에게 물어볼 거창한 질문은 얼마든지 있었다. 사랑, 우정, 희망, 평화, 미래 등 그가 성찰해온 나머지 모든 주제는 말할 것도 없었다.

성인의 방문

세계에서 가장 위대한 영적 지도자 한 명이 아이슬란드에 오고 있는 이 순간, 이 나라의 지도자들은 외국으로 내빼고 있다. 대통령은 유럽 소국小國 경기 대회 참석차 키프로스에 갔고 외교부 장관은 몰타에서 갑자기 회의가 잡혔으며 총리는 존자를 만날 시간이 없다고 한다. 달라이 라마는 평화의 메시지를 전하는데도 그의 순방은 적잖은 소동을 일으키고 있다. 중국 당국은 그를 공식적으로 환영하는 나라에 단호한 입장을 취한다. 비외르크가 상하이 콘서트에서 "티베트 티베트"라고 속삭인 뒤로 외국 음악인의 방중도 더 까다로워졌다.

달라이 라마의 요구는 온건하다. 중국이 '중도'를 지켜 티베트인이 자기네 언어와 문화를 계발하고 중국 내에서 투표권과 발언권을 가지게 해달라는 것이다.

우리 지도자들의 도피에 무언가 성찰할 거리가 있다는 생각
이 들었다. 강자 앞에서 약자의 권리를 대변하지 않는다면 아이슬
란드의 독립이나 민주국가 건설의 의의를 어디서 찾을 수 있을까?
우리는 생쥐처럼 웅크려 있어야 할까, 억압받는 이들을 지지해야
할까? 다른 한편으로 중국은 인류의 6분의 1이 살아가는 복잡한
나라다. 중국이라는 나라는, 또는 민족이나 정부는 단순한 말로는
규정할 수 없다. 중국과 중국인을 일반화하는 것은 인류를 일반화
하는 것과 진배없다.

레이캬비크 노르디카 호텔 7층에서 인터뷰 녹화팀을 만난다.
머릿속으로 질문들을 돌려본다. 몇 가지는 미리 보냈는데, 현장에
서 얼마나 수정할 수 있을지 궁금하다. 환경과 빙하 해빙 말고도
묻고 싶은 게 많다.

존자가 법복 차림으로 미소를 띤 채 들어온다. 내게 축복하고
흰 천을 선물로 건넨다. 카메라맨 아르드나르가 그에게 마이크를
단다. 존자는 아르드나르의 덥수룩한 붉은 수염을 잡아당기고는
웃음을 터뜨린다. 고동색 법복을 입었는데, 손과 어깨는 맨살이
다. 웃을 때면 얼굴 전체가 따라 웃는다. 그는 또렷하고 단순한 영
어를 구사하며 말하다 막히면 통역자나 비서에게 도움을 청한다.

나는 쭈뼛쭈뼛 그에게 다정한 인사를 건네고 인터뷰를 요청해
주어 고맙다며 말문을 연다. 우선 그 어린 나이에 온 세상을 어깨
에 짊어져 부담감을 느끼지 않았느냐고 묻는다. 대다수 사람들은

인간으로 살아가는 것만으로도 힘겨우니까.

그가 눈을 살짝 찡그리며 생각에 잠긴다.

"저는 뜻하지 않게 달라이 라마가 되었습니다. 그 시기의 책임은 매우 제한적이었죠. 제 어깨에 짊어진 것은 고작 티베트뿐이었습니다."

나는 "고작 티베트뿐이었군요"라고 따라 말한다. 티베트의 면적은 약 250만 제곱킬로미터다.•

"그렇지요. 그때부터 저를 비롯하여 수십만 명의 티베트인이 난민이 되었습니다. 그 시기에 많은 것을 배웠습니다. 지구의 문제들도 알게 되었죠. 많은 문제는 기본적으로 인류가 자초한 것입니다. 물질적으로 풍요로운 사람들, 심지어 억만장자들도 매우 불행합니다.

생태계 문제도 있습니다. 제가 특히 우려하는 문제입니다. 저는 어딜 가든 인류 차원에서 이야기합니다. 티베트인에 국한하지 않습니다. 저는 자비심 같은 내면의 가치에 대해 이야기합니다. 우리는 사회적 동물이며 오늘날의 현실을 보건대 우리에게는 지구적 책임감이 필요합니다. '우리'와 '그들'이라는 낡은 관념, 자신 말고는 누구에게도 관심을 두지 않는 명백한 구별은 시대에 뒤떨어졌습니다. 이젠 비현실적입니다. 이 세상은 긴밀한 상호 의존으로 엮여 있기 때문입니다. 우리는 모두 서로에게 의지합니다.

• 한반도의 열두 배다.

그것이 현실입니다."

아우둠라에 대해 묻고 싶어서 좀이 쑤신다. 인터뷰 주제를 환경 쪽으로 유도하여 해빙 현상에 대해 묻는다.

"저는 지난 50년간 히말라야 산맥 자락에서 살았습니다. 우리는 지난 40, 50년간 크나큰 변화를 경험했습니다. 예전에는 눈이 많았는데, 이젠 10년, 20년 지날수록 눈이 줄어듭니다. 제가 사는 인도 북부에서도 이제 몇십 년 안에 물 공급이 어떻게 될지 모릅니다. 그러면 무슨 일이 벌어질까요? 이미 사람들이 우려하고 있습니다. 똑같은 현상이 티베트에서도 일어나고 있고요."

나: 신화에서 얼음은 죽음과 짝지어지곤 합니다. 하지만 지금 히말라야 산맥을 바라보면 얼음이 생명의 원천임을 한눈에 알 수 있습니다. 빙하 밑을 흐르는 물은 젖처럼 흰색이죠.

"힌두교에서는 갠지스강의 물을 그냥 물이 아니고 감로라고 부릅니다. 성스럽고 순수하기에 그저 감로라고 부르는 것이죠. 갠지스강에 갔을 때 저는 조금 다르게 느꼈습니다. 사람들이 감로라고 부르든 아니든요. 물이잖아! 이렇게요.

많은 사람들과 대화를 나눠보니 수백 년 된 빙하들이 줄어들고 기온이 오르고 있다고 합니다. 중국의 한 생태학자는 지구 온도가 평균 0.1도 오르고 있는데 티베트 고원에서는 0.3도 오른다는군요. 온난화가 훨씬 빠르게 진행되고 있는 겁니다.

전문가들은 북극, 남극에 이어 세 번째 극이 있다고 말합니다. 세 번째 극은 티베트 고원을 말합니다. 과학자들 중에는 지구온난화가 티베트 고원에 미치는 영향이 북극과 남극에 미치는 영향과 맞먹는다고 생각하는 사람들도 있습니다. 티베트 고원은 고도가 매우 높고 기후가 한랭해서 자연의 복원 능력이 온난 기후에 비해 낮습니다. 한번 훼손되면 회복되는 데 더 오랜 시간이 걸리는 것이죠. 그래서 특별히 보살펴야 합니다."

나: 최근 해수면 상승에 대한 논의가 많았는데, 관련된 또 다른 주제는 훨씬 푸대접을 받았습니다. 그것은 수십억 명의 사람들이 티베트와 히말라야 산맥에서 흐르는 빙하와 빙하수를 생계 수단으로 삼고 있다는 것입니다. 이와 관련하여 여쭙고 싶은 것이 있었습니다. 북유럽 신화에서는 서리에서 생겨난 암소 아우둠라로부터 세상이 시작됩니다. 소의 몸에서 네 줄기 젖의 강이 흘러나와 세상을 먹여 살립니다. 이 이야기는 티베트와 카일라스산 이야기를 놀랍도록 빼닮은 것 같습니다.

존자가 나를 쳐다본다. 통역자에게 귓속말을 하더니 나를 돌아보며 웃음을 터뜨린다.

그가 말한다. "마법 암소! 마법 암소잖아요! 카일라스산에는 한 번도 못 가봤습니다. 영적인 관점에서 사람들은 카일라스산을 성스럽게 여깁니다. 저도 네 개의 강이 카일라스산에서 발원한다고 생각합니다. 카일라스산은 매우 성스럽지요. 저는 이따금 인도 친구들에게 이런 농담을 합니다. 인도 신 시바의 영원한 거처는 카일라스산인데 카일라스산은 티베트에 있으니 힌두교의 수많은 신은 사실 티베트 신이라고 말이죠. 반대로 티베트 불교에서

115

우리의 스승 붓다는 인도 출신입니다. 여기에 대해서도 농담을 즐겨 합니다만. 카일라스산은 매우 중요한 산입니다. 중국에서 파키스탄까지 아시아를 아우르는 주요 강들이 티베트 고원에서 발원합니다. 티베트의 자연은 티베트에 사는 600만 명뿐 아니라 그곳에서 흘러나오는 물에 의지하는 수십억 명을 보살핍니다. 카일라스산만이 아니라 히말라야의 눈 덮인 산맥 전부가 그들의 생명줄입니다. 중국 국경에서 아프가니스탄까지 드넓은 설산맥이 펼쳐져 있는데요, 많은 과학자와 생태학자는 앞으로 20, 30년 안에 몇몇 주요 강의 수량이 줄어들 것이며 일부는 말라붙을지도 모른다고 예측합니다. 그전에, 눈이 녹으면서 여러 큰 강들이 더 자주 범람할 겁니다. 몇 년 뒤에는 말라버리겠지만요. 완전히 마르기 전에, 눈이 녹아서 홍수가 날 위험이 커질 겁니다. 우리가 특별한 관심을 기울이지 않아 지금의 추세가 지속되면 다음 세대에는 수십억 명이 물 위협에 시달릴 거라고 생각합니다. 사람들에게도 그렇게 말하고 있고요.

문제는 빙하가 녹는 것만이 아닙니다. 숲도 고통받고 있습니다. 어떤 면에서 보면 중국 정부는 벌목 중단을 비롯한 환경보호 조치들을 시행했습니다. 하지만 다들 알다시피 중국은 부패가 만연합니다. 기업 규제나 정책을 시행해도… 뇌물로 무마합니다. 이런 일이 끊이질 않습니다. 매우 심각한 문제입니다."

나: 지금의 인류에게는 빙하마저 훼손해버릴 힘이 있습니다. 존자께서 보시기에 우리는 신화에서 말하는 종말의 시대를 살아

가는 걸까요? 오늘날의 문제들이 인류가 지금껏 목도한 어떤 문제보다 심각하다고 생각하십니까?

"그렇죠, 사실입니다. 저는 온 우주가 수백만 년 동안 변화해왔다고 생각합니다. 세상의 위치가 달라지고 있는 것처럼 말입니다. 태양의 열도 마찬가지고요. 과학자들에 따르면 태양은 어마어마한 양의 수소를 연소하고 있습니다. 우리 태양은 나이가 50억 년으로 비교적 젊다고 합니다. 앞으로도 50억 년이 남은 거죠. 그렇게 본다면 태양조차도 변하고 있습니다. 태양 주위의 천체도 다 변하고 있습니다. 그게 자연입니다. 여기에 대해서는 우리가 할 수 있는 일이 없습니다.

하지만 생태 문제와 관련하여 신뢰할 만한 전문가들에 따르면 지구온난화가 이렇게 급속히 진행되는 것은 분명히 인간의 탓입니다. 아마존과 히말라야 산맥에서 벌채가 너무 많이 벌어지고 있습니다. 미얀마와 국경을 맞댄 티베트 남동부에는 지구상에서 가장 무성한 숲이 있는데, 그곳에서도 대규모 벌목이 이루어지고 있습니다. 물론 자동차와 공장도 문제입니다. 석탄을 태우면서 많은 피해가 발생했습니다.

전 세계 사람들이 더 관심을 기울이거나 노력한다면 온난화를 조금 늦출 수 있으리라 생각합니다. 몇 사람, 몇 나라의 문제가 아닙니다. 지구 전체의 문제라고요. 지구상의 70억 인구가 살아남느냐 못 살아남느냐가 여기 달렸습니다. 온 세상이 사막이 된다면 누구도 살 수 없습니다. 그런 세상을 원하는 사람은 아무도 없을 겁니다. 철저하게 대처하지 않으면 우리의 자녀, 손자녀가 막대한 피해를 입을 겁니다. 그때가 되면 그들의 능력으로도 속수무책일 겁니다. 그러니 우리 세대의 책임이 가장 막중하다고 생각합니다. 그게 저의 생각입니다."

나: 하지만 우리가 이 목표들을 평화적으로 이룰 수 있다고 생각하십니까?

"그렇습니다. 저는 전문가가 아닙니다. 제 나름으로 이바지할 수 있는 것은 물과 전기를 아껴 쓰는 것입니다. 저는 어딜 가도 목욕을 하지 않고 샤워만 합니다. 방에서 나갈 때는 늘 불을 끕니다. 그렇게 제 나름으로 사소하게 기여한다고 생각합니다. 모두가 이렇게 하는 게 중요합니다. 물론 물과 전기 없이 살아가는 사람도 많지만 그건 다른 문제입니다. 더 발전한 지역에 사는 사람들은 일상생활에서 생태 보전의 책임을 다해야 한다고 믿습니다. 거대 산업은 책임이 더 크다고 생각합니다. 그들의 실천은 더 큰 효과를 낳으니까요.

중국같이 인구가 많고 이미 물이 부족한 나라에서는 온난화가 심각한 문제입니다. 티베트에서 인도로 흐르는 강의 물길을 바꾸자는 논의가 있었습니다… 중국으로 돌리자는 거죠. 물론 그 지역에야 도움이 되겠지만, 남부의 이웃 나라에는 어마어마한 피해를 주는 일입니다.

오염도 빼놓을 수 없습니다. 환경에 대한 인식이 부족한 탓이죠. 앞서 말씀드렸듯 중국 정부는 이제 이런 사안들의 중요성을 깨닫고 있습니다. 이건 지구적인 문제이니까요. 히말라야 지역에서 무언가 잘못되면, 제가 보기엔 아이슬란드와 북아메리카에도 영향이 미칠 겁니다. 아이슬란드에는 빙하학자가 많다는 얘길 들었습니다. 당신네 전문가 몇 명이 티베트에 가서 중국 과학자들의 도움을 좀 받아 지금까지 얼마나 많은 피해가 발생했으며 앞으로 피해를 예방하려면 어떤 조치를 취하는 것이 최선인지 철저히 연구를 해주셨으면 합니다."

나: 티베트의 주권은 어떻게 되는 걸까요? 상황이 좋지 않아 보이는데요.

"결국엔 중국에도 더 합리적인 정권이 들어설 겁니다. 더 개방적이고 더 투명하고 검열을 하지 않는 정권 말입니다. 그러면 티베트가 처한 현실이 특히 중국 인민들에게 분명히 드러날 겁니다. 이미 조짐이 보이고 있습니다. 많은 중국 지식인들과 작가들이 티베트 문제에 우려를 표하고 있으며 자기네 정부의 정책을 비판하고 있습니다. 이 사람들은 친티베트적이거나 반중국적이 아닙니다. 보통의 학식 있는 사람들이죠. 현 상황이 티베트인들에게도 중화인민공화국 전체에도 이롭지 않음을 깨달은 겁니다. 하지만 중국의 지도자들은 전혀 모릅니다. 검열 때문에 정보가 차단된 겁니다. 중국은 인구가 13억 명으로 전 세계에서 가장 많은 나라입니다. 오래된 국가이면서도 이제는 경제적으로 번영하고 있죠. 중국은 지구상에서 중요한 역할을 담당할 잠재력이 있습니다. 이런 이유에서 바깥세상과 신뢰를 구축하는 것이 필수적입니다. 하지만 검열이 과도하고 책임을 지지 않으니 신뢰를 쌓기가 힘듭니다. 언젠가 중국이 더 민주적이고 개방적인 사회가 되면, 표현의 자유와 (특히) 언론의 자유가 보장되면 지금보다 훨씬 건강해질 겁니다. 훨씬 평화로워질 테고요."

나: 저는 표현의 자유가 있는 유럽 국가에서 살고 있습니다. 자신의 생각을 남들 앞에서 자유롭게 표현할 수 있죠. 그런데도 우리는 유럽 지도자들이 겁에 질린 것을 봅니다. 이를테면 그들은 존자를 공개리에 만나는 것을 두려워합니다. 존자께서는 지금까지 평화롭게 투쟁하셨는데도요.

"이곳을 비롯하여 저의 방문에는 정치색이 전혀 없습니다. 저의 목적은 주로 영적이고 교육적입니다. 제가 가장 중요하게 여기는 것은 인간 사회를 더 행복하고 조화롭게 만들기 위해 인도적 가치를 진흥하는 것입니다. 종교적 측면에서는 진정한 조화가 이루어질 수 있도록 종교들 사이의 깊은 이해를 증진하고 싶습니다. 그렇게 하면 다양한 종교 전통이 환경 문제, 인도적 가치, 인권 같은 공통의 문제에 효과적으로 기여할 수 있습니다. 그게 저의 주된 관심사입니다. 그러다가 지도자들을 만날 기회가 생기면 그걸로 만족합니다. 그들을 불편하게 하고 싶지는 않습니다. 하지만 인도적 가치와 종교적 조화를 증진하는 이런 일들은 주로 대중의 몫입니다. 일반 국민이 동참해야 합니다. 저는 어디를 가든 늘 대중 집회를 개최합니다. 사람들을 만나고 현지 단체와 모임을 가집니다. 그런 게 제게는 행복한 일입니다. 가장 중요한 일이기도 하고요."

나: 사람들의 영적 실천이 우리가 지구와 타인을 대하는 태도와 관계가 있다고 보시는지요?

"저는 우리가 똑같다고 생각합니다. 우리는 모두 눈 덮인 땅의 사람들이잖아요. 당신네 아이슬란드인들도 눈 덮인 땅 출신이니 정신적이거나 정서적인 차원에서 어떤 유사성이 있을 수밖에 없다고 생각합니다. 아이슬란드는 작은 나라이고 인구도 적습니다. 저는 그래서 좋다고 생각합니다. 네덜란드도 작은 나라이지만, 그곳은 인구밀도가 높습니다. 저는 당신네 섬이 더 좋습니다. 여름엔 낮이 너무 길고 겨울엔 밤이 너무 길긴 하지만요. 살짝 균형이 어긋났죠! 그것 말고는 당신네 나라가 아름답다고 생각합니다. 매우 아름답습니다."

나: 다시 태어난다면 아이슬란드에서 태어나고 싶으신가요?

그가 웃으며 말한다. "그렇습니다. 하하하! 왜 안 그렇겠습니까?"

나: 무척 환영받으실 겁니다.

"고맙습니다! 아이슬란드인들이 70억 지구인의 일부라는 것이 중요하다고 생각합니다. 티베트에 대한 여러분의 목소리와 관심에 감사드립니다. 티베트 문제는 정치적 문제만이 아니라 도덕적 문제이기도 합니다. 티베트의 현 상황, 이 위기는 티베트인들에게도 중국인들에게도 이롭지 않습니다. 티베트인들과 중국에 두루 유익하도록 적절하고도 호혜적인 해결책을 찾아야만 합니다."

나: 아이슬란드인들은 경제 위기에 고통받고 있습니다. 하지만 존자께서 차를 타고 길거리를 지나시면 위기처럼 보이지 않을지도 모르겠습니다. 어쩌면 위기가 아닌지도 모르죠. 위기가 이로울 수도 있다고 생각하시는지요?

"그건 자신의 태도에 달렸다고 생각합니다. 늘 돈이 중요하다고 생각하고 늘 돈만 생각하고 심지어 꿈에서도 돈 생각을 하는 사람들은 금융 위기에 누구보다 심란해할 겁니다. 그들이 생각하기에 금융 문제란 재앙이니까요. 그런 문제는 그들의 삶 전체에, 건강에 영향을 미칩니다. 물론 돈이 중요하지 않다고 생각하는 사람은 없습니다. 하지만 행복한 가족, 공감, 기도, 활력, 아니면 다른 분야에서 보내는 시간 등도 가치가 있습니다. 이런 가치를 중시하는 사람들은 세계경제 위기에 타격을 덜 받을 것입니다. 저는 그렇게 생각합니다. 이 위기는 우리에게 돈 이외에도 가치들이 있음을 잊지 말라고 일깨우는지도 모르겠습니다. 물질적 가치에 연연하면 한계가 있을 수밖에 없습니다. 사람들은 마음의 평화, 만족, 기쁜 삶을 선사하는 다른 일들을 들여다보아야 합니다."

나: 삶의 의미는 어떻습니까? 찾으셨는지요? 자신을 위해서 말입니다.

"저의 믿음이나 경험, 저 자신의 삶에 비추어 보건대 사람은 다른 사람들에게 이롭거나 도움을 줄 수 있으면 행복해집니다. 자신의 삶이 쓸모가 있게 되는 거니까요. 그렇게 해서 저는 날마다,

달마다, 해마다 저의 삶에서 의미를 찾았습니다. 부자들이 사치를 누려도 만족은 얻지 못할 수 있습니다. 늘 더 많이 바라기 때문입니다. 생각하지 않으면, 다른 사람들을 돕지 않으면, 개인주의적으로 살아가면ᅳ그런 삶은 의미를 잃습니다.

우리 인간에게는 경이로운 지능이 있습니다. 이 지능을 활용해 세상의 행복을 늘리고 평화를 만들어내고 더 많은 공감을 사회에 선사해야 합니다. 때로는 이것이 우리의 운명이라는 생각이 듭니다. 공감하는 사회를 만들어가는 데 이바지하는 것 말입니다."

나: 아이슬란드인들은 이 섬에서 사회 실험, 인간 실험을 방금 마쳤습니다. 모두가 자신의 이익만 생각하면 어떻게 되는지 알려고 했지요. 결과는 좋지 않았습니다.

"아시다시피 이기심은 우리의 본성입니다. 선생이 자신을 보살피지 않으면 누가 선생을 보살피겠습니까? 자신에 대해 생각하는 것은 매우 자연스럽고 합리적이고 현실적인 일입니다. 하지만 남에게 피해를 주면서 제 이익을 차리는 것은 잘못입니다. 누구에게나 행복하게 살아갈 권리가 있습니다. 우리는 사회적 동물입니다. 우리의 태도는 서로의 행복에 영향을 미칩니다. 그러니 남들에 대해 애정이나 공감이나 관심을 표할 잠재력이 있는데 그렇게 하지 않을 이유가 어디 있겠습니까? 어린아이는 지능이 별로 성장해 있지 않습니다. 날마다 해마다 공부하면서 지능이 자라는 것입니다. 우리는 아이의 지능은 키우고 갈고닦으면서 왜 아이의 사랑과 자비에 대해서는 그러지 않는 것입니까? 우리가 관심을 기울인다면 사랑과 자비심도 날마다 달마다 길러줄 수 있습니다."

나: 존자께서는 이 인터뷰에서 중국에 대해 전혀 쓴소리를 하지 않으셨습니다. 하지만 티베트는 중국의 폭압에 시달립니다. 용서가 정의나 처벌을 대신할 수 있나요?

"거기에는 전혀 모순이 없습니다. 용서는 자신에게 잘못을 저지른 상대에게 아무런 증오와 분노를 갖지 않는다는 뜻입니다. 타인의 불의를 받아들인다는 뜻이 아닙니다. 우리는 중국의 부당한 태도와 정책에 맞서 투쟁하지만 그들이나 우리나 모두 똑같은 인간입니다. 우리에게는 공동의 풍요로운 문화유산이 있습니다. 중국인들은 옛 티베트가 무척 열악했으며 중국 공산주의 정권 치하의 새 티베트가 훨씬 행복하다고 말합니다. 우리는 이 말을 진지하게 받아들이고 조사해야 합니다. 하지만 제가 기억하기로 우리가 티베트에 있던 1950년 이전에는 수감자가 기껏해야 100명이었습니다. 50, 60년이 지난 지금은 수감자가 약 7000명에 이릅니다. 어딜 가나 교도소가 있고 학교는 부족합니다. 그래서 저는 교육이 필요하다고 생각합니다. 티베트인은 본디 쾌활한 민족이었습니다. 물질적 기반은 없어도 매우 행복했습니다. 지금은 그런 기쁨이 사라졌지만요."

승려 하나가 문간에 모습을 비친다. 시간이 다 됐다. 나는 존자에게 작별을 고하고 감사 인사를 한다. 그가 내게 몸을 돌려 묻는다.

"인도에 와보셨습니까?"

나: 아니요. 한 번도 안 가봤습니다.

"오실 기회가 있으면 알려주세요. 그때 더 이야기합시다."

제14대 달라이 라마 존자는 너그럽고 재치 있고 다정하고 슬프고 진지하고 사색적이었다. 중국에 대해 분노를 표출하는 것이 아니라 어떻게 하면 티베트가 중국 안에서 번영할 수 있을지 이야기했다. 전쟁을 겪고 추방당하고서도 자신에게 잘못을 저지른 이들을 욕하지 않는 사람—그런 사람에게는 대단한 힘이 있다. 투사가 되고 복수를 하려는 성향은 우리의 본성에 들어 있다. 하지만 달라이 라마는 폭력을 휘두를 힘이 있으면서도 그러지 않는다.

인터뷰는 견진성사, 졸업, 연극 초연 같은 삶의 여느 중요한 사건처럼 스쳐지나갔다. 머릿속이 조금 뿌예지고 시간이 쏜살같이 흐르는 것을 예민하게 자각하다가 일종의 희열이 느껴졌다. 나는 인터뷰를 다시 읽으며 그 속에 담긴 메시지를 곱씹었다. 공감의 중요성, 자비심을 기르는 것의 중요성. 삶의 목적과 용서의 목적. 하지만 내 가슴을 울린 것은 이런 말들이었다.

앞으로 20, 30년 안에 몇몇 주요 강의 수량이 줄어들 것이며 일부는 말라붙을지도 모릅니다. 그전에, 눈이 녹으면서 여러 큰 강들이 더 자주 범람할 겁니다. 몇 년 뒤에는 말라버리겠지만요. 완전히 마르기 전에, 눈이 녹아서 홍수가 날 위험이 커질 겁니다. 우리가 특별한 관심을 기울이지 않아 지금의 추세가 지속되면 다음 세대에는 수십억 명이 물 위협에 시달릴 거라고 생각합니다. 사람들에게도 그렇게 말하고 있고요.

처음에는 참으로 대단한 사람을 만나는 신나는 기회만 여겼는데. 나이를 먹어가는 조부모와의 비공식 인터뷰로 시작된 일이 갑자기 전 세계 인구가 맞닥뜨린 가장 심각한 문제를 중심으로 돌아가기 시작했다. 빙하 해빙은 극적인 결과를 가져올 수 있다. 수백만, 심지어 수십억 명의 목숨이 위험에 처해 있다. 10억 명의 1퍼센트만 피해를 입어도 1000만 명이다.

그런 증거가 점점 쌓이고 있다. 기후변화가 히말라야 산맥과 힌두쿠시 산맥에 미치는 영향에 대한 2019년 보고서에 따르면 21세기 말까지 빙하의 30퍼센트가 사라질 것이며 인류가 유엔에서 정한 목표를 달성하여 이산화탄소 배출량 증가를 억제하고 지구온난화를 1.5도 이내 상승으로 유지하더라도 빙하를 구할 수는 없을 것이다.[19] 빙하는 이미 유례없는 속도로 후퇴하기 시작했으며, 지구의 1.5도 상승이 사소해 보여도 이조차 빙하 해빙을 더욱 앞당긴다. 보고서에서는 피해를 입는 인구를 10억 명이 아니라 15억에서 20억 명으로 추산한다. 쿤다 딕시트는 〈히말라야 타임스〉에서 이 보고서를 "무시무시하다"라고 평했다.[20] 온실가스 배출량을 줄이고 지구온난화가 현재의 추세대로 4도 상승까지 진행되지 않도록 조치를 취하지 않는다면 최대 3분의 2의 빙하가 녹을 수 있으며 이는 어마어마한 재앙으로 이어질 것이다.

　달라이 라마와의 인터뷰가 끝난 뒤에 한 승려가 우리에게 다가와 존자께서 인도에서 더 이야기하자고 너그럽게 말씀하신 것은 진심이라고 말했다. 1년 안에 그의 집에서 보자는 것이었다. 아우둠라의 꼬리 바로 아래 히말라야 산맥 자락에 있는 다람살라에서 그와 다시 대화할 기회가 생겼다는 뜻이다.

엉뚱한 신에게 받은 계시

"여호와의 말씀이 아밋대의 아들 요나에게 임하니라. 이르시되
'너는 일어나 저 큰 성읍 니느웨로 가서 그것을 향하여 외치라.
그 악독이 내 앞에 상달되었음이니라' 하시니라."

요나서

인간은 늘 신앙인이었다. 우리는 경이감에 사로잡힌 채 별하늘을
올려다보았다. 우리는 폭포와 선조를 숭배하고 하늘과 깊은 바닷
속 신들의 형상을 나무로 깎았다. 인류에게는 유일신, 만신, 반신
이 있었다. 초자연적 존재, 여신, 악마, 악령, 수호천사, 영목靈木,
성소가 있었다. 이제 우리에게는 기독교, 유대교, 이슬람교, 불교,
힌두교 같은 거대 종교가 있으며 이 종교들은 모두 하위 종단과
종파로 갈라져 있다.

젊은 시절에 한 번씩 이런 생각을 했다. 내가 태어난 사회에
거룩한 존재들, 성스러운 진리, 올바른 신, 정확한 내세 개념이 우
연히도 올바르게 자리를 잡고 있을 가능성은 얼마나 될까? 신들이
세상을 각자의 영토로 나눈 게 아닐까 하는 생각도 해봤다. 그러
면 엉뚱한 번호로 전화를 걸듯 엉뚱한 신에게서 계시를 받을지도
모른다. 나는 언젠가 신비한 코끼리 신이 어떤 젊은이에게 나타나

는데 그 젊은이는 자기가 어느 신과 말하고 있는지 전혀 모른다는 이야기를 구상한 적이 있다. 젊은이는 이 신이 무엇의 신인지, 어떤 능력을 가졌는지 짐작도 못한다.

그때 세계소 아우둠라가 내 앞에 나타났다. 세상에 전할 중요한 메시지를 가지고서. 나는 (내가 알기로) 아이슬란드와 전 세계의 자연을 가장 잘 이해하는 사람인 그뷔드뮌뒤르 파우들에게 전화를 걸었다. 그도 똑같은 이야기를 했다. 아우둠라가 그에게도 나타난 것이었다. 하지만 우리가 아우둠라를 발견했다고 믿은 바로 지금, 모든 연구는 그의 힘이 약해지고 있음을, 심지어 그가 죽어가고 있음을 시사한다.

히말라야 빙하는 겨울 폭풍우와 몬순 강우를 모아두었다가 사람들에게 물이 필요한 가뭄철에 내보낸다. 빙하는 계절적 변동을 흡수하며, 빙하가 사라지면 기상 조건이 극대화되어 대규모 범람과 가뭄이 번갈아 일어날 것이다. 고대 힌두교 설화에 따르면 옛날 옛적에 강가(갠지스) 신이 모든 것을 파괴할 수 있는 힘을 쥐고 하늘에서 떨어졌다고 한다. 시바가 이를 보고서 자신의 머리로 강가를 받았고, 그래서 물이 그의 머리카락을 타고 잔잔하게 사람들에게 흘러들었다고 한다. 빙하의 작용도 이와 같다. 빙하는 시바의 머리카락 같은 산맥에서 자라나 범람 피해를 입히지 않도록 물을 붙잡아두고는 모두에게 유익하도록 연중 일정하게 내보낸다. 빙하의 덕을 입는 것은 농사만이 아니다. 빙하강은 용해된 유기물을 바다로 전달하여 대양과 조류藻類, 민물과 짠물이 만나는 곳에 사는 치어를 살찌운다.

지구에서 가장 인구가 밀집한 곳은 히말라야 산맥을 둘러싼 지역이다. 그곳에는 3대 핵강국인 파키스탄, 인도, 중국이 있다. 아우둠라를 진지하게 생각하면 중국이 왜 티베트를 탐내는지, 왜 놓아주지 않는지 알 수 있다. 티베트를 차지하는 것은 아우둠라를 차지하는 것이며, 아우둠라를 차지하는 것은 아시아의 주요 물 공급원을 장악하는 것이다.

나는 인도 해군 장교이자 뛰어난 산악인 사티아 담을 만난다. 그는 무척 심란해했다.

"미래에는 빙하 해빙이 전쟁의 불씨가 될지도 모릅니다. 중국에서 물이 부족해지면 어떤 일이 벌어질까요? 중국 정부가 방글라데시로 흘러드는 브라마푸트라강의 물길을 중국으로 돌리기로 결정하면 어떻게 되겠습니까? 역사적인 인더스 수계 배분 조약이 가뭄 때문에 유명무실해져 인도와 파키스탄이 강물을 독차지하면 어떻게 될까요? 빙하 해빙은 불안정, 흉작, 기근, 갈등 등 우리가 생각한 것보다 훨씬 심각한 재난을 일으킬 것이 분명합니다." 그가 그리는 미래상은 무시무시하다.

힌두교 구루 스와미 니킬라난다를 찾아가 성스러운 소에 대해 묻는다. 그는 소의 유용함을 설명한다. 소는 늘 주기만 하는 존재다. 젖을 내어주고 새끼를 낳아준다. 우리는 소를 농사일에 부리고 젖을 얻는다. 젖으로 만든 기버터는 등불을 켜고 신에게 예배하는 데 쓴다. 소 덕에 우리는 물질적 번영을 이룰 수 있을 뿐 아니라 영적 의식도 치를 수 있다. 소는 물질성과 영성 둘 다의 어머니다. 스와미는 옛날 옛적 땅이 혼돈했을 때 대지가 암소의 모습으로 신들에게 나타나 자비를 빌었다고 말했다.

아주 오래전 땅에 큰 소란이 일었어요. 악마들이 대소동을 벌였죠. 그래서 어머니 대지는 암소의 형상을 하고서 데바타들, 즉 모든 신에게 가서 말했어요.

"저를 지켜주세요. 악마들이 저를 괴롭히고 해쳐요. 저를 지켜주세요."

신들은 자신들의 신인 창조주 브라흐마에게 찾아가 이렇게 말했어요.

"브라흐마여, 라야나 같은 악마들이 저희를 해치고 있습니다. 이 땅을 해치고 있습니다."

브라흐마가 말했어요. "나는 아무것도 할 수 없다."

그래서 신들은 시바 신을 찾아가 그 전능한 신에게 함께 기도했어요. 그러자 시바 신이 인간의 모습으로 나타났어요. 그가 악마를 죽이고 땅을 지켜줬어요.

이렇게 해서 우리는 땅을 암소로 여기게 되었고 그렇게 표현한답니다.

한때는 이 이야기가 괴상하다고 생각한 적도 있지만, 이 고대 힌두교 서사는 글자 그대로 해석해야 할 것 같다. 땅은 내게 암소처럼 보였다. 자신을 위해, 모든 후손을 위해 내게 도움을 청하는 암소처럼.

세계소가 눈앞에 나타나면 어떻게 해야 할까? 그 경험을 어떻게 설명할 수 있을까? 세상 사람들에게 10억 명의 목숨이 위험에 처했다고 알려야 할까?

누군가는 이렇게 물을 것이다. "당신은 누굴 대변하고 있는 거요?"

"저는 성스러운 소 아우둠라의 환상을 보았습니다. 저는 그녀를 대변하여 말합니다."

기후학자들은 파국을 떠들고 다닌다는 비난을 받아왔지만, 사실 그들은 지나치게 신중하다. 사태의 전개는 그들의 가장 암울한 예측마저도 뛰어넘었다. 많은 과학자들이 자신의 발견을 지나치게 강조하지 않으려 하는 것은 집단 히스테리를 부추긴다는 비난을 들을까 봐서다. 예측이 틀렸을 때 덤터기를 쓰게 되는 것도 두려운 일이다.

〈뉴욕 매거진〉에 실린 어떤 종말 예측 기사는 자연의 모든 시스템이 하나씩 균형을 잃어 지구가 총체적 기후 혼돈으로 빠져든 비참하고 무시무시한 세계상을 묘사했다.[21] 기사에서는 영구동토대가 녹아 메탄가스가 모조리 지구 대기로 흘러들고 그린란드의 빙하가 속절없이 녹는다. 기자는 기후가 극단적으로 치달아 홍수와 가뭄이 일어나는 세상, 지구의 모든 생태계가 망가져 씨를 뿌릴 수도 열매를 거둘 수도 없는 세상을 묘사했다.

기사를 읽으며 생각했다. '나의 생활 방식을 지금 당장, 완전히 바꿔야겠어.'

그러다 저명한 기후학자들이 이 기사를 비판하는 토론 발제문을 읽었다. 그들은 기사의 결론이 100퍼센트 확실한 것은 아니라고 지적했다. 물론 영구동토대가 녹을 수도 있지만 그 발상을 뒷받침하려면 더 많은 조사가 필요하다는 것이었다. 수억 명이 목숨을 잃는다는 것도 분명치 않다. 기껏해야 3000만 명에 그칠 것이란다. 한 기후학자는 이 절망적인 장면을 그린 기자를 이렇게 비판했다. "사람들을 겁에 질리게 하는 것은 그들을 마비시키는 꼴이다." 그러자 한 심리학 교수가 논쟁에 뛰어들어 그 기후학자에게 압도적인 과제를 맞닥뜨린 사람들이 마비된다는 사실을 밝힌 연구를 대보라고 요구했다. 기후학자가 제대로 대처하지 못하자 심리학자는 이렇게 일침을 놓았다. "기후학자들이 자신의 연구 결과를 축소하는 것은 사람들이 마비되리라는 상상 속 두려움에 사로잡혀 얼치기 심리학자 행세를 하는 것 아닌가?"

이 심리학자는 사람들이 불치병 진단을 받는다고 해서 반드시 정신적으로 마비되지는 않는다고 꼬집었다. 게다가 신체적으로 마비되었어도 인상적인—때로는 경이로운—활력을 발휘하며 반응할 수도 있다는 것이다. 그는 인류가 지난 수천 년간 온갖 지역적 재난을 겪고도 살아남았다고 지적했다. 사람들은 그런 문제를 견뎌내며 대개는 극복하고 더 강해진다. 그는 인류를 오뚝이 같은

존재로 묘사했다. 난관, 무작위, 무질서는 우리의 무릎을 꿇리는
게 아니라 오히려 우리를 더 강하게 한다. 난관이 없으면 우리는
시들고 약해진다.

실제로 인간의 진면목은 거대한 위협을 맞닥뜨렸을 때 드러
난다. 인류의 진보는 대부분 굶주림, 추위, 맹수, 기후변화, 중력
같은 위협이나 난공불락의 걸림돌을 이겨내야 했기에 가능했다.
20세기의 가장 위대한 기술 발전 몇 가지는 제1차 세계대전과 제
2차 세계대전에서 탄생했다. 세계 각국은 임박한 공격에 대비하여
비행, 레이더 기술, 식품 보존, 통신, 의약 분야에서 괄목할 발전
을 이루어냈다. 그와 더불어 살인과 파괴에서도 예상을 뛰어넘는
'진보'가 일어났다. 전쟁을 기술 발전의 은유로 삼고 싶지는 않다.
달 착륙 경쟁이 더 나은 예인지도 모르겠다. 직접적 고통이나 유
혈 사태 없이도 그에 못지않은 진보를 달성했으니 말이다.

이런 생각은 요즘 내게 가장 많은 영감을 준 사람들에게 향했
다. 그뷔드뮌뒤르 파우들 올라프손은 암과 투병하면서 『아이슬란
드 자연의 물』을 탈고했다. 그는 살날이 몇 달밖에 남지 않았다는
것을 알고 있었다. 그의 책은 아우둠라의 부름에 귀를 기울인다.
지구에 대한, 이 땅의 물에 대한 포괄적 사랑 고백이자 우리가 파
괴로부터 돌아서지 않을 때 일어날 일에 대한 경고다. 자신의 삶
이 곧 끝나리라는 것을 알면서 미래에 대해 생각해야 했던 이유는
무엇일까? 지구상에서 우리의 시간이 끝난 뒤에도 우리에게 목적
이나 역할이 있을까?

배우이자 감독인 에다 헤이드룬 바크만은 운동신경세포병으로 목 아래가 마비되었다. 그는 내게 지금이야말로 지구를 구원하기 위해 사람들을 모아야 할 때라고 말하면서 자신이 그린 헤르뒤브레이드산 그림을 내게 전해주었다. 전신이 마비되어 입으로 그린 작품이었다. 그녀가 "지구를 구원하기 위해"라고 말한 것이 똑똑히 기억난다. '구원하다'라는 동사는 늘 어색했다. 극적이고 과장된 느낌을 주기 때문이다. 하지만 최근 유엔 보고서는 결론에서 이렇게 잘라 말한다. 우리는 돌이킬 수 없는 파멸로부터 지구를 구원할 수 있는 마지막 세대라고.[22]

아우둠라가 내게 말을 걸었다는 사실은 분명 극단적 사례이지만, 사려 깊은 사람들이라면 지금이야말로 떨쳐 일어나 지구를 구원해야 할 때임을 이미 느꼈으리라 생각한다. 하지만 그들은 성가신 일을 피할 핑곗거리를 찾는다. 나의 핑계는 소설이었다. 실천은 남들이나 신경쓰게 내버려두기로 했다. 나는 과학소설 『러브스타』의 대규모 출간 기념회를 맨해튼의 유서 깊은 세인트마크 서점에서 열기로 했다. 2012년 10월 29일 오후 7시. 아무도 파티에 오지 않았다. 기념회를 찾은 손님은 그날 저녁 7시 정각에 뉴욕을 강타한 허리케인 샌디뿐이었다.

나는 자녀가 넷인데, 이제 다들 인생의 방향을 정할 시기다. 아이들에게 뭐라고 말해야 할까? 지금 벌어지는 일을 어떻게 설명해야 할까? 그들에게서 목적의식과 미래에 대한 신념을 앗아야 한다니 유감스럽다. 아이들이 앞으로 100년에 걸쳐 지구가 사멸하리라는 신문 기사를 읽거나 유튜브 동영상을 보면서 눈물을 흘리는 모습이 머릿속에서 떠나지 않는다. 아이들이 이렇게 물을 때면 명치끝이 답답하다. "지구가 우리 때문에 파괴되고 있나요?"

시간을 거슬러

시간은 그림과 같아,

반은 물이 그리고

반은 내가 그린.

스테이든 스테이나르

과학자들은 시간에 대해 이야기한다. 논쟁하고 추측하면서 미래에 대한 그림을 만들어낸다. 그들은 슈퍼컴퓨터로 복잡한 모형을 돌려 2050년, 2070년, 2090년에 세상이 어떤 모습일지 보여준다. 우리는 그런 연도에 공감하거나 반응하기가 힘들다. 2020년은 영화 〈블레이드 러너〉의 시간적 배경보다 1년 뒤다. 〈백 투 더 퓨처〉의 미래보다는 5년 뒤다. 조지 오웰의 『1984』로부터는 36년이 흘렀다. 진보와 혼란에 단단히 최면이 걸린 탓에 우리는 미래에 대해 무책임한 태도를 취한다. 우리에게 100년은 영원과 같아서 상상을 뛰어넘는다. 100년이 하도 오랜 시간으로 느껴져, 지금의 추세가 계속되면 2100년에 엄청난 재앙이 벌어질 것임을 과학자들이 입증해도 우리는 꿈쩍하지 않는다. 그날이 우리와 상관없다는 듯 어깨만 으쓱할 뿐이다.

　과학자들은 인류의 영향이 너무 광범위해져서 우리가 새로운 지질시대에 들어섰다고 생각한다. 인류세라는 이름의 이 시대는 1만 년 전에 시작된 홀로세에서 갈라져 나왔다. 제2차 세계대전 이후 인간 활동은 인구, 소비, 에너지 사용, 오염 등 여러 면에서 기하급수적으로 활발해졌다. 우리 할아버지와 할머니는 한 지질시대에 태어나 자랐고 이제 새로운 지질시대의 여명에 노년을 맞았다. 그들이 태어난 1920년경에는 세계 인구가 약 19억 명이었다. 오늘날은 70억 명이 넘는다. 2030년에는 90억 명을 바라보고 있으며 2050년에는 100억 명 이상이 될 것이다.

나는 운 좋게도 과거와 직접 연결되어 있다. 조부모에게 이렇게 물어볼 수 있으니 말이다. "100년은 긴 시간인가요, 짧은 시간인가요?"

비외르든 할아버지는 1921년 아이슬란드 북서부 빌뒤달뢰르에서 태어나 2019년에 98세의 나이로 세상을 떠났다. 나는 할아버지의 전기를 써야겠다는 생각을 하곤 했다. 그의 형제자매와 사촌에 대해서도 쓰고 싶었다. 그의 이야기는 시간과 물에 대한 이 서사와 잘 어울린다.

그를 만난 것은 2018년 4월이었다. 은퇴 후 여생을 보내려고 플로리다로 이주했다가 뉴저지로 돌아왔을 때였다. 그와 아내 페기는 처음에 플로리다주 케이프커내버럴에 집을 장만했는데, 발코니에서 나사 우주 발사대의 화염이 보이는 곳이었다. 그러다 허리케인 소식에—2016년에는 매슈가, 이듬해에는 어마가 찾아왔다—플로리다 주민 상당수가 강제 대피하는 일을 2년 연속으로 겪었다. 당신의 딸들, 그러니까 우리 어머니의 이복자매들은 피난처에 가기 위해 폭풍우를 뚫고 비행해야 했다. 이런 일을 계속 겪을 수는 없었다. 할아버지는 플로리다를 포기하고 뉴저지로 돌아왔다.

그가 말한다. "예전에는 허리케인이 30년마다 찾아왔단다. 그러다 해마다 오기 시작했지. 피해도 막심했어."

내가 묻는다. "기후변화 때문일까요?"

할아버지가 말한다. "모르지. 1000년이 지나야 패턴이 보일지도 모르겠구나."

할아버지는 노년에 플로리다에서 기후 난민이 된 첫 세대이지만 마지막 세대는 아닐 것이다. 지구 해수면은 빙기가 끝나면서 120미터 상승한 이래 2500년간 이례적으로 안정세를 유지했다. 하지만 인류가 새로운 상승 국면을 촉발했다. 과학자들의 예측에 따르면 지금 태어난 사람이 우리 할아버지만큼 나이가 들기 전에 플로리다 대부분이 물에 잠길 것이라고 한다.[23]

내가 할아버지에게 묻는다. "여기 사시는 건 어때요?" 그들은 그림 같은 양로원의 아늑한 방으로 이사했다. 할아버지는 양로원에 들어올 생각은 전혀 없었으며 발이 말을 듣지 않게 된 뒤로는 자유를 잃은 것을 불만스러워했다. 그의 운전면허증은 플로리다에서는 유효했지만 뉴저지에서는 받아주지 않았다.

"감옥이 따로 없어. 이제 운전도 못 하게 한다고."

페기가 말한다. "그런 식으로 말하지 마. 얼마나 근사한데." 페기는 활기차 보인다. 그분은 늘 활달하고 유머러스하고 붙임성이 있었다.

낯선 전기 고양이가 페기의 품에 안겨 야옹 하면서 가르랑거린다.

페기가 말한다. "고양이 이상하니?"

내가 말한다. "그래요."

"이름은 에디야. 예쁘지 않니?"

내가 기계 고양이를 쓰다듬자 녀석은 기이한 소리를 내면서 가르랑거린다.

당신 딸이자 우리 어머니의 이복자매인 리사가 고양이 일을 해명한다.

"로봇 고양이가 노인들에게 좋다고 누가 그러더구나. 하지만 엄마가 더 별나진 것 같아 걱정이야. 은퇴한 외과의사가 고양이의 건전지를 갈아 끼우는 광경을 네가 봤어야 하는데."

페기는 유머감각이 풍부하다. 우리 할아버지보다 훨씬 엉뚱해서, 로봇 고양이를 반려동물로 키우는 게 어쩌면 진심인지도 모르겠다.

할아버지는 아이슬란드 서부 외딴 피오르, 그 안에서도 주민 200명이 사는 어촌 마을 빌뒤달뤼르에서 자랐다. 그의 아버지 소르비외르든 소르다르손은 지역 의사였다. 할아버지는 1940년에 아퀴

레이리 고등학교를 졸업하고 의과대학에 진학했다. 당시는 선택할 수 있는 진로가 별로 없었다. 유럽에서 전쟁이 벌어지고 있었기에 아이슬란드에서 교육을 받으려면 목사, 의사, 변호사, 교사 중 하나가 되는 수밖에 없었다. 그는 전쟁 중에 레이캬비크에서 열린 무도회에서 휠다 할머니를 만났지만, 1949년에 의대 진학을 위해 미국에 갔다. 우리 어머니와 쌍둥이 언니가 고작 세 살일 때였다. 1년을 예상하고 떠났으나 1년이 어느덧 70년이 되었다. 우리 조부모는 헤어졌고 할아버지는 미국에 정착했다. 그는 부지런히 경력을 쌓아 코넬 대학교 교수 겸 뉴욕 병원 외과 과장이 되었다. 그사이 별명이 페기인 토론토 출신 간호사 마거릿을 만났다. 두 사람은 뉴저지의 부유한 교외 노우드로 이사하여 네 자녀를 낳았으며 비외르든은 매일 차를 몰고 맨해튼으로 출근했다. 휠다 할머니는 아이슬란드에서 산사람을 만나 자녀 둘을 더 낳았다.

할아버지는 외모가 투박하고 다리를 절었으며 귀가 어두웠지만 머리는 비상했다. 우리는 아이슬란드어와 영어를 섞어가며 막힘없이 대화한다. 그는 귀가 어두워서 오랫동안 고생했지만 최근에 보청기가 좋아져서 대화를 나누기가 수월해졌다. 내가 그에게 시간에 대해 묻는다. 내가 아는 가장 나이 든 사람이므로. 100세가 다 되어가는 건 어떤 느낌이냐고.

그가 말한다. "어디 보자. 다들 죽었구나. 동료, 옛 이웃, 동창, 형제, 누이는 거의 다 죽었지. 하지만 그것 말고는 괜찮아. 아쿠레이리 고등학교 친구들 중에는 외뷘뒤르 아우스게이르손 말고는 살아 있는 사람이 없을 거다. 그애는 살아 있으려나?"

내가 "알아볼게요"라고 말하며 스마트폰을 집어 그의 이름을 검색한다. 할아버지도 화면을 들여다본다. 얼굴을 찡그리고 눈을 가늘게 뜬다. 스마트폰에 〈모르귄블라디드〉 부고가 뜬다. "2월에 돌아가신 것 같아요."

할아버지가 "그랬구나"라며 한숨을 내쉰다. "그렇다면 나 혼자 남았겠군." 그때 할아버지는 아이슬란드의 최고령 의사였고 당신 고등학교 졸업생 중에서도 최고령 생존자였다. 나는 그에게 그긴 시간을 산다는 건 어떤 느낌인지 묻는다. 그는 100년은 시간도 아니라고 말한다. "아르드나르피외르뒤르 피오르에서 청어잡이배 베스탄호를 타고 고기를 잡던 게 엊그제 같은데."

할아버지는 1979년 10월 말 이란의 샤 모하마드 레자 팔라비를 수술하면서 국제 뉴스에 나왔다. 그때 나는 여섯 살이었고 뉴햄프셔에 살고 있었다. 친구 생일잔치가 있어서 버거킹에 가고 있었는데, 승용차 라디오에서 할아버지 이름이 나왔다. 할아버지에게 수술에 대해 물었더니 샤가 기력이 쇠했더라고 답했다. 할아버지가 수술하러 들어가는데, 친한 친구와 동료의 이름이 라디오에서 흘러나왔단다. 혁명군이 끌어내 처형한 사람들의 명단이었다. 우리 할아버지는 군중이 병원 밖에서 샤에게 항의하는 시위를 벌였다고 말해주었다. 그는 샤의 비장에 대한 논문에 이렇게 썼다. "밖에서는 병원을 둘러싼 군중이 바리케이드에 막힌 채 샤의 머리를 내놓으라고 외쳤다."[24] 할아버지의 딸은 열다섯 살과 스무 살이었다. CIA에서는 수상한 사람들이 따라오지 않는지 주의하라고 말했다. 딸들이 물었다. "그러면 어떡해야 하나요?" "뛰세요."

이란에서는 샤가 미국에서 치료받는 것에 대해 항의가 거셌다. 수술 나흘 뒤인 1979년 11월 4일, 테헤란 주재 미국 대사관이 일단의 근본주의자 학생들에게 점거되었다. 학생들은 대사관 직원들을 444일간 인질로 잡은 채 샤를 이란으로 인도하라고 요구했다. 구출 작전은 실패로 돌아갔으며 이 때문에 카터 정부는 로널드 레이건에게 넘어갔다. 샤에게는 나라가 없었다. 아무도 그를 받아들이려 하지 않았다. 그는 텍사스와 파나마공화국으로 갔다가 1980년 여름에 이집트에서 죽었다. 샤는 미국에 이란산 석유 이권을 보호해준 핵심 인물이었다. 혁명에 뒤이어 석유 위기가 일어났다. 석유 생산량이 하루에 500만 배럴씩 급감했으며 원유 가격이 두 배로 뛰어올라 세계경제가 휘청거렸다.

"전 세계의 주목을 받는 것이 부담스럽지 않으셨나요?"

"아니다, 아니야. 나는 모든 환자를 동등하게 대했단다."

그는 뉴욕 병원의 외과 과장인지라 전 세계의 환자를 받았다. 촌충에 감염된 술탄 한 명이 점보제트기를 타고 날아오기도 했다.(수행원들은 또 다른 점보제트기를 탔다.) 앤디 워홀도 1987년에 할아버지의 진료를 받았다.

할아버지가 말한다. "워홀은 특이한 사람이었단다. 그 몇 해 전 여자친구의 총에 맞은 뒤로 병원 공포증에 걸렸지. 내 진료실에 와서 이렇게 말하더구나. '수술만 면하게 해주시면 부자로 만들어드리겠소.' 그는 몇 주간 병을 숨긴 탓에 상태가 위중했단다. 수술했더니 담낭에 괴저가 일어났더구나. 그것만 빼면 수술은 성공적이었지. 작별 인사를 할 때 워홀은 쾌활했어. 그런데 그날 밤에 전화가 걸려 왔지. 그가 죽었다는 거야."

누구나 예상할 수 있겠지만 이것은 크나큰 충격이었다. 언론에서는 이 수술이 사소하고 '일상적인' 수술이었다고 했다. 그는 15분간 유명해졌는데 외과 의사들이 바라는 식으로는 물론 아니었다. 2019년 4월 내가 할아버지를 만나기 직전에 〈뉴욕 타임스〉는 이 수술에 대해 보도하면서 이것이 사소한 수술이 아니라 허약한 환자를 대상으로 한 대수술이었으며 위험이 따르는 것이 당연했다고 주장했다.[25]

할아버지는 로버트 오펜하이머도 수술했다. 오펜하이머는 아마도 20세기 인물 중에서 신화적 존재에 가장 가깝지 않을까. 그리스 신화에서 프로메테우스가 올림포스산 꼭대기에서 불을 훔쳐 인류에게 가져다주었듯 오펜하이머는 물질의 가장 작은 단위로 파고들어 세계 지도자들에게 핵폭탄을 가져다주었다. 그리하여 전 세계 열강의 지도자들은 지구를 통째로 날려버릴 수 있는 신적인 능력을 손에 넣었다. 실수를 저지를 수도 있는 지도자들이 인류를 절멸시킬 힘을 가지게 된 것이다. 그 힘은 인류 역사의 모든 폭군을 합친 것보다 몇 배 더 파괴적이다. 이에 비하면 프로메테우스가 가진 것은 작고 희미한 불꽃 하나였을 뿐이다.

많은 과학자들은 오펜하이머가 지질학사의 새 시대를 열었다고 주장했다. (인류 최초의 핵실험인) 트리니티 핵실험의 방사능이 깔린 지층은 '인류세'의 출발점으로 보아도 무방할 것이다. 1945년 7월 16일, 인류가 미친 영향, 우리의 발자국을 지구의 모든 표면에서—모든 토양과 모든 돌과 금속에서—공식적으로 측정할 수 있게 되었다. 유기체로서의 인류가 대규모 지질 현상과 같은 방식으로 지구에 영향을 미치기 시작했다. 인간 한 명이 (핵폭탄을 폭발시키는) 한 번의 결정으로 모든 생명을 파괴할 능력을 가지게 되었다. 이와 동시에 그 밖의 인간 활동도 범위가 어찌나 확대되었던지 전후 시대는 '대가속' 시대라 불리게 되었다. 그때부터 인류가 지구에 미치는 영향이 기하급수적으로 성장했으며 그와 더불어 생물 다양성이 급감했다.

오펜하이머는 어떤 샤나 대통령, 사령관보다도 영향력이 컸다. 그는 신화적 규모의 인물이었으며 그의 유산은 우리가 핵에너지를 어떻게 다루는지에 달렸다. 그가 인류에게 평화를 가져다주었다고 생각하는 시각들도 있지만, 미래는 아직 쓰이지 않았으며 그의 영향을 평가하기에 가장 알맞은 언어는 신화의 언어다. 핵폭탄은 다모클레스의 칼처럼 우리 위에 매달려 있다. 핵폭탄이 가져다준 평화는 대가가 큰, 피로스의 승리인지도 모르겠다.

프로메테우스는 신들의 분노를 샀고 결국 바위에 묶인 채 독수리에게 간을 뜯어 먹히는 잔인한 벌을 받았다. 나는 비외르든 할아버지에게 말한다.(그의 이름은 '곰'을 뜻한다.) "현대를 위한 신화를 쓰고 있어요. 독수리가 프로메테우스의 간을 쪼아 먹었다면 곰은 오펜하이머에게 무슨 짓을 했나요?"

비외르든 할아버지는 잠시 생각하더니 가볍게 미소 짓는다.

"나는 히포크라테스 선서에 서명했으니 아쉽지만 알려줄 수 없단다."

내가 묻는다. "간과 관계가 있었나요?"

"치핵이라고만 해두자."

시간은 멀어질수록 쪼그라든다. 지금으로부터 5000년이 지나면 오펜하이머와 프로메테우스는 그 시대를 살아가는 사람들의 눈에 사실상 동시대인이 되어 있을 것이다. 책에 쓰이는 종이는 100년밖에 안 간다. 내가 이 이야기를 양피지에 베어베리 잉크로 써서 아우르드니 마그뉘손 연구소 자료실에 몰래 가져다놓으면 1000년, 어쩌면 그 이상 보존될 것이다. 미래의 신화는 다음과 같은 식으로 서술될지도 모르겠다. 독수리가 프로메테우스의 간을 쪼는 동안 곰이 오펜하이머의 치핵을 치료했다고.

오펜하이머가 수술대에 누워 있는데, 할아버지 마음속 눈에 어릴 적 빌뒤달뤼르에 있는 교회에서 보았던 영상이 번득였다고 한다. 오펜하이머는 낡은 제단 위의 예수 그리스도 상과 놀랄 만큼 비슷했단다. "그렇게 기이하진 않았단다. 둘 다 유대인이었고 나름의 방식으로 세상을 변혁했으니까."

오펜하이머 또한 핵폭탄이 처음으로 폭발하는 광경을 보면서 자신의 행위가 신화적 맥락에 놓여 있음을 깨달았다. 그는 인터뷰에서 이렇게 말했다.

우리는 세상이 이전과 같지 않을 것임을 알았습니다. 몇 사람
은 웃었고 몇 사람은 울었죠. 대부분은 침묵했습니다. 힌두교
경전 바가바드기타의 한 구절이 떠올랐습니다. "이제 나는 죽
음이 되고, 세계의 파괴자가 되었다."

오펜하이머의 발견은 우리 세대에게 악몽으로 거듭거듭 나타났
다. 우려는 기우였을까? 아니면 우려했기에 세상이 살아남은 걸
까? 나는 히로시마 사진을 보면서 자랐으며, '핵겨울'과 '방사성
낙진' 같은 단어들이 시커먼 구름처럼 내 어린 시절에 드리워 있
었다. 이 단어들은 완전히 장전되어 있었다. 웅웅거림이나 백색잡
음은 전혀 없었다.

이제 과학자들은 지구 온도가 3도에서 5도 상승했을 때의 결
과에 대해 새로운 공포 시나리오를 써냈다. 지구는 지질학적 속도
를 버리고 인간의 속도로 변하고 있다. 그런데도 우리의 대응은
빙하걸음이다. 우리는 다음 회의 장소를 정하기 위한 회의나 열고
있다. 어쩌면 이런 증가 속도에는 충분한 긴박감이, 충분히 빠른
변화 속도가 담겨 있지 않은지도 모르겠다. 핵폭발로 인한 섬광과
충격파의 빛에는 비교가 되지 않는다. 우리는 재앙이 천천히 진행
되는 것을 묵묵히 바라본다. '지구온난화'는 '핵겨울'과 전혀 다르
게 들린다. 여기선 좀 더 많은 숲이 타고 저기선 열이 좀 더 발생

하고 심지어 잠시나마 상황이 살짝 좋아질 때도 있다. 하지만 사막이 천천히 확대되고 허리케인이 조금 더 세지고 해수면이 조용히 상승하다가 1000년에 한 번 올까 말까 한 홍수가 밀어닥치는 거다. 그러는 동안 동물 종이 하나둘 사라지는데 뉴스거리 하나 되지 못한다.

우리 세대는 다시 두려워하는 시대로 돌아가고 싶어하지 않는 듯하다. 하지만 안타깝게도 우리는 이 문제를 심각하게 받아들여야 한다. 우리 아이들은 핵 위협이나 오존층 구멍에 대한 우려가 기우로 끝나는 경험을 해보지 않았기에 파국을 대수롭지 않게 여기는 태도를 배운 적이 없다. 아이들은 두려워하는 것을 두려워하지 않는다. 그들이 파업을 벌인다. 학교는 아이들이 미래를 대비할 수 있게 해야 한다. 하지만 학교 체제와 경제계가 과학에 적응하지 않고 우리를 엉뚱한 방향으로 이끈다면 어떤 교육도 무의미하다. 우리는 벼랑 끝에 서 있다.

악어 꿈

비외르든 할아버지는 미국 뉴저지 노우드의 커다란 흰색 주택에서 페기와 네 자녀와 함께 살았다. 나는 어릴 적 미국에 살 때 한번씩 그 집에 찾아갔다. 동화에 나오는 듯한 이층집 뒤뜰에는 수영장도 있었다. 그들은 개, 기니피그, 난쟁이카이만악어, 그리고 BC의 먹이인 수많은 생쥐를 키웠다('BC'는 3미터짜리 '왕뱀Boa constrictor'의 약자였다). 악어와 왕뱀의 주인은 그 집의 10대 존 소르비아르드나르손이었다.

어릴 적 가장 즐거웠던 나날 중 하나는 우리 어머니가 찍은 8밀리 필름에 담겨 있다. 우리가 뉴저지를 방문했을 때 존은 왕뱀과 함께 밖에 나와 있었다. 우리는 뱀을 만져보았으며 존은 우리가 수영장에서 뱀과 함께 헤엄치도록 해주었다. 그날 밤 헤엄치는 우리 주위에서 박쥐들이 수영장 바닥 조명에 이끌려 나온 나방을 잡아먹었다.

존 외삼촌은 파충류에 대한 관심이 굉장했으며 집 뒤쪽 숲에 사는 개구리, 거북, 뱀을 무척 좋아했다. 존은 열 살 때 〈내셔널 지오그래픽〉에서 플로리다 에버글레이즈 습지의 악어들이 위험에 처했다는 방송을 보았다. 자신의 소명을 찾은 것 같았다. 어른이 되면 악어를 연구하고 구조하는 것을 업으로 삼을 수 있으리라. 그는 결국 악어 보전을 전문으로 하는 파충류학자가 되었다.

악어는 지구상에서 7000만 년 넘게 오늘날 우리가 아는 것과 별반 다르지 않은 모습으로 살아왔다. 진화사는 2억 년 전까지 거슬러 올라간다. 악어는 지반 운동과 빙기에 적응했다. 6600만 년 전 (과학자들 말마따나) 소행성이 지구에 충돌하여 공룡을 비롯하여 전체 생물권의 4분의 3 가까이가 멸종한 다섯 번째 대멸종에서도 살아남았다.

존이 파충류학 박사 과정을 끝냈을 즈음에 현생 악어 23종 대부분이 긴박한 멸종위기종 목록에 올랐거나 오르기 직전이었다. 그의 논문 주제는 어릴 적에 키우던 안경카이만악어였다. 그는 이후 전 세계 악어를 보호하는 방대한 활동 계획에 참여했다.[26]

오래전부터 나는 존과 한동안 아마존에서 지내면서 강과 우림에 대해, 현지 문화에 대해 책이나 기사를 쓰는 꿈을 꿨다. 인쇄물로 발표된 내 최초의 작품은 악어, 거북, 아나콘다에 대한 존의 논문을 번역한 것으로, 〈모르귄블라디드〉 일요판에 실렸다.[27] 외래종에 대한 논문을 아이슬란드어로 번역하는 데는 난점이 있다. 우리말은 크로커다일과 앨리게이터를 구분하지 않는다. 논문의 주제인 카이만 종은 말할 것도 없다. 검은카이만은 남아메리카 최대의 포식자로, 5미터 이상까지 자라며 몸무게가 1000킬로그램을 넘는다.

아이슬란드어에는 눈雪을 가리키는 단어가 70개 있지만 앨리게이터, 카이만, 가비알, 크로커다일은 모조리 '악어(크로코디들)'로 표현한다. 양, 염소, 영양을 '양' 하나로, 대구, 북대서양대구, 연어, 해덕대구를 '대구' 하나로 쓴다고 상상해보라.

2010년 출간한 책에서 존은 용의 기원이 중국악어라고 주장했다. 그의 동료들이 이 종의 마릿수를 세기 시작했을 때 야생에 남은 성체는 약 150마리에 불과했다. 이들은 양쯔강 안후이성의 작은 연못과 뜰에서 살았다.[28]

악어는 7000만 년간 빙기와 유성우를 이겨내고 살아남은 동물이다. 악어 개체수를 100만 년 단위로 나눈 x축에 표시하면 그래프가 오르락내리락하는 것을 볼 수 있다. 약 100만 년마다 자연적 원인으로 특정 종이 사멸하기도 했지만, 20세기 들어서는 많은 동물 종과 마찬가지로 수직 하락세를 보였다. 인간은 악어의 서식지를 침범했다. 우리는 악어가죽 부츠와 악어가죽 가방을 탐낸다. 우리는 '가장 못생긴' 사촌인 악어에 대해 무지하고 적대적이다. 우리가 살아가는 시대는 단 한 사람이 운석 폭풍에 맞먹는 폭탄을 발명할 수 있는 시대고, 한 가지 패션이 유행하는 것만으로 동식물에게 치명적 피해를 입힐 수 있는 시대다.

과학자들은 우리가 지구 역사상 여섯 번째 동물 대멸종 시기를 겪고 있다고 말한다. 앞선 다섯 차례의 대멸종은 아래와 같다.

① 4억 3900만 년 전 오르도비스기 말.

② 3억 6400만 년 전 데본기 말.

③ 2억 5100만 년 전 페름기 말.

④ 2억 1400만 년 전에서 1억 9900만 년 전 쥐라기 말.

⑤ 6500만 년 전 백악기와 고제3기 사이.

여섯 번째 대멸종은 현세인 홀로세와 함께 시작되었다. 이 시대는 인류의 시대로, 1만 1000년 전 각 대륙에서 대형 동물상이 멸종하면서 출발했다. 하지만 이 모든 추세가 최근 몇십 년 사이에 부쩍 빨라졌다. 우리의 소비 습관은 자연에 미치는 효과 면에서 화산에 맞먹고 우리의 패션 유행은 지반 이동보다 더 큰 영향을 미치며 우리의 욕망은 지진과 같다. 우리가 살아가는 시대에는 소수의 개인이 마음만 먹으면 지구상에서 가장 힘세고 강력한 포식자이자 우리 시대의 용인 악어의 멸종 여부를 좌우할 수 있다.

존은 뉴저지 교외에서 태어났지만 야생생물보전협회 동료들과 더불어 악어의 6000만 년 진화사에 개입하여 최종적 파멸을 막아내고 있다. 그런 일을 해내려면 성격이 남달라야 한다. 악어는 대체로 저개발국 빈곤한 오지의 습지와 늪지대에 서식하는데, 이런 곳에서는 온갖 지배세력이 장악하고 있다. 존은 현지인들을 제 편으로 끌어들여야 했고, 그들이 어떤 위치에서 어떤 악전고투를 치르고 있는지 이해해야 했으며, 동시에 악어가 자연에서 어떤 역할을 하는지, 악어라는 포식자가 건강한 생태계를 유지하는 데 얼마나 중요한지 강조해야 했다. 악어는 생태계의 일부로 살아가면서 자연으로부터 아무것도 빼앗지 않으며, 영양소와 원료를 순환시키고 서식처를 보호한다. 약한 동물을 잡아먹어 개체수 과잉과 질병을 예방한다. 가뭄을 대비하여 강과 늪에 구멍을 파는데, 이 구멍은 다른 동식물에게도 도움이 된다.

존은 과묵하고 겸손했으며 섬세한 재치가 있었다. 텔레비전에 나오는 이미지, 악어와 씨름하는 거칠고 우락부락한 사내와는 거리가 멀었다. 동물을 존중했으며 사람들의 편견에 맞서 악어가 얼마나 온순한 동물인지 설명했다. 한밤중에 아마존강 마미라우아 보호구역에 카누를 띄우고 습지에 손전등을 비춰 어둠 속에서 반짝이는 1000개의 눈동자를 보는 것보다 아름다운 일은 없다며 열변을 토하기도 했다. 그는 내게 악어의 행동이 뱀 같은 파충류보다는 조류와 더 비슷하다고 말했다. 악어는 둥지를 짓고 알을 낳는다. 안경카이만은 알에서 나올 때가 된 새끼의 울음소리를 듣는다. 그러면 어미는 새끼들을 지키려고 서둘러 둥지로 간다. 조심스레 알을 이빨로 물고서 혀와 잇몸 사이로 부드럽게 굴리며 애정을 발휘하여 알이 하나씩 하나씩 부화하는 것을 돕는다. 새끼들이 나오면 무시무시하게 커다란 입안에 넣어 안전한 곳으로 나른다. 여러 번 왔다 갔다 해야 할 때도 있다. 그런 다음 자립할 때까지 새끼들을 참숫깃오리처럼 돌본다.

존은 멸종위기종을 보전하려고 노력해왔지만 내가 기억하기로 화를 내거나 남을 비난한 적은 한 번도 없다. 인터넷에서 캠페인을 벌인 적도 없는 것 같다. 그가 손잡아야 했던 사람들은 그런 캠페인에 참여하기는커녕 인터넷조차 접하지 못했을 테니 말이다. 그는 농부와 사냥꾼이 어획량을 조절하고 서식처와 보금자리를 보전하도록 이끌었다. 부유한 농민, 공무원과도 협상했다. 경제적 논리가 언제나 가장 중요하게 작용하는 것은 아니다. 동물에게 생존권이 있다는 철학적 논의도 마찬가지다. 때로 가장 중요한 것은 아름다움에 대한 직접적이고 분명한 주장이다. 종과 그 역사에 대한, 그 종이 민담과 음악 유산에서 차지하는 역할에 대한 경건한 존중이 가장 중요한 때가 있다. 또는 그 종을 존경하고 두려워하고 놀라워하고 야생동물에게서 내적 삶의 헤아릴 수 없는 깊이를 지각하는 능력이 가장 중요할 때가 있다. 마지막 요소는 달리 말하자면 악어의 신비적 차원을 일컫는다. 악어로부터 중국의 용과 (풀을 푸르게 한) 이집트 물의 신 개념이 탄생했으니 말이다.

물론 인류가 동물에 영향을 미친 것은 굶주림과 질병에 맞서 생존 투쟁을 벌여야 했기 때문이다. 문제는 인간이 한계를 모른다는 것이다. 인간은 만족을 모르며 자신이 도를 넘었는지도 알지 못한다. 대가족을 먹여 살리려고 논을 넓히는 것은 쇼핑몰이나 놀이공원을 지으려고 물고기와 꽃과 번식지가 있는 연못을 메우는 것과 같지 않다. 탄산음료 깡통을 만들려고 자메이카 우림을 벌목하고 아이슬란드 습지 계곡을 수몰시키는 것과도 다르다. 스바르

타우 수력 발전소를 둘러싸고 논쟁이 벌어지고 있다. 그곳은 매와 북방흰뺨오리의 서식처이며 흰줄박이오리가 꽥꽥거리고 브라운 송어가 헤엄친다. 10메가와트급 발전소 하나를 위해 이 모든 동물의 삶을 방해하겠다는 것이다. 비교를 위해 언급하자면, 우리 아이슬란드인은 별 쓸모도 없는 가상화폐 비트코인을 채굴하느라 150메가와트를 쓴다. 기껏 열두 코스짜리 뷔페로 배를 채우고 나서 케이크 들어갈 자리를 마련하려고 깃털로 목을 간지럽혀 음식을 게워내는 꼴이다. 베스트피르디르 반도에서는 또 다른 50메가와트급 발전소를 짓느라 귀중한 고지대 고원이 교란되고 있다. 마치 사람들이 교란을 목표로 삼는 것 같다. 무언가를 위해서가 아닌 그 자체의 목표로. 꼭 이렇게 묻는 것만 같다. "이 지역이 왜 있는 거지? 아무도 이용하지 않는 지역이 무슨 쓸모가 있다고."

노자의 『도덕경』은 기원전 500년 중국에서 나왔고 아이슬란드어판은 1921년에 출간되었다. 나는 유용함에 대한 다음 구절을 좋아한다.

서른 개의 바퀴살이 하나의 바퀴통으로 모이니
바퀴통 속에 아무것도 없기에 수레의 쓸모가 있다.

진흙을 이겨서 그릇을 만드니
그릇 속에 아무것도 없기에 그릇의 쓸모가 있다.

방을 만들 때는 방문과 창문을 뚫으니
방문과 창문 안에 아무것도 없기에 방의 쓸모가 있다.

그러므로 있음이 이로운 것은
없음이 쓰임이 되기 때문이다.[29]

없음이 바퀴를 구르게 한다. 20세기 내내 우리는 지구가 이익을
내야 한다고, 산출을 더욱 늘려야 한다고 요구했다. 우리는 빈 곳
을 점점 더 메워갔으며 그것을 상식이라 불렀다. 이 늪지대는 무
슨 용도지? 이 날벌레들은 왜 있는 거야? 경쟁 상대인 여우와 악
어를 없앨 순 없을까? 어떤 지역이 보호되려면 국립공원이나 관광
지 역할을 해야 하며 측정할 수 있는 목표가 있어야 한다. 그 잣대
로는 국립공원이 수익, 고용, 인근에서의 상품 및 서비스 판매 신
장을 직접적으로 얼마나 창출하는가가 제격이다. 사람들이 산호
초를 논하는 기준은 어업과 관광에 얼마나 중요한가다. 예술은 매
출과 수익으로 스스로를 정당화해야 한다. 교육과 과학은 상품과
고용을 얼마나 산출하느냐로 정당화되어야 한다. 『도덕경』에서는
없음이 쓰임이 된다고 말하지만, 우리는 존재하지 않는 것 자체의
쓰임새를 알아보지 못한다. 비어 있는 곳은, 바퀴통은 끊임없이
유린된다. 생명의 바퀴가 회전을 멈출 때까지.

　코뿔소, 바다오리, 박쥐, 바다쇠오리, 오랑우탄, 곰, 물고기,

그리고 2018/19년 겨울에 수만 마리가 떼죽음당한 북극 툰드라의 순록에 이르기까지 지구의 거의 모든 장소에서 과학자들은 야생동물의 감소치를 측정하고 추산했다.[30] 곤충 개체수에서도 예상 밖의 전 지구적 감소가 관찰되었다. 미국의 트럭 운전기사들은 예전에는 날벌레로 유리창이 새카맸는데 이제는 어느 주에서나 깨끗해졌다며 경고한다. 독일의 보호구역에서 실시한 조사에 따르면 날벌레의 75퍼센트가량이 사라졌다고 하는데, 이것은 다른 생물에도 영향을 미칠 것이다. 심지어 인간이 접근하지 않아 훼손되지 않은 우림에서도 곤충 개체수가 감소했다.[31] 이런데도 '여섯 번째 대멸종'이 호들갑처럼 들리는 것은 블랙홀이 너무 가까워서 보이지 않는 것과 같은 것인지도 모른다. 영상은 흐릿하고 배경음은 잡음뿐이지만 사실은 변하지 않는다. 우리 앞에는 유례를 찾을 수 없는 과업이 놓여 있다.

존과 동료들이 악어 연구자 국제 네트워크를 결성하여 힘을 합쳤을 때만 해도 스물세 종의 악어 중 약 스물한 종이 멸종위기종 목록에 올라 있었으나, 생물학자들이 조치를 취한 뒤로 많은 종이 조금이나마 복원되었다. 〈뉴욕 타임스〉에 따르면 2010년에는 멸종위기종이 일곱 종으로 줄었는데, 존이 평생 이룬 업적을 소개한 이 기사는 서글프게도 그의 부고이기도 했다.

2010년 2월 14일 우리는 존이 겨우 쉰둘의 나이로 세상을 떠났다는 슬픈 소식을 들었다.[32] 그는 우간다에서 나일악어의 희귀한 소형 변종을 현지인들과 연구하다가 최근 인도 뉴델리에 가 있었다. 그가 인도에 간 것은 가비알악어를 보전하는 이들에게 강연을 하기 위해서였다. 가비알악어는 인도의 강들에서 수백만 년간 서식했으나 이제 천연 서식처에서는 대부분 자취를 감췄다. 우리는 존의 임무가 위험하다는 사실을 알았으나 그는 악어가 가장 큰 위협은 아니라고 늘 말했다. 자동차, 식중독, 말라리아가 더 무섭다는 것이었다. 그의 목숨을 앗은 것은 항생제 내성이 있는 말라리아 계통이었을 것이다.

나는 존이 얼마나 저명한 연구자인지 전혀 몰랐다. 그는 자신의 업적을 과시한 적이 없었다. 〈이코노미스트〉는 한 면을 할애하여 그의 죽음을 전했으며 〈뉴욕 타임스〉도 마찬가지였다.[33] 존 덕분에 오리노코강과 중국의 악어가 회복되기 시작했으며 태국 악어와 인도 가비알악어 복원 작업도 진행 중이다. 동물 종 전체를 구하는 것은 한 사람이 평생에 걸쳐 할 수 있는 가장 숭고한 일 중 하나일 테지만, 소규모의 사람들이 수백만 년 묵은 종의 역사에 결정적 영향을 미칠 수 있다는 사실이야말로 우리 시대가 얼마나 독특한가를 웅변한다. 오늘날 하도 많은 종이 위험에 처해 있어서 생물학자들은 자신이 노아의 방주 선발위원회에 속해 있다고 느낄 정도다. 전 세계에서 사람들이 동물 종을 구하려고 애쓴다. 인류가 가지고 있는 소비와 폐기물의 폭탄이 전부 터지고 난 뒤까지 그들이 살아남으리라 기대하며. 어쩌면 새로운 성숙의 시대가 열려 지구의 모든 종이 존중받고 생명과 서식처의 권리를 누릴지도 모르지만.

인류의 행위 때문에 동물 종이 사멸하는 것은 중대 사건이다. 아이슬란드에서는 남서부 해안의 작은 바위섬 엘데이에서 마지막 남은 두 마리가 죽임당하면서 큰바다오리가 멸종했다. 큰바다오리의 학명은 '펭귀누스 임페니스'였다. 그런 북유럽 펭귄이 있었으면 무척 근사했겠지만, 안타깝게도 당시에는 동물을 보호하는 분위기가 아니었다. 1929년에 조류학자 페테르 닐센이 마지막 큰바다오리의 최후에 대한 기고문을 〈모르귄블라디드〉에 쓴 뒤로 아이슬란드 언론에서 큰바다오리에 대한 논쟁이 벌어졌다. 그는 개체수가 희귀해질수록 표본이 수집가들에게 더 귀중해진다고 언급했다. 급기야 어부들이 유럽인 수집가들을 위해 큰바다오리를 잡고 알을 훔치면 한철 수입을 거둘 수 있었으며, 이 때문에 종의 사멸이 앞당겨졌다는 것이다. 마지막 큰바다오리를 죽였다고 비난받는 사람의 아들 올라뷔르 케틸손은 그에 답하는 별도의 기고문을 써서 아버지의 명예를 옹호했다. 페테르는 올라뷔르에게 보낸 답변에서 자신이 원래 기고문에서 어떤 이름도 언급하지 않았음을 상기시키면서 그 이유를 이렇게 설명했다.

나는 고인에 대한 추억을 존중하고 그분 친척과 친구의 감정을 상하게 하지 않기 위해 전 세계에서 마지막 남은 개체로 알려진 큰바다오리를 죽였다고 보고된—또는 (적어도) 그들의 죽음을 야기할 만큼 운이 나빴던—사람의 이름을 언급하지 않았다. 그 이름을 공개하는 것은 부적절하고 불필요하다고

생각했다.[34]

하지만 올라뷔르가 말을 꺼낸 덕에 페테르 닐센은 (덴마크 보도를 인용하여) 1844년 6월의 어느 운명적인 날 일어난 사건을 강조할 기회를 얻었다.

이 보도가 옳다면—보도를 의심할 이유는 없어 보인다—마지막에서 두 번째 남은 큰바다오리를 사냥한 사람의 이름은 '욘'이며, '시귀르뒤르'는 마지막 개체를 사냥한 사람이다. 하지만 마지막 큰바다오리의 (생명으로 가득했을 가능성이 다분한) 알을 챙긴 사람의 이름은 뉴턴 교수에 따르면 '케티들'이다. 따라서 '케티들'이 마지막 큰바다오리를 죽였을 가능성을 결코 배제할 수 없다!

〈리더〉에 따르면 페테르 닐센은 1844년 마지막 큰바다오리가 죽기 석 달 닷새 전에 태어났으므로 이 새를 직접 보는 행운은 누리지 못했을 것이다. 1929년에 그는 86세였으며 19년 전부터 몸이 마비된 상태였다. 하지만 이 기고문은 그의 정신이 명석하며 언어가 예리했음을 보여준다. 그는 참수리와 백송고리가 같은 길을 걷는 상황에서 큰바다오리의 운명을 교훈으로 삼아야 한다고 지적한다. 아이슬란드의 참수리는 오랫동안 고초를 겪었으며 1929년에는 몇 마리 남지 않게 되었다. 사람들은 참수리를 총으로 쏘고 알을 훔쳤다. 농부들은 독극물을 주입한 여우 사체를 놓아두어 수많은 참수리를 죽였다. 우리 삼촌 존과 마찬가지로 페테르 닐센이 언급한 동물은 농부들에게 (실제로 그랬든 아니든) 피해를 끼치는 인기 없는 포식자였다. 1919년 기고문에서 그는 이렇게 말한다.

> 자연에는 목적 없는 것이 하나도 없다. 참수리도 틀림없이 역할이 있다. 창조의 산물에 대한 모든 공격은 (처음에는 보이지 않을지라도) 예상치 못한 결과를 낳을 수 있다.[35]

100여 년 전 닐센과 동료들이 경고한 덕에 참수리와 백송고리는 멸종을 면할 수 있었다. (하지만 농부들 중 일부는 여전히 참수리가 참숏깃오리 둥지를 약탈한다고 믿어 자기네 농지에서 몰아내려고 알을 훔친다.) 심지어 전 세계 고래 보전 활동은 개체수가 반등하는 성과를 거뒀다. 많은 종이 보호 조치 이후에 회복되었다.

오늘날의 문제가 1919년과 다른 점은 지역 수준의 서식처 보전 노력이 효과를 발휘하려면 생태계에 이미 어느 정도의 일관성과 평형이 있어야 한다는 것이다. (평형이 실제로 자연에 적용될 수 있는가는 또 다른 문제다.) 동물은 계절의 복잡한 상호 작용—우기와 봄 범람, 수온, 새싹 발아, 날벌레와 치어의 부화, 물고기의 이주 등이 만들어내는 율동—과 조화를 이루며 살아간다. 토대 자체가 무너지면, 기후계가 붕괴하면, 평균 기온이나 해수 산성도가 높아지면, 개인이 할 수 있는 일은 거의 없다. 바다쇠오리나 바다오리를 보호하더라도, 먹이가 없으면 개체수가 몇십 년에 걸쳐 내내 감소하다가 마지막 큰바다오리처럼 결국 사라질 것이다. 사냥꾼 한 명을 범인으로 지목하는 것은 무의미하다. 근본 원인은 다른 곳에 있다. 창조의 산물에 대한 저 모든 공격이 달갑잖은 결과를 낳은 것이다.

유엔 생물다양성협약 2019년 보고서에 따르면 멸종 위험에 처한 동물은 100만 종에 육박한다. 보고서 작성에는 50개국 150명의 과학자들이 참여했다. 이들의 결론은 빠르게 증가하는 서식처 침범, 산업적·농업적 오염, 남획과 난개발에 기후변화의 영향까지 더해지면 생태계가 총체적으로 붕괴할 가능성이 실제로 존재한다는 것이다. 이 모든 요인이 너무나 심각하고 인류의 미래 자체에 명백한 영향을 미치기에 보고서 필자들은 당장 조치를 취해야 한다고 촉구한다.[36]

　　지구온난화는 자연의 전면적 변화인 동시에 생태계 전체의 기본 조건이 변동하는 현상으로 볼 수 있다. 전 세계 생태계가 기온 상승을 피해 적도를 벗어나 극지방을 향해, 또는 산 위로 하루 1미터 이상의 속도로 밀려나고 있다. 남쪽의 어류 종이 10년 만에 최대 70킬로미터 위로 이동했으며 열대 동물들이 점차 북쪽으로 이동하면서 열대병을 옮기고 있다. 아이슬란드 해안만 해도 남쪽에서 고등어가 올라오고 열빙어가 사라졌다. 일부 동식물은 이동할 수 있고 실제로도 이동했지만, (개별 종이라면 몰라도) 복잡한 생태계는 사람 한 명의 생애에 해당하는 시간 동안 위치를 옮길 수 없다.

지구 기온의 섭씨 2도 상승이 동식물에게 얼마나 심각한지 실감하고 싶다면 우리 자신의 몸을 자세히 살펴보라. 인간의 체온이 언제나 39도였다면 생명을 유지할 수 없었을 것이다. 이것은 지구 온도가 2도 올라가면 무슨 일이 벌어지는가를 아주 간단하게 보여준다. 특정 조건에 적응해야 하는 종은 갑자기 덥고 지치고 쇠약한 느낌을 받는다. 죽는 종도 있다. 또 어떤 종은 더위에 맞서 몸을 방어하느라 에너지를 다 써서 더는 번식하지 못하기도 한다. 2도는 지구 전체의 평균 온도 상승이므로 지역에 따라서는 6도 넘게 오를 수도 있는데, 그러면 생물상의 토대 자체가 허물어질 것이다. 어떤 종은 이주하겠지만, 조류 이주나 부화, 발아, 개화의 시기가 어긋나면 생태계가 카드로 만든 집처럼 무너질 가능성이 크다. 이미 세상 끝까지 내몰려 갈 곳이 전혀 없는 동물도 있다. 어떤 종의 이상적 서식처가 아이슬란드 북부 해안이라면 더 북쪽으로 올라가는 것은 말처럼 쉽지 않다. 그곳에는 거친 바다뿐이니까.

동물은 지구의 열매와 같아서 사과나무에 열린 사과처럼 자란다. 나무는 시들면 열매를 맺지 못한다. 줄기가 부러지거나 뿌리가 갉아 먹히면 열매를 보호하거나 보전해봐야 소용없다. 미바튼 호수 보호전문가 아우르드니 에이나르손은 이렇게 말했다. "나는 평생 새와 깔따구의 서식처를 보호하여 미바튼 호수의 동식물상을 보호해왔지만 사람들이 와서 기후 자체를 바꿔버리고 있습니다. 그러니 모든 것이 수포로 돌아갈지도 모릅니다."

　우리 조부모가 태어났을 때만 해도 큰바다오리 생존 시대에 살았던 사람이 생존해 있었다. 양심의 가책은 마지막 큰바다오리들을 죽인 케티들과 그의 동료들이 아니라 그 후손 몫이었다. 사냥꾼들이 그게 마지막 새들인지 알았을 리 없으니까. 세상일은 당장 겪고 있을 때보다는 나중에 돌이켜볼 때 이해하기가 더 쉬운 법이다. 우리가 과학자들의 예측을 접하고도 지금 당장 급진적 조치를 취하지 않는다면, 미래 세대도 이 여섯 번째 대멸종에 대해 비슷한 판단을 내릴 것이다. 우리는 수치스러운 조상이 될 것이다. 우리의 모든 이야기는 그 결과로 인해 막중한 의미를 지닐 것이다. 우리는 무슨 일이 일어나는지 알고 있었다. 우리 모두가 케티들이었다.

현재를 위한 신화

어머니가 묻는다. "무엇에 대한 글을 쓰고 있니?" 어머니는 방금 아버지와 골프를 치고 왔다. 바깥 기온이 6도가 될까 말까 하는데도 분홍색 민소매 티셔츠 차림이다.

내가 대답한다. "바트나예퀴들 빙하, 미국의 할아버지, 악어에 대한 이야기를 수집하고 있어요."

어머니가 말한다. "엄마 아빠에게 귀띔은 해줄 수 있었잖니." 화가 난 것은 아니지만 책망하는 듯한 말투에 조금 죄책감이 든다.

나는 생각에 잠긴다. 할머니 할아버지가 뭘 어쨌다고?

논란의 여지가 있지만, 신화는 조상 숭배에서 시작되었다. 그것은 조상을 떠받들고 누구나 가지고 있는 결점과 문제를 얼버무리는 일이다. 부모 자식 관계는 여간 복잡하지 않다. 부모의 모든 행동은 정신분석의 재료가 된다. 너무 친밀해도 안 되고 너무 냉랭해도 안 된다. 아버지나 어머니의 부재는 문제가 된다. 부모를 잃는 것은 엄청난 타격이다. 하지만 조부모는 있으면 행운이지만 없어도 문제될 것이 없다. 조부모가 있으면 좋은 점이 셀 수 없이 많지만, 없어도 결핍으로 간주되지는 않는다. 부모와의 관계는 옹이투성이일 수도 있지만 조부모와의 관계는 대체로 단순하다. 조부모는 손주의 마음속에서 영웅이나 반신이 되는데, 부모는 이것이 불만이다. "넌 그렇게 생각할지 몰라도, 할머니는 완벽한 엄마는 아니었어…"

친할아버지 욘 피에튀르손은 외할아버지 비외르든과 전혀 다른 삶을 살았다. 입신양명을 좇거나 물질적 이익을 추구하지 않았으며 사회문제와 이상에 더 많은 시간을 쏟았다. 나이 쉰에 레이캬비크 수자원위원회의 종신직 자리를 고사하기도 했는데, 대대로 살던 아이슬란드 북서부 멜라카슬리에타의 버려진 농장에서 디사 할머니와 해마다 4개월을 보내기 위해서였다. 두 사람은 그곳에서 참솟깃오리를 보살피고 송어를 낚으며 삶을 향유했다. 할아버지는 2006년에 타계했고 인터뷰를 더 자주 하지 못한 것이 아쉽기는 하다. 하지만 당시에는 고지대가 뇌리에서 떠나질 않았다. 욘 할아버지는 최초의 자동차가 아이슬란드에 선적된 지 15년 뒤에 태어났다. 라디오가 등장하기도 전이었다. 가족의 식량은 모두 자신들의 땅에서 잡거나 기른 것이었다. 그들은 양을 키우고 소젖을 짜고 송어와 물범을 잡았다. 할아버지가 어릴 적에 가족이 돈 주고 산 생필품은 설탕, 밀가루, 커피뿐이었다.

한번은 우리가 테이가게르디 거리의 집 작은 부엌에 앉아 있는데 할아버지가 제2차 세계대전 중에 생선을 싣고 잉글랜드 블랙풀까지 항해한 이야기를 들려주었다. 그들의 고기잡이배는 전함의 보호를 받는 해상 카라반 행렬에 속해 있었다. 배는 조명을 죄다 켜고 항해해야 했으며, 독일 잠수함이 끊임없이 배들을 공격하고 있었기에 어떤 상황에서도 멈출 수 없었다. 무슨 일이 생기면 전속력으로 달아나야 했다. 구조는 전함 몫이었다. 어느 날 아침 이들은 잔잔한 날씨와 안개 속에서 난파선의 잔해를 헤치며 항해하고 있었다. 바다 위에 흰 점이 보였는데, 그들은 물에 떠 있는 간호사들을 지나쳤음을 깨달았다. 나는 할아버지의 이야기를 듣고 경악했지만 그는 자세히 설명해주지 않았다. 노쇠하여 사실을 혼동하는 일이 잦기도 했다. 간호사들이 살았는지 죽었는지, 어떻게 해서 바다로 갔는지, 병원선이 침몰했는지 어쨌는지는 영영 알 수 없었다. 꿈이었는지 생시였는지조차 알 수 없지만 그 이미지는 늘 내 머릿속에 남아 있다. 바다에 떠 있는 간호사들을 뚫고 전속력으로 안개를 통과하는 배. 이것이 할아버지를 한마디로 표현하는지도 모르겠다. 당신은 이따금 유명한 시를 읊고 나서 "이거 내가 썼나?" 묻고는 웃음을 터뜨린다. 하지만 간호사들에 대해서는 그런 얘기를 한 번도 하지 않았다. 나는 아버지에게 이 이야기를 아는지 물어보았지만, 아버지는 할아버지가 전쟁 중에 정말로 항해를 했는지조차 확실히 알지 못했다. 고모도 금시초문이라고 했다. 시간이 지나면 사건이 잊힌다. 묻거나 적어두거나 녹음하지 않으면 다음 세대는 기억을 놓친다.

그에 비해 비외르든 할아버지는 아흔여덟이 되었는데도 모든 것을 기억했다. 1970년의 수술에 대해 물으면 어느 의사가 환자를 의뢰했는지까지 거뜬히 기억해낸다. 할아버지의 형제자매들에게도 흥미진진한 이야깃거리가 있다. 고모할머니 아르든디스 소르비아르드나르도티르는 1910년에 태어났다. 할머니는 스무 살에 바다 건너 옥스퍼드에 가서 젊은 중세문학 교수의 자녀를 돌봤다. 교수는 당시에 무명이었으며 막 책을 쓰기 시작한 참이었다. 그가 『호빗』을 쓴 것은 막내아들 크리스토퍼를 즐겁게 해주기 위해서였다.

나는 아르든디스와 시간을 보낸 적은 없지만, 2000년 초에 할아버지가 아이슬란드를 방문했을 때 그륀드에 있는 양로원에 찾아간 적이 있다. 고모할머니는 톨킨 가족의 가정생활이 다소 단조로웠다고 말해주었다. 톨킨의 아내는 옥스퍼드에서의 삶을 별로 즐기지 않았으며 학식이 풍부한 사람들 사이에서 열등감을 느꼈다. 그녀는 드레스가 많았으나 입을 기회가 없었고 피아노가 있었으나 한 번도 칠 기회가 없었다. 집에서 일하는 젊은 여자가 남편과 일종의 엘프어로 말하는 것도 짜증스러워했다. 남편이 아이슬란드어를 배우고 싶어했는데 맘에 들지 않았던 거다. 아르든디스는 아이들에게 아이슬란드의 풍습에 대한 이야기, 괴물과 거인 이야기, 아이슬란드의 '은둔자' 엘프 이야기, 화산과 뗏장집 이야기를 들려주었다. 톨킨은 자신이 복도에 앉아서 그 이야기를 들을 수 있게 그녀에게 문을 열어두라고 했는데, 이 또한 안주인에게는 달갑지 않았다. 아르든디스는 활기가 넘치는 크리스토퍼를 돌보며 아이슬란드 놀이와 시를 가르쳐주었다. 고모할머니는 『호빗』을 읽어보니 친숙한 내용이 아주 많더라고 말했다.

톨킨이 파이프 담배를 문 채 서재에 앉아 마당에서 아르든디스와 아이들이 춤추고 노래하며 재잘거리는 소리와 노랫소리를 듣는 장면이 상상된다.

이 그라인니 뢰이튀
사르 게이미 예그 흐링긴,
셈 미에르 바르 게빈
오그 크라브 에르 한 누?

톨킨이 아르든디스에게 노래를 번역해달라고 청하자 그녀가 말한다. "초록 구멍에 내 반지를 숨겼네. 지금은 어딨지?"

당시 아이슬란드는 부흥하고 있었으며 대공황에도 불구하고 낙관주의와 진보의 물결이 나라를 휩쓸고 있었다. 아이슬란드 의회 개회 1000주년 기념식이 1930년 하지에 싱그베들리르 국립공원에서 열릴 예정이었다. 5년 전부터 축제가 준비되었다. 덴마크 국왕 크리스티안 10세가 개회사를 하기로 되어 있었으며 스웨덴과 노르웨이의 왕세자를 태운 전함이 아이슬란드에 들어올 예정이었다.

20 Northmoor Road

Oxford

아르든디스는 20세기의 가장 위대한 신화 중 하나가 집필되는 현장에서 살고 있었지만, 흥미진진한 볼거리를 놓치고 싶지 않아서 서둘러 아이슬란드로 돌아갔다. 확실히 옥스퍼드에 머무는 것은 싱그베들리르에서 벌어질 장관에 비하면 적적한 호빗 굴에서 지내는 격이다. 『반지의 제왕』의 한 장면 같다. 의회 개회 1000주년을 축하하기 위해 왕세자들이 화산섬의 가장 성스러운 장소로 모여드는 동안 엘프 하녀가 서둘러 집으로 돌아가는 광경을 떠올려보라.

두 사람의 형제 파우들은 한 번도 못 만나봤다. 그는 선장이었고, 자신의 배 스카프트페들링귀르호는 베스트만나에이야르 제도를 정박지로 두고 전쟁 중 뱅어를 싣고 영국을 오갔다. 승무원들은 내내 신경을 곤두세웠는데, 바다에 기뢰가 잔뜩 설치되어 있고 걸핏하면 독일의 항공기와 잠수함이 아이슬란드 선원들을 대량 학살했으니 그럴 만도 했다. 1941년의 잔혹한 공격으로 격침된 저인망어선 프로도호를 구조하러 맨 처음 도착한 배도 스카프트페들링귀르호였다. (그때의 공격으로 프로도호 선원 다섯 명이 사망했다.) 독일 항공기들은 비무장한 구조선 선원들에게까지 총알 세례를 퍼부었다.

1942년 8월에 스카프트페들링귀르호 승무원들은 희미한 덩어리가 물에 반쯤 잠긴 모습을 보았다. 알고 보니 파손된 독일 잠수함이었다. 승조원 하나가 정신을 잃은 채 잠수함 전망탑 꼭대기에 매달려 있었다. 잠수함은 침몰하고 있었다. 스카프트페들링귀르 호는 승무원 일곱 명에 총도 하나뿐이었지만 독일 잠수함 승조원 쉰두 명을 구조했다. 파우들은 독일 승조원들을 영국군에 인계하고 신문을 받았다. 영국 해군은 그들의 무모한 행동이 도무지 이해되지 않아 왜 잠수함 승조원들이 익사하도록 내버려두지 않았느냐고 캐물었다. 건장한 사내 쉰두 명이면 쉽게 어선을 장악하여 독일로 돌아갈 수도 있었을 테니 말이다. 이따금 이런 의문이 든다. 그것은 친절의 행위였을까, 아니면 베스트만나에이야르 제도의 뱃사람들 자신이 끔찍한 죽음과 익사를 경험했기에 젊은이들을 바다에서 죽게 방치한다는 것은 생각할 수도 없는 일이기 때문이었을까.

세상은 이야기로 가득하다. 너무 많은 이야기가 안개 속으로 사라진다. 모든 삶은 필생의 역작이다. 누구나 자신의 삶-이야기를 살아야 한다. 비외르든 할아버지에게 당신이 태어난 뒤로 세상에서 가장 커다란 변화가 일어난 것이 언제 같으냐고 물었다.

할아버지는 대뜸 이렇게 대답했다. "지난 10년이었지."

우리 할아버지는 충만한 삶을 살았으며 많은 것을 보았다. 빌뒤달뤼르에서 태어나 그곳에서 구닥다리 증기선을 타고 청어잡이를 했으며 의사가 되어서는 말을 타고 베스트피르디르 반도를 누비며 환자들을 방문했다. 나중에는 더 넓은 세상으로 날아가 용광로 같은 뉴욕에 뛰어들었으며 이란혁명을 접하기도 했고 프로메테우스도 수술했다. 할아버지는 그 모든 것을 보았으면서도 '지난

10년'이라고 말했다. 그것은 컴퓨터, 인터넷, 유전공학, 소셜미디어, 정보기술, 손주들과의 스카이프 영상통화를 뜻한다. 문득 그중에서 내가 겪지 않은 것이 하나도 없음을 깨닫는다. 옛이야기에 빠져 자신을 잊은 채 정작 자신의 현재 순간에, 특히 미래에 눈길을 주지 못하다니 얼마나 아이러니한가.

수치와 데이터를 놓고 보자면 할아버지가 옳다. 많은 분야에서 변화가 기하급수적으로 일어나고 있음을 감안하면 20세기 전체 기간보다 지난 10년간 더 많은 변화가 일어났다. 2000년 들머리에 전 세계의 연간 자동차 생산량은 약 5800만 대였으나 이제는 1억 대다. 이제는 트럭으로 실어 나르는 모래의 양이 전 세계 주요 강에서 운반되는 퇴적물 양보다 많다. 지금까지 전 세계에서 생산된 모든 플라스틱의 절반이 2000년 이후에 생산되었다.
　　지난 10년간 우리는 기록이 시작된 이래 가장 더운 여덟 해를 겪었다. 21세기 이후로 아이슬란드 빙하는 지난 100년을 모두 합친 것보다 더 많이 쪼그라들었다. 현재에 주목해야 하는 데는 이유가 있다. 가장 큰 변화의 시기가 우리에게 닥쳤으니까.

북위 64도 35.378분, 서경 16도 44.691분

휠다 할머니와 아우르드니 할아버지의 결혼식 사진이 흘라드바이르 집 거실 작은 탁자에 놓여 있다. 사진 속에서 두 사람은 해발 2119미터의 아이슬란드 최고봉 크반나달스호니우퀴르 바로 앞에 서서 지평선을 바라보고 있다. 아이슬란드 빙하연구회가 설립된 지 5년 뒤에 진행된 다섯 번째 탐사였다.

두 사람은 1956년 5월 25일에 결혼하고 바로 이튿날 차량 아홉 대로 구성된 카라반 탐사대에 합류했다. 스노모빌 석 대와 활기찬 탐사 동료들이 기다리고 있었다. 산악 운전자 그뷔드뮌뒤르 요나손과 지질학자 시귀르뒤르 소라린손 박사가 바트나예퀴들 빙하 상공을 비행하면서 어느 루트가 적절할지 탐색했다. 여전히 빙하가 이동하고 화산 활동이 벌어지고 있어서 탐사가 무산될 위험이 컸다. 대규모 탐사였기에 그들은 3주간 빙하에서 지낼 양의 식량을 충분히 준비했다.

당시 대부분의 고지대와 마찬가지로 바트나예퀴들 빙하 또한 전혀 알려지지 않은 장소였다. 바트나예퀴들 빙하에 가본 사람은 몇 명에 불과했다. 탐사가 몇 건 진행되기는 했지만, 빙하의 적빙, 두께, 성질에 대한 본격적 조사 및 연구는 (적어도 빙하연구회의 정기 춘계 탐사가 시작되기 전에는) 전혀 이루어지지 않았다.

우리 조부모는 2인용 텐트에서 지냈는데, 사흘간 폭설에 갇혀 지내야 했다. 사람들이 삽을 들고 찾아왔을 때 텐트는 눈에 뒤덮여 끄트머리만 나와 있었다. 나는 두 분에게 그곳에서 감기에 걸리지 않았느냐고 물었다.

둘은 어리둥절한 표정으로 대답하면서 웃음을 터뜨렸다. "감기라고? 우리는 신혼부부였단다!"

나는 당시에 열한 살이었는데, 그들의 답변이 무슨 뜻인지 오랫동안 고민했다. '결혼한 거랑 따뜻한 거랑 무슨 상관이람?'

크베르크피외들 능선의 최고점은 당시만 해도 이름이 없었다. 시귀르뒤르 소라린손 박사는 아이슬란드 빙하연구회 회지 『예퀴들』에 기고한 탐사기에서 이 무명의 지형을 언급했다.

우리는 이름 없는 붕가(불룩한 지형)를 향해 올라갔다. 그곳은 크베르크피외들 능선 북동부에 솟아 있으며 귀사스카르드 산길을 사이에 두고 산과 나뉘어 있다. 나는 이번 탐사에서 두 차례에 걸쳐 이 붕가와 동쪽에 있는 크베르크피외들 봉우리의 높이 차를 고도계로 측량했다. 이 수치에 따르면 붕가의 높이는

약 1760미터이며 귀사스카르드는 그보다 60미터 낮다. 우리는
이 봉가에 '브루다르봉가'라는 이름을 붙였다. 다른 이름이 조
만간 발견되지 않으면 이 이름으로 정착될 것이다.

브루다르봉가는 '신부의 봉우리'라는 뜻이며, 지도에 따르면
1781미터로 아이슬란드에서 열다섯 번째로 높은 봉우리다. 정확
한 좌표는 북위 64도 35.378분, 서경 16도 44.691분이다.

탐사대가 그전 해에 지은 산장은 작고 아늑했다. 검은색에 지
붕은 빨간색이었으며 스무 명이 누울 수 있는 넓이였다. 탐사대는
산장이 혹독한 겨울을 이겨낸 것을 보고 기뻐했다. 이 산장은 서
쪽으로 바트나예퀴들 빙하 경계선 근처 흑사黑沙, 용암굴, 빙하퇴
적물로 둘러싸인 채 오늘날까지 건재하다. 예퀼헤이마르 산장 방
명록에는 아래와 같은 기록이 남아 있다.

1956년 5월 27일

신혼여행, 조사, 설동 굴착, 이착륙장 건설을 위한 탐사. 참가
자 25명(5분의 1은 여성). 상기 일자인 삼위일체 대축일 정오 조
금 전에 이곳에 도착. 우리는 5월 26일 16시 25분에 중차량 두
대, 그뷔드뮌뒤르 요나손이 모는 설상차 귀시, 그 밖에 차량 여
섯 대를 몰고 레이캬비크에서 출발했다. 동쪽으로 퉁그나강 도
하 지점까지 가는 내내 비가 억수같이 내렸다. 27일 새벽 5시

30분에 그곳에 도착했다. 두 시간 뒤에 모든 짐을 강 건너로 옮기고서 화창한 하늘 아래 예퀼헤이마르 산장으로 올라갔다. 길은 그럭저럭 뚫려 있었지만, 하마터면 올라가지 못할 뻔했다. 리오쉬피아들 화산 자락에 도착했을 때만 해도 눈 때문에 길이 사실상 막혀 있었기 때문이다. 우리가 조금만 일찍 출발했더라면 여전히 막혀 있었을 것이다.

탐사대의 첫 임무는 푹신한 매트리스로 신혼부부의 잠자리를 마련하는 것이었다. 우리는 산장을 매우 과학적으로 조사하여 마룻장이 가장 튼튼한 곳을 찾아냈다.

뜨거운 수프를 먹고 나서 대원 전체가 취침했는데, 대다수는 여섯 시간 뒤 음식 냄새를 맡고 잠에서 깼다. 여자 다섯 명과 비외시가 맛있는 저녁을 차려놓았다. 그날 저녁 늦게 신혼부부를 축하하는 성대한 연회가 열렸으며 건배 제의가 잇따랐다. 우리는 잔을 비우고 감미로운 노래를 불렀다. 울바르 야코브손이 사랑 노래를 목청껏 부르자 신부의 뺨이 발그레 물들었다. 많은 이들이 신랑 신부에게 축하 인사를 건넸으며 축하연은 대성황이었다. 축하연을 마무리하면서 이번이 예퀼헤이마르에서의 마지막 밀월이 아니었으면 하는 간절한 소망이 발의되었으며 열렬한 제청을 받았다. 이제부터는 튼튼한 침대가 언제까지나 신혼부부를 기다릴 것이로다! 그제야 이 산장이 제 쓰임새를 찾았다고 말할 수 있으리라.[*]

욘 에이소르손

이 방명록을 우리 조부모에게 읽어드렸더니, 가장 튼튼한 마룻장에 매트리스를 까는 장면에서 두 분은 10대처럼 미소를 지었다. 아홉 살과 열한 살 먹은 나의 두 딸이 함께 앉아 있었는데, 둘 다 어리둥절한 표정이었다.

방명록에 따르면 1956년 봄 빙하 탐사대의 임무는 아래와 같았다.

① 소르다르히르드나 빙하 화산, 크베르크피외들 산맥 동부, 그렌딜 봉우리, 크반나달스흐니우퀴르산, 스비아흐니우퀴르 봉우리 동서부에 조사용 표지를 설치한다.

② 최대한 많은 지점에서 강설량 또는 적설량을 측정한다.

③ 여건이 허락한다면 에슈피아들 화산에서 썰매를 입수하여 그곳 빙하연구회 산장을 점검한다.

④ 여성 다섯 명과 남성 한 명으로 이루어진 탐사대는 여건이 허락하는 한 최대한 멀리 빙하를 횡단할 기회를 받는다. 조사용 표지가 설치된 모든 지점을 방문할 필요는 없다.

그뷔드뮌뒤르 요나손은 탐사대장으로, '그림스뵈튼 야영지의 대장'이라는 칭호로 불렸다. 그는 귀시라는 별명의 설상차를 몰았으며 바깥세상과의 무선 및 전화 연결을 관리했다. 지질학자 시귀르

● 산장을 일컫는 아이슬란드어 '사일뤼후스'를 직역하면 '즐거움의 집'이다.

뒤르 소라린손은 강설량을 측량하는 임무를 맡았다. 조리사 겸 회계 담당은 아우르드니 캬르탄손이었고 또 한 명의 조리사는 휠다 그뷔드룬 필리퓌스도티르였다. 올라뷔르 니엘센은 설상차 그렌델을, 회이퀴르 하플리다손은 예퀴들 1을 운전했다. 우리 할아버지의 가장 친한 친구 잉기비외르그 아우르드나도티르도 있었으며, 케플라비크 공군 기지에서 방위대 변호사로 일하고 있던 미국의 저명한 산악인 닉 클린치도 있었다.[37] 그는 그 뒤에 흐뢰인드라옹 귀르산을 최초로 등반했고 세계에서 가장 험한 봉우리들에 올랐으며 자신의 모험담을 책으로 썼다.

이 활기찬 무리는 말 그대로 예퀼헤이마르에서 크베르크피외들 산맥까지 온 빙하를 누비고 다녔다. 정해진 장소에 구멍을 파서 겨울 적설량을 조사하고 봉우리에 조사용 표지를 설치했다. 크반나달스호니우퀴르산 정상에는 2미터 높이의 통이 놓여 있어 탐사대는 아이슬란드 최고봉보다 2미터 높은 곳에 설 수 있었다. 이따금 지도 없이 나침반과 고도계만 이용해야 할 때도 있었다. 당시의 기술을 감안하면 어마어마한 거리를 주파한 셈이었다. 그때만 해도 가장 위험한 크레바스 지역들은 아직 발견되지도 지도에 제대로 표시되지도 않았다. 빙하는 가장 두꺼운 부분이 1000미터를 넘는다. 1킬로미터짜리 얼음덩어리다. 휴대용 무전기의 수신 기능이 작동하지 않는 바람에, 바깥세상과의 통신은 누가 들을 수 있을지도 모르는 채 일방적으로 말하는 것이 전부였다. 여정은 힘겨

웠으며, 얼마 안 가서 거대한 빙하 한가운데서 휘발유가 거의 다 떨어졌다. 목숨을 건지려면 재빨리 행동해야 했다.

6월 10일, 우리 중 네 명이 휘발유를 구하러 그림스뵈튼 화산으로 향했다. 5킬로미터밖에 못 갔는데 휘발유가 떨어져서 그 뒤로는 스키를 타고 갔다. 가는 길은 끔찍했으며 날씨는 더 지독했다. 식량도 없이 악전고투하며 약 35킬로미터를 걸어 결국 야영지로 돌아왔을 때 우리는 운이 좋았다고 생각했다. 가는 내내 군데군데 눈을 쌓아 표시해두는 재치를 발휘하지 않았다면 야영지를 찾기 힘들었을 것이다.[38]

할머니와 할아버지에게 영상을 보여드린다. 신혼여행 때 할아버지가 16밀리 필름으로 찍은 것이다. 한 숏은 산자락에서 찍었고 또 다른 숏은 설상차가 스키 탄 대원들을 끌고 가는 장면이다. 매혹적이고 흥미진진한 시간이다. 나는 빙하 한가운데에 크레바스나 크랙이 있을까봐 걱정한 적 없는지 묻는다.

"우리는 취사용 텐트에서 나온 음식 찌꺼기와 쓰레기를 묻으려고 구덩이를 팠단다. 그런데 구덩이가 왜 안 메워지는지 영문을 몰랐어. 알고 보니 400미터 깊이의 크레바스 위에 텐트를 쳤더구나!" 할머니가 웃음을 터뜨리더니 계속 말한다. "운이 좋았지. 그 탐사에서 아무도 잃지 않았으니 말이다. 큰 사고는 한 번도 없었단다."

"길을 잃은 적도 없었나요?"

할아버지가 생각에 잠긴다.

"그래, 한 번도 없었다. 산에서는 여기가 어딘지 모를 만큼 기상 여건이 열악해질 수 있지. 하지만 때로는 눈더미에 구덩이를 파고 날씨가 좋아질 때까지 며칠씩 기다리는 것 말고는 할 수 있는 일이 없었단다. 탐사는 여러 날이 걸릴 예정이었으니 그때까지는 아무도 내가 실종되었다고 생각하지 않았을 거야. 다행히 날이 개자마자 여정을 이어갈 수 있었지."

할머니가 말한다. "가장 좋았던 건 설상차 뒤에 매달리는 거였어. 우리 모두를 끌어주었지. 그런 식으로 스키를 탄 채 비탈을 내려갈 수 있었단다. 한번은 크베르크피외들 산맥에서 예퀼헤이마르까지 꼬박 90킬로미터를 설상차 꽁무니에 매달려 갔어. 아우르드니와 나 빼곤 다들 나가떨어졌지만."

"빙하로 돌아가고 싶진 않으세요?"

할머니가 말한다. "그러고 싶지. 나는 가고 싶지만 아우르드니가 빙하에 오를 형편이 아니란다."

할아버지가 웃으며 말한다. "요즘은 몬스터 트럭이 있으니 식은 죽 먹기지. 너무 쉬우면 재미가 없어."

할머니가 말한다. "신기한 일은 봄이 되어 빙하 내음이 풍기면 다시 가고 싶어진다는 거야."

내가 묻는다. "빙하 내음이라고요?"

"그럼. 봄이 되면 공기에서 특별한 냄새가 난단다. 그게 빙하 내음이야."

"무슨 냄새예요?"

"무슨 냄새긴, 그냥 빙하 내음이지! 빙하 내음은 직접 맡아 보지 않으면 모른단다. 바트나예퀴들 빙하에 오르면 모든 게 사라져. 아무것도 생각나지 않아. 그저 무한한 넓음. 완전한 꿈이란다."

『예퀴들』에 실린 시귀르뒤르 소라린손의 여행기는 탐사대의 연구에 대해서도 언급한다.

바트나예퀴들 빙하 탐사대가 최근 수행한 측량은 대부분 아직 완료되지 않았다. 빙하 두께 측정, 삼각 측량, 적설량 측정, 그림스뵈튼 화산 지역의 변화에 대한 관찰 등의 측량이 완료되면 이 나라 최대 크기인 이 빙하에 대해 꽤 만족스러운 지식을 얻게 되리라 기대한다. 완벽하게 조사하는 것은 불가능하겠지만.

빙하연구회 초창기 탐사를 통해 사람들은 아이슬란드 빙하가 '살아 있다'는 것을 알게 되었다. 빙하의 정의는 '자신의 무게로 움직이는 얼음덩어리'다. 빙하는 반유동체로, 적빙 지대에서 겨울 눈을 모아들인다. 가장 큰 지대는 벨트컨베이어와 같아서, 눈이 내려 집하장으로 모이면 얼음이 분출빙하*를 통해 계곡으로 흘러내

---

* 큰 빙상이나 빙모로부터 나와 계곡 사이를 통해 흘러나오는 빙하.

려와서 녹는다. 건강한 빙하는 평형을 이룬다. 모아들인 눈만큼 물로 흘려보내기 때문이다. 빙하는 수입과 지출이 같다. 아이슬란드 빙하가 독특한 점은 불과 얼음이 어우러진다는 것이다. 빙하 아래에서 분화가 일어나면 '빙하 폭발'이라는 대규모의 위험한 현상이 벌어지는데, 짧은 시간에 아마존강의 수량에 맞먹는 빙하가 분출되기도 한다.

빙하에 착륙하는 비행기는 빙하학을 이해하는 기준점으로 제격이다. 할아버지가 동료들과 함께 파낸 비행기는 빙하 위에 착륙한 지 1년 뒤에 7미터 높이 눈 속에 파묻혀 있었다. 시간이 지나면 더 깊이 파고들었다가, 빙하가 다음 분출빙하를 향해 흘러내릴 때 그와 더불어 서서히 이동했을 것이다. 그리고 아마도 1000년 뒤에 빙설*과 함께 밖으로 드러났을 것이다. 예퀼사우르들론 빙하호에 떨어져 나온 얼음은 1000년도 더 전 아이슬란드 정착기에 바트나예퀴들 정상에 내린 눈이다.

2019년에 바트나예퀴들 빙하는 아이슬란드 면적의 약 10퍼센트를 차지했다. 전체 부피는 약 3200세제곱킬로미터에 이른다. 바트나예퀴들 빙하를 아이슬란드에 고루 펴 바르면 온 땅이 30미터 두께의 얼음으로 덮일 것이다. 빙하학자 헬기 비외르든손은 바트나예퀴들 빙하에 담긴 물이 아이슬란드 전역에 20년간 내린 강수량과 맞먹으며 빙하가 녹으면 지구 해수면이 1센티미터 높아질 것

●　빙하가 혀처럼 바다 쪽으로 튀어나온 것.

이라고 알려주었다. 해수면이 최대 100센티미터 상승하리라는 예측의 의미는 앞으로 100년 안에 전 세계에서 바트나예퀴들 빙하 100개가 사라지는 셈이라는 뜻이다. 바트나예퀴들 빙하는 이미 해수면을 1밀리미터 높였다. 20세기 동안 10퍼센트 감소했기 때문이다.

바트나예퀴들 빙하는 500년 넘게 꾸준히 증가하다 소빙기에 절정에 이르렀다. 그 모든 증가세가 단 100년 만에 반대 방향으로 돌아설 전망이다. 21세기에 들어선 뒤로 바트나예퀴들 빙하는 1년에 50센티미터 넘게 얇아지면서 총 4퍼센트 감소했다. 이는 얼음 100세제곱킬로미터와 맞먹는다. 아이슬란드의 또 다른 빙하 라웅기외퀴들과 호프시외퀴들은 더 빨리 후퇴하고 있다. 전문가 추산에 따르면 스나이펠시외퀴들은 2050년 이전에 사라질 것이다. 오키외퀴들은 이미 사라졌다. 오크는 아이슬란드에서 공식적으로 빙하 지위를 잃은 최초의 빙하다. 50제곱킬로미터에 이르던 이 빙모氷帽가 이제 1제곱킬로미터의 빙괴氷塊가 되었다. 바트나예퀴들의 평형선*은 해발 1200미터인데, 이 높이에 있으면 빙하가 유지된다.[39] 이 기준선 아래로 내려가면 눈이 쌓이지 않고 그렇게 되면 해빙이 부쩍 증가할 것이다. 먼 미래에 훨씬 추운 기후가 찾아오지 않는 한 이 변화는 돌이킬 수 없다. 빙하에 착륙하여 겨울 눈에 묻힌 비행기는 점점 깊이 묻히는 게 아니라 바로 이듬해 눈

● 빙하의 어는 양과 녹는 양이 동일한 지점.

이 녹을 때 다시 드러날 것이다. 빙하가 사라지면 아이슬란드Iceland
는 무엇이 될까? 란드Land가 되려나?

아이슬란드 빙하연구회의 독특한 점은 빙하학자, 과학자, 그
밖의 빙하 관련자를 위한 조직일 뿐 아니라 아마추어 과학자와 일
반인 자원봉사자의 모임도 포함하고 있다는 것이다. 가난한 나라
에서 이렇게 3주간의 대규모 탐사대를 꾸릴 수 있었던 것은 지질
학자, 등반 애호가, 모험심 강한 트럭 운전사, 빙하에 산장을 지을
수 있는 솜씨 좋은 건축가 등 다양한 사람들이 참여한 덕분이었
다. 과학자들이 목표를 이룰 수 있었던 것은 일반인 애호가 덕분
이었으며, 그 대가로 과학자들은 애호가들에게 정신적 깊이와 목
적의식을 선사했다. 일부는 국립측량국과 아이슬란드 수리조사국
에서 자금을 지원받았지만 작업을 완수한 것은 대부분 자원봉사
자들이었다. 이 사람들은 항공지상구조대를 설립한 집단과도 겹
친다. 이들은 산악 및 야외활동 애호가로, 직장일이나 집안일을
하다가도 사고나 자연재해가 일어나면 사태를 수습하고 실종자를
수색하기 위해 출동한다. 아이슬란드인들은 구조대를 온전히 뒷
받침할 물적 자원을 한 번도 갖추지 못했다. 구조대의 저력은 자
원봉사자들의 참여에 있다.

빙하연구회 춘계 탐사는 1953년에 시작되었으며 할머니와 할
아버지는 1970년대 들어서도 탐사에 참여했다. 탐사대의 조사 기
간은 60년을 웃돌며, 이 자료는 기상 데이터와 (지구가 어디로 가
고 있는가에 대한) 과학자들의 예측에 도움을 줄 수 있다.

1958년에 지구화학자 찰스 킬링은 하와이 마우나로아 화산에서 대기 중 이산화탄소(CO_2)를 정기적으로 측정하기 시작했다. 그곳의 측정치는 대기 중 CO_2의 양이 빠르게 증가했음을 보여준다. 산업혁명 초창기에는 대기 중 이산화탄소 농도가 약 280ppm이었으나 1958년에는 고도의 산업화로 인해 부쩍 증가하여 315ppm이 되었는데, 이는 수십만 년을 통틀어 가장 높은 수치였다. 지금은 415ppm에 도달했으며 해마다 약 2, 3ppm씩 증가하고 있다. 최근의 온난화와 그에 따른 바트나예퀴들 빙하의 변화는 앞으로 수년, 수십 년 안에 빙하에 어떤 일이 일어날지 뚜렷이 보여준다.

지구 온도의 상승을 감안하면 바트나예퀴들의 주요 분출빙하는 앞으로 50년 안에 사라질 것이며 빙하 자체도 150년 안에 자취를 감출 것이다. 지구 평균 온도가 2도 이상 상승하면 그 시기가 더욱 앞당겨질 것이다. 우리 조부모가 빙하 탐사를 시작했을 때 빙하는 대양, 산악, 구름처럼 위대하고 영속적인 것의 상징이었다. 1955년에 아이슬란드 분출빙하의 상당수가 20세기 들머리에 비해 다소 후퇴했으나 바트나예퀴들은 여전히 영속적인 존재였다. 영원한 흰색 거인. 변화의 척도는 몇백 년, 심지어 몇천 년에 이르렀다. 그러나 이제 바트나예퀴들 빙하는 인간의 척도로 감소하고 있다. 100년에 걸쳐 10퍼센트가 감소하는 것도 빠른 속도인데 150년에 걸쳐 100퍼센트가 감소하는 것은 자연재해다. 오늘날 분출빙하의 거대한 빙설이 해마다 몇십, 몇백 미터씩 후퇴하고 있다. 바트나예퀴들 빙하 같은 지질 현상이 사람의 일생 중에 사라진다는 것은 우리의 이해 범위를 뛰어넘는다. 사방이 흐릿하여 크기가 가늠되지 않는 것이다.

2019년 봄은 예퀼헤이마르 산장에서 바트나예퀴들까지 아무도 올라갈 수 없던 최초의 시기다.

> 아이슬란드 빙하연구회의 춘계 탐사는 1953년 이래 해마다 진행되었다. 대부분의 탐사는 서부에서 예퀼헤이마르와 퉁그나아우리외퀴들을 거쳐 바트나예퀴들로 향한다. (…) 하지만 퉁그나아우리외퀴들이 어쩌나 후퇴했던지 그 앞은 땅이 질어서 차량으로 통행할 수 없었다. 올봄에는 이동 가능한 루트를 하나도 찾지 못했다. 이런 일이 벌어진 것은 춘계 탐사 66년 만에 처음이다. 이런 변화는 지구온난화의 직접적 결과다. 퉁그나아우리외퀴들은 여느 빙하와 마찬가지로 급속히 후퇴하고 있으며, 500년 넘게 빙하로 덮여 있던 땅이 드러나고 있다.[40]

나는 할아버지가 빙하에서 찍은 영상을 보다가 할머니의 모습을 더 찍었어야 하는 것 아니냐고 말한 적이 있다. 할머니의 젊음은 한때뿐이지만 빙하와 풍경은 언제든 담을 수 있으리라 생각했던 것이다. 내가 틀렸다. 알고 보니 빙하는 사람만큼이나 덧없는 존재였다. 할아버지의 필름에 담긴 풍경은 오래가지 않을 것이다. 우리 막내딸이 제 증조할머니만큼 나이를 먹는다면 2103년까지 생존해 있을 터, 그렇게까지 멀리 생각하는 건 순전히 과학소설의 영역이다. 그때가 되면 스케이다라우리외쿼들 빙하는 사라진 지 오래일 테고 라웅기외쿼들 빙하도 대부분 사라졌을 테고 호프시외쿼들 빙하도 마찬가지일 것이다.

빙하가 하늘 높이 솟았던 자리에는 공기만 남아 있을 것이다. 우리 손주들은 옛 지도를 보면서 얼음으로 이루어진 산을 상상하려고 애쓸 것이다. 빙하의 성질을 이해하려고 골머리를 썩일 것이다. 1000미터 두께의 얼음이 계곡을 전부 채웠다고? 그들은 머릿속에서 선을 그어 봉우리와 봉우리를 연결하면서 세상에서 가장 높은 탑을 무색케 할 만큼 두꺼운 빙하를 상상할 것이다. 허공을 가리키면서 이렇게 말할 것이다. 저기가 야영지가 있던 자리라고. 저 위, 구름 바로 아래에서 두 사람이 신혼여행용 텐트를 쳤다고. 우리 손주들은 심상을 불러일으키려고, 스키 위에서 노래하는 사람들을 끌고 하늘을 가로지르는 스노모빌을 상상하려고 안간힘을 쓸 것이다. 세상에 어떤 일이 일어날지, 어떤 단어와 개념이 우리 시대를 묘사하는 데 쓰일지, 우리는 알 수 없다. 그것은 우리에게, 우리가 지금 당장 무엇을 하느냐에 달렸다.

2019년 여름, 앞으로 200년에 걸쳐 아이슬란드에서 사라질 수백 개의 빙하 중 최초로 사라진 오크 빙하에 대해 추도사를 써 달라는 색다른 의뢰를 받았다. 결심하기까지 꽤 시간이 걸렸다. 명판에 새기는 글이 누구에게 읽힐 것인지, 이것이 얼마나 터무니없는 일일지 고심했다. 빙하에 어떻게 작별을 고한단 말인가? 마침내 쓰게 된 글은 아래와 같다.

오크 빙하는 아이슬란드에서 빙하 지위를 잃은 최초의 빙하다. 앞으로 200년간 우리의 모든 빙하가 같은 길을 따를 것으로 예상된다. 이 추도사는 무슨 일이 벌어지고 있으며 무엇을 해야 하는지를 우리가 알고 있음을 보여준다. 과연 우리가 행했는가는 미래에 이 글을 읽고 있을 당신만이 알고 있다.

서리처럼 하얀, 세계의 어머니

히말라야 산맥은 빙하 4만 6000개의 보금자리다. 이 빙하들은 세
계에서 가장 높은 산들 가운데 자리 잡았으며 상당수는 8000미터
높이로 솟아 있다. 그러면서도 산맥 곳곳에 흩어진 채 깎아지른
비탈 아래 계곡이나 협곡 사이에 숨어 있다. 히말라야 빙하는 면
적으로 따지면 아이슬란드 빙하의 네 배 정도다. 전체 넓이는 약
4만 제곱킬로미터이지만, 부피는 아이슬란드 빙하의 총량과 비슷
한 약 4000세제곱킬로미터다.[41]

아이슬란드 빙하는 대부분 해수면까지 내려와 있어서 히말라
야 산맥 높은 곳에 있는 빙하보다 기후변화에 더 민감한 것처럼
보일 것이다. 하지만 최근 연구에 따르면, 겨울이 영영 끝나지 않
을 것만 같은 높은 고도의 빙하도 아이슬란드 빙하와 비슷한 정도
로 후퇴했다고 한다. 빙하의 표면적이 보여주는 것은 진실의 절반
에 불과하다. 일부 빙하는 두께가 1년에 1미터씩 줄고 있다. 히말

라야 산맥 분출빙하의 빙설량이 줄어드는 바람에 연약한 빙퇴석 뒤로 불안정한 빙하호가 형성되었다. 이 빙퇴석이 갈라지면 엄청난 양의 물이 범람하여 강 인근 마을에 사는 사람들의 목숨을 앗아갈 것이다.

아이슬란드 빙하가 후퇴하면서 빙하강의 유속이 증가하고 있다. 단기적으로만 보면 수력 에너지 기업들에게는 희소식이겠지만, 결국은 수량이 강수량 수준으로 다시 감소할 것이다. 빙하는 비를 흡수하여 대개는 큰 빙하들 남쪽에 주로 뿌리는데, 빙하가 사라지면 강수 지역이 북쪽으로 올라갈 것이다. 히말라야 산맥에서는 향후 몇십 년간 빙하수의 양이 불어날 것으로 예상된다. 문제는 아이슬란드의 강들이 대부분 빠르고 거침없이 바다로 흘러가는 반면에 히말라야 산맥의 강들은 수십억 인구의 생명줄이자 산악 정착지부터 강어귀까지 펼쳐진 다양한 생물권의 토대라는 점이다. 빙하가 녹아 수량이 증가하면 거짓 번영이 찾아올 수 있다. 이것은 은행에서 예금을 전부 인출하거나 건초를 모조리 태울 때와 비슷하다. 수량이 일시적으로 증가하여 삶의 질, 토양 식생, 지하수 수량, 심지어 전기 생산이 개선되는 것은 불길한 전조다. 머지않아 수백만 명이 생계 수단을 잃을 것이다. 빙하가 사라지면 또 다른, 더 까탈스러운 기후계가 등장할 것이다. 우기에는 물이 너무 많아지고 건기에는 턱없이 부족해질 것이며 기온 상승으로 인해 가뭄이 더 길고 극심해질 것이다. 빙하의 혜택은 공짜다. 사람들은 이제야 히말라야 지역의 빙하가 왜 성스러운 대접을 받았는지 이해하기 시작했다.

　로니 톰프슨은 오하이오 주립대학교의 빙하학 교수다. 그는 전 세계 고산 빙하와 그 역사, 미래의 진화 예측도에 대해 가장 방대한 지식을 가진 사람일 것이다. 그가 수십 년간 수집한 정보는 기후과학에서 미래를 예측하는 토대가 되었다. 그는 전 세계 빙하에서 빙심氷心을 채취했으며 16개국에서 60여 차례의 탐사를 이끌었다. 그에게 탐사란 빙하를 주마간산으로 훑어보는 게 아니라 세계에서 가장 외딴 빙상에서 몇 달씩 머무는 것이다. 그는 7000미터 높이의 빙하에서도 빙심을 채취했다. 이것은 열대에서는 여간 힘든 일이 아니다. 가장 높은 곳에서 캐낸 얼음이 녹기 전에 밀림을 통과하여 미국의 실험실까지 가야 하기 때문이다.

　빙하는 일종의 얼음 사본으로, 나이테나 퇴적 광상과 같은 방식으로 이야기를 들려준다. 빙하를 읽으면 과거에 대한 정보를 수집하고 그림을 그려낼 수 있다. 빙하에는 화산 활동의 역사가 담겨 있다. 빙하가 모아둔 꽃가루, 빗물, 거품은 수만 년 전 대기의 화학 조성을 알려준다. 과거 식생과 강수에 대한 중요한 정보원이기도 하다.

　지난 수천 년을 돌아보면 전 세계 빙하의 변화가 언제나 한 방향으로 이루어지지는 않았다. 남반구의 리듬은 북반구와 달랐다. 지역적 기후와 지역적 변동에 따라 어디서는 빙하가 증가했고 어디서는 감소했다. 하지만 오늘날에는 전 세계 모든 곳에서 빙하들이 일제히 녹고 있다.

로니가 말한다. "빙하가 그렇게 빨리 사라질 수 있으리라고는 생각지도 못했습니다. 10년이라뇨. 그렇게 빨리 녹을 거라고 누군가 예측했더라도 저는 못 믿었을 겁니다."

티베트 고원에서 빙하 680곳을 조사한 결과 95퍼센트가 후퇴했다. 알래스카에서는 98퍼센트의 빙하가 급속히 감소하고 있다. 단, 13곳은 국지 강수량이 증가한 탓에 더 커졌다. 기후변화를 부정하는 사람들은 이런 빙하를 세상에 아무 일도 일어나지 않는다는 증거로 내세운다. '축적되는 빙하'의 '뉴스'가 전 세계에 퍼졌다. 이런 예외는 널리 선전되었다. 지구가 더워지는 게 아니라 오히려 추워지고 있다는 주장이 제기되었다. 언론인들은 비과학적 정보를 '뉴스'로 내보내기로 마음먹은 듯했다.

"전 세계 빙하가 모든 지역에서 후퇴하고 있지만 인류는 그 결과에 눈을 감고 있습니다. 수백만 명이 사는 지역들이 몇십 년 안에 사실상 사람이 살 수 없는 곳으로 바뀔 겁니다." 로니는 이번 세기 안에 북극을 제외한 거의 모든 빙하의 수명이 다할 것이라고 말한다. 그는 세계의 대다수 저명 과학자들과 마찬가지로 음모론자, 공산주의자, 극단주의자로 몰리며 나름의 '개의 날'을 겪었다. 정치인들, 특히 미국 정치인들은 그가 사용하는 단어나 데이터를 이해하지 못했으며 빙하에 생명의 토대와 수백만 명의 생계가 달려 있는데도 그 중요성을 알아차리지 못했다. 로니는 정치인들이 석유 이권에 연루된 사람들을 끌어모으는 것을 보았다. 자칭 전문가들이 과학과 전혀 무관한 발언을 일삼았다. "대기 중 CO_2 증가는 식물에 유익하다." 어떤 정치인들은 정보에 귀를 기울이고 심지어 이해도 하는 것처럼 보이지만 아무 일도 하지 않았다.

"그러면 무슨 일이 일어날까요?"

"해수면 상승에 대한 최근 논문들은 100년 안에 1미터 상승할 가능성을 내다보고 있습니다. 2미터까지 내다보는 사람들도 있습니다. 해수면이 2미터 상승하면 수백만 명이 보금자리를 떠나야 합니다. 많은 대도시가 해수면과 같은 높이에 건설되었기 때문입니다. 우리는 이 모든 사람들이 어디로 가야 할지 정해야 합니다. 인류 역사에서 200년을 거슬러 올라가면 그때는 우리가 차지하지 않은 지역이 있었습니다. 이주할 수도 있었고 어딘가로 갈 수도 있었습니다. 하지만 지금은 인류가 지구를 거의 전부 점유하고 있습니다. 올해(2011년) 안에 인구가 70억 명에 도달할 텐데 문제는 그들이 어디로 갈 것인가입니다. 누가 책임져야 할까요? 세계 곳곳에서 이미 사람들이 피해를 입고 있습니다. 페루에서는 2800만 인구 중 3분의 2가 해안 사막에 살면서 안데스강 분류들에 의존하는데, 발원지의 빙하 중 상당수가 해마다 작아지고 있습니다. 티베트 고원과 인도에 가면 2000년 전 사람들이 살던 산속 동굴이 있죠. 그때부터 사람이 살았던 곳이에요. 오늘날 그곳 사람들이 건기에 쓰는 물의 80퍼센트가 빙하 녹은 물인데, 앞으로 100년 안에 이 사람들은 물이 없어서 이 지역을 떠나야 할 겁니다. 이 나라들을 들여다보면 '파탄 국가'의 위험이 상존하고 있음을 알 수 있습니다. 물 공급에 갑작스럽게 차질이 생기면 말이죠. 특히 강들이 국경을 가로지르기 때문에, 한 나라에서 댐을 건설하면 하류의 다른 나라에서는 물 공급이 끊깁니다. 지정학적 관점에서 이 강들은 핵강국 세 곳에 물을 공급하고 있습니다."

"미래를 어떻게 전망하시나요?"

"미래의 어느 국면에 임계점을 넘으면 건기의 하천 수량이 급격히 감소할 겁니다. 거기에 우리가 어떻게 적응할 수 있을까요? 과연 평화롭게 적응할 수 있을까요? 선생께서 빙하수 의존 지역에서 살아간다면, 그곳에서는 자연의 물탑이 공짜로 우기에 눈을 저장했다가 건기에 조금씩 내보냅니다. 공짜로요. 이것이 달라질 겁니다. 이 변화에 어떻게 적응할 것이며 어떻게 물과 전기와 생필품을 계속 공급받을 수 있을까요?"

그의 과학적 전망이 이토록 암담하다니 심란하다.

"희망이 조금이라도 있을까요?"

"저희 연구팀에는 네팔, 중국, 러시아, 남아메리카, 안데스 산맥의 페루를 비롯한 국제적 현장 연구진이 몸담고 있습니다. 저희는 기반암까지 파고들어 빙심을 채취하고 한 번에 6주씩 산속에서 지냅니다. 우리는 목적을 달성하기 위해 힘을 합칩니다. 우리가 이 문제를 해결할 수 있는 유일한 방법이 협력임을 인류가 깨닫는다면 정말로 힘을 합쳐 해결하리라 믿습니다. 하지만 막다른 골목에 몰리기 전에는 그럴 리 없을 겁니다. 엄청난 위기가 닥쳐 선택의 여지가 없을 때까진 말이죠. 저는 우리가 훌륭한 본성을 가졌다고 생각합니다. 인류가 힘을 합칠 수 있으리라 생각합니다. 인류 역사에는 이런 예가 얼마든지 있습니다. 제2차 세계대전을 보세요. 우리는 수십억 명이 위험에 처했다는 사실을 인식하고 자각하면 마음을 모으고 자원을 쏟아부어 방향을 바꿀 수 있습니다. 그건 생활양식을 바꾼다는 뜻입니다. 너무 많은 사람들이 고통받기 전에 변화를 진지하게 모색하기를 바랄 뿐입니다."

하얀 거인에게 작별 인사를

미래의 빙하는 벵골호랑이처럼 멀리 있는 대상이 될 것이다. 하얀 거인의 시대를 살았던 기억은 동화의 빛 속에 잠길 것이다. 용과 싸웠거나 큰바다오리의 알을 훔친 기억처럼. 북극, 그린란드, 남극에서는 몇천 년 뒤에도 빙하를 볼 수 있겠지만, 알프스 산맥과 안데스 산맥에서는 그러지 못할 것이다. 히말라야 산맥과 아이슬란드의 대다수 지역에서도 빙하가 사라질 것이다. 사람들은 물을 것이다. 21세기 초에 기록된 빙하들은 어떻게 되었느냐고.

나는 우리 조부모만큼 빙하에 친숙하지는 않다. 빙하를 멀리서 보고 겨울에 스나이펠시외퀴들 빙하에 올라가보긴 했지만, 겨울 빙하는 여름 빙하와 전혀 다르며 분출빙하는 빙상이나 소빙하와 자못 다르다.

그리하여 우리는 스케이다라우리외퀴들 빙하를 등반하기로 했다. 코스는 그곳의 주요 곡빙하 중 하나인 바트나에퀴들 빙하의 남쪽으로 정했다. 때는 7월 말이었다. 겨울 눈은 모두 녹았으며 얼음의 모든 크랙과 형태는 더할 나위 없이 투명했다. 이것은 사실 두 번째 빙하 공략이었다. 몇 해 전 억수 같은 빗속에서 그곳에 올라 낮은 자갈밭에 텐트를 쳤다. 아침에 일어나 보니 야영지 아래쪽에 웅덩이와 샘이 생겨 있었다. 누군가 마법 지팡이로 땅을 쳐서 작은 통방울눈에서 물이 샘솟게 한 것 같았다. 사람들은 깊은 웅덩이 물에 흠뻑 젖은 채 잠에서 깨어 집으로 돌아갔다.

이번에는 꽤 높이 올라가 빙하 가장자리에서 야영하고 약 25킬로미터를 하루 만에 주파하기로 계획을 세웠다. 그런 다음 아이슬란드에서 가장 아름다운 야영지 중 한 곳인 초록 단구에서 야영하고 다시 한번 긴 하루 코스를 걸어 스카프타페들 국립공원까지 가기로 했다.

일어나니 날씨가 심상찮았다. 텐트가 바람에 펄럭이고 있었다. 침낭 속은 따뜻했지만 밖으로 기어 나오자 몸이 오들오들 떨릴 정도로 추웠다. 우리는 재빨리 짐을 꾸려 앞이 제대로 보이지 않는데도 출발했다. 빙하 가장자리에서 등산객 몇 명을 만났다. 간밤에 빙하를 가로질렀다고 했다. 이들은 프랑스인 아버지와 아들, 아버지의 친구였다. 추워서 넋이 나갔으며 간밤의 고생으로 쇼크를 받다시피 했다. 방향을 잃어서 건너면 안 되는 크레바스를 건넜고 길을 잘못 든 탓에 너무 아래로 내려오고 말았다. 그들은 지독히 깊은 크레바스의 미로에 빠져서 어둠 속 안개와 비에 시야가 막힌 채 오락가락했다. 열 시간 거리를 걷는 데 스무 시간이 걸렸다. 목숨을 잃을까 봐 두려웠으며 얼음에서 벗어나자마자 기진맥진한 채 텐트를 쳤다.

한편 우리는 빙하가 땅과 만나는 가장자리의 질척질척한 진흙을 밟으며 나아갔다. 빙하 녹은 물이 퇴적층에 스며들어 유사流沙가 형성되었는데, 피해 다니느라 애먹었다. 빙하 앞부분은 모래 때문에 시커멨으며 얼음 위에는 신기한 물체가 놓여 있었다. 가는 얼음 기둥에 납작한 돌멩이가 얹힌 모습이 마치 외계인의 미술 작품 같았다. 날씨가 천천히 개면서 끝없이 펼쳐진 풀밭이 눈에 들어오기 시작했다. 보이는 곳은 온통 무수한 흰 거북 등딱지로 덮인 듯했다.

빙하 양편으로 산비탈 한가운데에 연한 줄무늬가 보였다. 불과 몇 년 만에 빙하가 얼마나 낮아졌는지 보여주는 흔적이다. 여기저기에서 이른바 '죽은 얼음'을 알아볼 수 있었다. 이것은 빙하 표면이 내려앉은 뒤 바위에 매달려 있는 얼음 조각이다. 머릿속에서 10층 건물 높이인 머리 위 30미터에 있었을 빙하 표면을 떠올리고 이 표면을 늘여 현재 빙하의 양쪽 끝을 연결한 다음 모래밭까지 1킬로미터 뻗은 궁륭을 그리려면 상상력을 한껏 발휘해야 한다.

계속 걷다 보니 이젠 풀밭 하나하나가 흰 용의 비늘이요 분출 빙하는 꼬리처럼 보였다. 검은색 모래 피라미드를 닮은 형체가 나타나더니 피라미드가 점점 많아지다 빙하 한가운데서 검은색 피라미드 숲이 우리를 둘러쌌다. 모래 원뿔에서 나오는 증기가 안개의 장막을 드리웠으며 그 사이로 가는 물줄기가 졸졸 흘러 작은 산과 작은 강, 작은 마을로 이루어진, 마치 분재 같은 미소微小 풍경을 만들어냈다. 우리는 그 형태와 아름다움에 넋을 잃었다. 피라미드 사이로 작은 물 미끄럼틀처럼 개울이 흘렀다. 미끄럼을 타고 싶었지만 그랬다가는 빙하 구멍에 빠지고 말았을 것이다. 이 흰색 구멍들은 파란색에서 검은색으로 바뀌며 300미터 아래 바닥까지 뚫려 있다. 구멍 근처에서는 정신을 바짝 차려야 했다. 발아래가 꺼져 구멍에 빠진다는 생각은 악몽과 같았다. 여기에 비길 만한 것으로는 〈스타 워즈〉에서 벌레처럼 생긴 거대한 괴물 살락이 사는 개미지옥밖에 떠오르지 않았다.

스타니스와프 렘의 소설 『솔라리스』에서는 우주 비행사들이 미지의 행성 상공에서 그 성질을 알아내려고 시도한다. 그들은 행성이 인간의 정신으로 이해할 수 없는 일종의 자의식을 가졌다고 추측한다. 행성 표면에 있는 노란색 거품 바다가 친숙한 형태를 띠면 우주 비행사들은 그것을 해석하고 이해하려고 애쓴다. 그들은 행성이 자신들에게 메시지를 보내는 것이 아닌지 궁금해한다.

나는 빙하의 형태를 해석하려고 시도했다. 2차로 고속도로를 닮은 줄무늬 위로 입을 벌린 피라미드 숲을. '도로' 한가운데에는 차로를 표시하듯 검은 줄이 그어져 있었다. 표면은 매끄럽고 평평했다. 시선이 닿는 저 끝까지 시속 100킬로미터로 달릴 수 있을 것 같았다. '도로'를 횡단하다 나도 모르게 양쪽을 쳐다보며 빙하가 내게 신호를 보내고 있지 않나 생각했다. 어쩌면 피라미드와 고속도로 사이 어딘가에서 무언가 잘못됐다고 내게 말하고 있었는지도 모르겠다.

차가운 얼음 위에 엎드려, 불과 몇 센티미터의 틈새로 영원의 심연까지 뚫린 좁은 크레바스에 귀를 댔다. 찢긴 부위의 얼음은 수정처럼 투명했다. 빙하의 몸에 생긴 빙맥氷脈과 거품을 들여다보니 신기하게도 3차원 영상을 보고 있는 느낌이 들었다. 빙하의 진동하는 공간 저 아래에서 물이 시커먼 배스처럼 꾸르륵거리는 소리가 들렸다. 깊은 바닥에서 물이 춤추고 있었다. 거대한 실로폰처럼, 돌 하프처럼, 얼음 하프처럼. 빙하가 부르는 백조의 노래였다.

빙하가 어느 때보다 빠르게 변하는 지금, 나의 내면에서 역설이 느껴진다. 내가 빙하 위에 있는 것은 발전과 기술, 생산과 대규모 자원 채굴 덕이다. 인간이 빙하를 건너고 악어 산란 장소를 헤아리고 혹등고래의 노래를 연구할 수 있게 되었을 때, 우리가 마침내 측정하고 이해할 수 있게 된 것들은 우리가 너무 강해지고 커진 탓에 이미 사라지고 있었다.

다큐멘터리를 보면 녹아내리는 빙하는 극적인 장관이다. 어마어마한 얼음덩어리가 우르릉 쾅쾅 부딪히며 바다로 흘러든다. 하지만 죽어가는 빙하는 봄만큼 조용하다. 얼음은 열기와 햇볕에 녹아 개울이 되어 졸졸 흐른다. 사실 죽어가는 빙하는 슬프고 연약한 광경이다. 말없이 사라지는. 레이철 카슨이 살충제가 자연에 미치는 영향을 다룬 책의 제목에 이미 쓰지 않았다면 이 상황을 '침묵의 봄'이라고 불러도 좋으리라. 봄이 가면 여름이 온다. 기나긴 지구의 여름이.

바트나예퀴들 빙하의 지명들은 환경 변화의 기억을 간직하고 있다. 브레이다메르퀴르산뒤르는 '넓은 숲 모래'라는 뜻으로, 검은 모래사막이 되기 전 그곳에 있던 숲의 기억을 전한다. 모래 밑에는 북유럽의 기후가 지금만큼, 어쩌면 지금보다 따뜻했던 3000년 전 자작나무의 굵은 그루터기가 묻혀 있다. 1400년부터 1900년까지 소빙기에 빙하가 전진하면서 넓은 숲은 넓은 사막이 되었다. 스스로 씨를 뿌리는 자작나무가 다시 번식하기 시작했다. 브레이다메르퀴르산뒤르가 다시 한번 넓은 숲이 될지도 모르겠다. 끝없는 검은 모래밭 스케이다라우르산뒤르에서는 아이슬란드 최대의 자작나무 천연림이 형성되기 시작했다. 아이슬란드 최대의 숲이 스케이다라우르산뒤르라고, '배들이 좌초한 강의 모래'라고 불리는 것은 어떤 영문일까? 사실 이 숲의 이름은 사라진 빙하강에서, 숲 바닥 깊숙이 묻힌 검은 모래에서 딴 것이다.

얼음, 자갈, 모래가 빙하 밑에서 드러난다. 수백 년간 얼어 있던 새 땅이다. 빙하의 가장자리 땅을 밟을 때는 조심해야 한다. 이곳의 땅은 얼음도 아니요 물도 아니요 모래도 아니요 그 모든 것이다. 그 변화에는 중간 단계가 있다. 그것은 혼돈, 「예언녀의 계시」에서 말하는 창조의 처음이다. "어디에 자리할지 태양은 몰랐고 / 제가 가진 위력을 달도 알지 못했고 / 별들도 제자리를 정하지 못했더라."

혼돈은 빙하 가장자리에만 있는 것이 아니다. 우리의 생활양식이 전 세계 빙하를 물로 바꾸고 해안선을 바다로 바꾸고 경작지를 사막으로 바뀠을 때 땅이 어떤 모습으로 놓일지는 아무도 모른다.

내가 아흔이 되면 서른 먹은 손자 손녀에게 롤 블라인드에 비친 스케이다라우리외퀴들 사진을 보여줄 것이다. 세 세대에 걸쳐 친숙해질 기회가 있었던, 그때는 사라지고 말았을 그 빙하를. 내가 빙하를 촬영하는 것은 옛 노인의 노래를 녹음하고 보전하는 것이다. 1000년이 지나면 사람들은 그 사진을 고대 사본처럼 들여다보면서 우리가 무슨 생각을 했는지 이해하려고 애쓸 것이다.

증기기관으로 나타난 신

"제 꼬리에서 털을 뽑아 땅에 내려놓으세요.
그러면 하늘 나는 새 말고는 무엇도 건널 수 없을 만큼
커다란 모닥불이 생길 거예요."

아이슬란드 민담 중 마법 암소 부코들라 이야기

내가 '성스러운 소의 수호자'라는 종교로 사람들을 꾀려 한다고
의심하는 사람이 있을지도 모르겠다. 기계와 기술, 패션, 브랜드
를 숭배하는 시대에는 어머니 대지, 새, 숲, 바다를 직접 숭배하는
집단을 꾸려야 할 시급한 이유가 있다. 이런 소박한 기도문을 채
택할 수도 있으리라.

우리의 어머니시여
그대는 땅이시며
그대의 왕국이 여기 있으며
그대의 물은 거룩하며
그대는 저를 위해 일용할 양식을 기르시니
제가 그대와 하나 되어
생명과 영광의 영원한 순환에 동참할 때까지…

하지만 안타깝게도 나는 땅의 열매가 아니며 더는 70퍼센트 물이 아니다. 우리는 90퍼센트 석유다. 우리가 석탄과 석유를 캐내어 초인적인 힘을 손에 넣으면서 세계 인구는 70억 명을 넘어섰다. 우리는 이 사회가 이상적인 토대 위에 서 있다고 스스로를 설득하지만, 결국 모든 것을 떠받치는 것은 연료다. 우리는 이제 70억만큼 강해졌으며, 지구 시스템을 해킹하여 옛 퇴적층까지, 오래전에 죽은 유기체의 지층까지 파고들었다. 우리는 퇴마사처럼 그들을 영원한 잠에서 깨워 세상으로 끌어냈다. 모닥불을 피우고, 지구의 배 속에 잠들어 있던 1000만 년 묵은 햇빛을 끄집어냈다. 우리는 불을 굴복시켰다. 우리가 폭풍 속으로 배를 몰아 물고기를 잡고, 곡식을 타작하고, 도시를 건설하고, 쇠용을 부려 바다 위를 날 수 있었던 것은 모두 연소의 힘 덕분이다. 이 모든 힘은 두 세기 넘도록 증가했으며 지금 이 순간 어느 때보다 폭발적으로 증가하고 있다.

오펜하이머의 핵폭탄은 새로운 지질시대를 표시하기 위해 선택된 기준점이지만, 지질학적 전환점은, 새로운 지질학적 세기는 그 이전인지도 모른다. 지구온난화, 빙하 해빙, 해수면 상승, 해수 산성화, 멸종으로 알려지게 될 인류의 지질시대는 1736년 스코틀랜드 그리녹에서 태어난 제임스 와트까지 거슬러 올라갈 수 있다.

와트는 솜씨 좋은 기계공으로, 글래스고 대학 실험실의 의뢰로 측정 장비를 설계했다. 그는 1765년에 증기기관을 혁신함으로써 프로메테우스의 횃불을 공식적으로 손에 넣었다. 와트는 물을 끓는 점까지 가열하는 금속 원통 안에 불을 숨겼다. 이렇게 생긴 증기 에너지로 피스톤을 돌렸는데, 이렇게 작동한 기계는 물을 펌프질 하고 석탄과 철광을 퍼올렸으며 그 덕분에 사람들은 더욱 크고 힘 센 기계를 만들 수 있었고 이를 이용하여 더더욱 크고 힘센 기계 를 만들었다. 인간은 이 기계로 땅속을 더 깊이 파들어가고 대륙 을 가로질러 철도를 놓을 수 있었으며 기적을 울리는 기관차에 영 감을 받은 시인들은 인류의 새 여명을 칭송했다.

석유가 처음 채굴된 것은 1860년경이며 곧이어 내연기관이 등장했다. 우리는 하늘을 나는 법을 배웠고 우주에 진출했으며 인 류는 지난 250년에 걸쳐 점점 강해졌다.

와트 덕에 우리는 불을 길들일 수 있었다. 우리는 불꽃을 더 꽁꽁 숨기고 열과 연기와 그을음을 분리하는 법을 조금씩 배웠다. 마침내 불은 번쩍이는 후드 밑에 들어가 보이지 않게 되었고, 에 어컨과 안락한 좌석을 갖춘 자동차들이 신나는 음악과 함께 전 세 계를 누비고 있다.

와트가 당긴 불은 누구도 끌 수 없는, 이제껏 지구를 휩쓴 어 떤 산불보다 큰 거대한 화마가 되었다. 우리는 통틀어 수천억 톤 의 석탄을 태웠으며 이 석탄의 산들이 말 그대로 기화하여 사라졌 다고 생각했다. 하지만 그렇지 않았다. 석탄과 석유는 이산화탄 소, 즉 CO_2가 되었다. 오늘날 과학자들은 대기 중 이산화탄소 양 을 측정하여 남극과 그린란드 빙하의 빙심과 비교할 수 있다. 그러면 석탄의 산이 지난 80만 년과 대비하여 어떤 모습인지 알 수 있다.

와트가 증기기관에 처음 시동을 걸었을 때 대기 중 이산화탄소 농도는 280ppm이었다. 이제 그 수치는 300만 년을 통틀어 최고치인 415ppm에 이르렀다.[42] 혹자는 화산 폭발 때문이 아니냐고 묻는다. 지구의 화산 활동에 비하면 우리 인간은 새 발의 피 아니냐고. 안타깝게도 그렇지 않다. 지구의 화산은 해마다 약 2억 톤의 이산화탄소를 방출하는 것으로 추산되는 반면에 인류는 해마다 350억 톤을 방출한다. 우리가 태우는 불은 지구의 화산 활동을 전부 합친 것보다 거의 200배 더 거세다.[43] 하지만 우리는 살아가면서 불이나 연기를 볼 일이 없다. 우리는 화산을 보고 그 격렬함과 굉음을 지각하지만 지구 최대의 화산은 보지 못한다.

에이야퍄아들라예퀴들 화산 분화가 2010년에 시작되어 유럽 항공 운항이 엿새간 중단되었을 때 이산화탄소 배출량은 일일 약 15만 톤으로 유럽 항공 산업 일일 배출량의 약 40퍼센트에 그쳤다.[44] 항공 운항이 전면 중단되면서 하루 30만 톤의 이산화탄소 방출이 방지되었고 그 덕에 에이야퍄아들라이외퀴들 분화는 사상 최초의 환경 친화적 분화가 되었다. 우리가 하는 모든 활동의 배후에서 불길이 타오르고 있다. 차량은 빛나는 용암처럼 전진한다. 인류가 매일 배출하는 이산화탄소 1억 톤을 우리 화산이 방출한 15만 톤으로 나누면 악마의 수 '666'이 나온다. 인류의 이산화탄소 배출량은 에이야퍄아들라예퀴들 화산 666개가 1년 내내 밤

낮으로 터지는 것과 같다. 미국의 배출량을 화산 분화로 나타내면 아이슬란드의 에이야피아들라예퀴들 같은 화산 100개가 밤이나 낮이나 분화하는 것과 같다. 주마다 화산이 두 개씩 있는 셈이다.[45]

바로 우리가 분화이지만, 거울을 들여다보아도 불꽃은 간 곳 없다. 모든 것이 교묘하게 디자인되어 전혀 보이지 않는다. 고속도로를 달리는 차들이 불을 겉으로 내보이면 우리가 출근하면서 불을 지르고 다닌다는 사실이 분명히 드러날 것이다. 우리는 전기차와 휘발유 차가 전혀 다르다고 생각하지만, 전기 차도 불꽃과 매연을 숨기고 있다. 그것은 차량 생산에 들어가는 불, 차량을 다른 나라로 운반하는 배의 불꽃이다. 차체에서 불꽃이 솟아오르면 우리는 한겨울 어스름에 이 광란의 차량 행렬에서 거센 용암의 흐름을 볼 수 있다. 산불과 불타는 고층 건물을 볼 수 있다. 우리는 뉴스로 유조선에서 불꽃이 솟구치거나 사고로 유전에 화재가 나는 광경을 보면서도 이 모든 석유가 어차피 어딘가에선 불타기로 되어 있었음을 깨닫지 못한다. 하루하루 재난이 벌어지고 있음을 알아차리지 못한다.

우리는 불을 보지 않는다. 석탄이나 석유를 보는 일도 드물다. 우리는 뻔질나게 하늘을 날지만, 항공유 20톤으로 얼마나 큰 불을 피울 수 있는지 감도 잡지 못한다. 우리는 온라인으로 항공권을 사지만 우리를 세상으로 내보내는 데 몇 배럴의 석유가 필요한지는 결코 확인하지 않는다. 내가 리투아니아에서 이틀간 열리는 시

축제에 참가하려고 얼마나 많은 석유를 태웠는지 계산해보자. 승객 한 명이 유럽까지 비행하면서 태우는 석유의 양은 약 1배럴, 즉 160리터다. 리투아니아인들에게 시 몇 편을 읽어주려고 160리터의 석유를 태운 것이다.

그 석유는 무색무취의 기체 CO_2가 된다. 하지만 자연에서는 써버린다고 해서 사라지지 않는다. 에너지는 형태가 달라질 수는 있지만 창조되거나 파괴될 수는 없다. 석유는 연소하지만 사라지지 않는다. 줄지도 않는다. 오히려 그 반대다. 석유 1톤은 CO_2 2.3톤으로 바뀐다. 따라서 석유 160리터는 CO_2 350킬로그램 정도에 해당한다. 승객 150명당 대략 50톤의 CO_2가 발생하는 것이다. "안녕하세요, 뭘 도와드릴까요?" "이번 주말에 런던까지 비행하는 건 너무 번거로우니 대신 석유 2배럴을 파시면 안 될까요? 마당에 모닥불을 성대하게 피워놓고 한바탕 놀아보려고요."

또 나는 차에 휘발유를 채운다. 데이터로 채운다고 말해도 괜찮겠다. 화면 위에서 리터 숫자가 석유값과 함께 돌아간다. 하지만 값은 정확하지 않다. 나는 석유를 땅속에서 끌어올리는 비용과 석유 회사의 이윤을 지불하기는 하지만, 이 모든 CO_2를 대기 중에 쏟아내는 결과나 금세기 안에 수장될 40만 제곱킬로미터의 땅에 대한 대가는 치르지 않는다. 누군가는 이 모든 CO_2를 없애는 대가를 치러야 한다. 나무를 심든, 대기 중 이산화탄소를 재포집하는 신기술을 개발하든. 대가를 치르지 않을 수는 없다. 우리가 하지 않으면 미래 세대가 지구 생물권과 자신들의 목숨을 대가로 치러야 할 것이다.

이 불은 보이지 않으며 '무'가 된다. 연기는 산산이 흩어진다. 모두가 자신이 쓰는 석유의 양을 기록해야 하고 그런 관점에서 세상을 보게 된다면 유익할 것이다. 우리 가족이 지난 10년간 외국 여행에 쓴 석유는 100배럴쯤 된다. 그 석유를 우리 집 밖에 쌓아두는 상상을 해본다. 모두가 자기네 마당에 100배럴씩 쌓아두는 상상을 한다. 석유 드럼통 더미가 지위를 상징하는 공동체를 상상한다. 힘 좋은 차가 있고 발리를 수시로 드나든다는 확실한 증거일 테니. 가족용 승용차를 10만 킬로미터 운행한 사람은 휘발유 7500리터, 즉 약 50배럴을 태운 셈이다. 차가 두 대 있는 5인 가족은 10년 만에 약 200배럴을 쓴다.

도시 면적의 평균 50퍼센트가 도로와 주차장인데, 여기에 드럼통 놓을 자리까지 더해야 하는 것이다. 석유를 태워도 없어지지 않음을 상기하기 위해 드럼통을 구름처럼 그려놔도 괜찮겠다. 색깔은 뇌운처럼 검게 칠해야 할 것이다.

드럼통 더미는 거대하다. 그러니 불은 얼마나 더 거대할까? 2018년 10월에 전 세계 석유 생산량이 최초로 하루 1억 배럴을 넘어섰는데, 바로 그 주에 유엔 기후 보고서에서는 지구 온도가 2도 상승하면 끔찍한 결과가 벌어질 것이며 결코 1.5도를 넘지 않아야 한다고 단호히 경고했다.[46] 석유 1억 배럴이 강물이라면 유량은 초당 약 185세제곱미터일 것이다. 유럽에서 가장 세찬 폭포인, 리들리 스콧의 영화 〈프로메테우스〉 도입부에 등장하는 아이슬란드

북부 데티포스 폭포의 평균 수량이 바로 그 정도다. 와트는 자신의 프로메테우스 횃불을 증기기관에 욱여넣었으며 그 결과는 250년 뒤에 나타났다. 연중 밤낮으로 쏟아지는 카본블랙 폭포의 끝없는 물살. 눈을 감고 그려보라. 폭포 같은 불길이 하늘로 솟구치는 광경을 보라.

전 세계 이산화탄소 배출은 석유 연소에서만 발생하는 것이 아니다. 천연가스와 석탄도 한몫한다. 우리는 해마다 약 40억 톤의 석탄을 태운다. 한 사람당 600킬로그램 꼴이다. 해마다 120억 톤의 석유, 천연가스, 석탄을 태워 얻는 탄소 에너지는 360억 톤 이상의 CO_2로 전환된다. 무려 36기가톤이다.[47]

이 모든 것을 석유의 강 전체에 연결된 하나의 기관으로 상상해보라. 기관, 실린더, 배기관의 힘을 상상해보라. 이것이 우리의 생명 기계다. 이것이 산업이다. 전 세계 휘발유 기관을 합친 것이 바로 '데스 스타'다. 안타깝게도 이것이 사실이다. 파티는 난장판이 되었다. 최대한 일찍 파해야 한다. 최신 유엔 보고서에 따르면 이 모든 불을 2050년까지 끄지 않으면 상황이 정말 심각해질 것이라고 한다. 우리는 우리로 하여금 지구와 균형을 이루며 살아가도록 이끌어줄 것을 애타게 찾고 있다. 그러지 못하면 지구가 우리를 떨어내버릴 것이다. 우리는 햇빛, 파도, 바람을 이용하는 에너지원에 매달려야 한다.

우리가 신화의 시대를 살고 있다는 말은 과장이 아니다. 전 세계 지도자들이 만나 기후에 대해 이야기한다. 그들이 기후를 어떻게 바꾸고 있는지 논의하기 위해 만난다는 것은 혁명에 가깝다. 그들은 허리케인, 천둥과 번개, 해수면에 대해, 사막에 대해, 빙하의 미래에 대해 이야기한다. 지구 온도가 섭씨 1.5도 올라야 하는지, 2도 올라야 하는지, 아니면 걷잡을 수 없이 오르게 내버려두어야 하는지 논의한다. 이것은 그야말로 비극이다. 우리 기후의 신들은 그리스 비극의 신들처럼 무력하고 인간적이라는 것 말이다. '검은 황금' 팀의 편에 선 사람들이 우리 지도자들의 귀에 대고 속삭이며 그들의 시선을 돌린다. 이것이 비극적인 것은 우리가 어디를 향하고 있는지, 무엇을 해야 하는지 알아낸 사람들이 카산드라 취급을 받고 있다는 것이다. 예언은 분명하지만 석유 업계 대변인은 이렇게 말한다. "하지만 산업은 어쩌고요? 이윤, 성장, 시장은 어떡하나요? 노동력, 대기업, 고용률, 선거 자금, 투자 수익은 어떻게 되죠? 당신이 석유 사용에 반대하면 우리는 불을 숭배하는 지도자를 선택할 거요." 하지만 사람들이 홍수, 가뭄, 산불에 모든 것을 잃으면 문제를 일으킨 사람들에게 등을 돌릴 것이다. 자신들이 뽑은 바로 그 사람들에게.

하지만 그림을 너무 암울하게 그리지는 말자. 석유가 선사하는 거대한 힘에 감사해하는 것을 잊어서는 안 된다. 석유 1배럴에 담긴 에너지는 건강한 사람 한 명의 10년 치 노동과 맞먹는다. 아이슬란드 제2의 도시 아퀴레이리까지 차로 다섯 시간 걸리는 거리를 걸어간다면 얼마나 걸릴까? 잔디를 깎거나 삽질을 하거나 밭을 가는 데는 시간이 얼마나 걸릴까? 석유 50리터만 있으면 거뜬한데 말이다. 우리에게 석유는 중세 아이슬란드 사제인 현자 사이뮌드르의 악마와 같다. 사이뮌드르는 악마와 속임수 계약을 맺어 그에게 빨래와 추수를 시키고 심지어 프랑스에서 아이슬란드로 돌아가면서 옷에 물 한 방울 묻히지 않으려고 악마를 물범으로 변신시켜 타고 갔다. 석유는 우리의 허드렛일을 대신하고 짐을 덜어준다. 바로 지금도 수백 명 몫의 일을 해내고 있다. 사이뮌드르의 악마처럼 우리를 바다 너머로 건네준다. 하지만 모든 이야기의 끝에서 사이뮌드르는 지독한 곤경에 빠지고 만다. 악마는 사이뮌드르에게 봉사의 대가로 영혼을 내놓거나 아직 태어나지 않은 아이를 달라고 요구한다.

석유는 인류를 고된 노동과 물자 부족에서 건져주었다. 서구를 시작으로 지난 수십 년간 수십억 명이 석유의 혜택을 입었다. 인류는 황금기를 맞았다. 석유는 일자리와 학교를 의미하며 더 나은 건강, 장수, 식품 안전, 심야 텔레비전 방송, 여름휴가를 의미한다. 지금의 평균적 노동계급은 17세기 왕족보다 더 나은 삶을 누린다. 루이 14세는 스페인 테네리페섬까지 날아가지 못했으며 그의 10대 아들은 카메라, GPS, 캠코더를 겸비한 기기를 가지고 다니지 못했다. 키위를 맛보거나 중국에 있는 사람과 영상통화를 하지도 못했다. 지금은 병에 걸려도 웬만하면 치료법이 있다. 에너지는 기근을 줄여 인구를 부풀렸으며, 석유를 둘러싼 전쟁에도 불구하고 전 세계에서 전쟁이 감소했다.[48] 우리가 아름다움을 창조할 수 있게 된 것도 석유 덕이다. 이젠 변두리 10대들도 악기를 들고 모여 베토벤 교향곡 5번을 연주할 수 있다. 우리 할아버지가 형제들과 함께 아우스바들라가타 거리 노동자 주택에 입주하여 누린 것들을 이젠 수십억 명이 누리고 있다. 처음 생긴 난로, 수돗물과 온수 샤워 같은 사치품, 심지어 사진을 현상할 별실, 여가와 운동과 여행에 필요한 여분의 에너지는 할아버지에게 무척이나 고마운 혜택이었다. 문제는 사람들이 가난에서 벗어났다는 것이 아니라 우리가 과소비와 낭비에 빠졌다는 것이다. 우리가 살아가는 체제에서는 우리가 생각하고 만드는 것이 결국은 대부분 소각되거나 매립된다. 지구는 이 모든 불을 이겨낼 수 없다. 이 모든 소비를 이겨낼 방법이 없다. 쓰레기에 숨이 막힌다. 우리에게 석유는 중세 아이슬란드 사제인 현자 사이뮌드르의 악마와 같다. 이제 악마가 살점을 내놓으라고 요구한다. 이것이 우리가 처한 현실이다. 불현듯 2100년의 전망이 그려진 그래프를 본다. 우리가 지금 누리는 안락한 삶은 아직 태어나지 않은 후손들을 희생시킨 대가다.

2018년 전 세계의 연료 소비 현황은 다음과 같다. 세계 최대의 오염 유발국은 중국으로, 전 세계 이산화탄소 배출량의 약 28퍼센트를 차지한다. 미국은 약 15퍼센트, 인도는 약 6퍼센트, 러시아는 약 5퍼센트다. 독일은 약 2퍼센트이며 나머지 유럽 나라들과 브라질이 전 세계 총 배출량의 약 1퍼센트씩을 차지한다.

이 배출량이 어느 부문에서 오는지 살펴보면, 25퍼센트는 석탄 발전, 중앙난방, 전기 생산에서 발생한다. 24퍼센트는 식량 생산, 벌목, 토지 이용에서, 21퍼센트는 공업에서 발생한다. 운송은 전체 배출량의 약 14퍼센트라는 막대한 비중을 차지한다. 약 10억 대의 자가용이 전 세계를 누비고 있다. 공업 부문의 주요 배출 요인 중 하나는 시멘트 생산으로, 전 세계 전체 배출량의 약 6퍼센트에 해당한다. 운송 부문을 더 구체적으로 들여다보면 약 2.5퍼센트가 국제 항공 운송에서 발생한다. 우리가 어디에 발을 디디든 우리의 자동차에서, 노트북에서, 직장에서, 레스토랑에서 불과 이산화탄소가 숨어 있는 것을 본다. 불판에서 익고 있는 고기는 또 어떤가.

중국은 전체 배출량으로 따지면 세계 최대의 오염국이지만 1인당 이산화탄소 배출량으로 보면 미국이 16.5톤으로 더 많다. 아이슬란드의 1인당 배출량은 연간 14톤으로 추산된다.[49] 지열 급탕과 수력 발전 같은 '청정' 에너지에도 불구하고 이는 세계 최고 수준이다. 우리는 일일 필요량의 다섯 배에 이르는 에너지를 소비한다. 인도의 평균 배출량은 아이슬란드의 약 10퍼센트에 불과한 반면 중국은 이산화탄소 배출량 면에서 많은 서구 나라를 앞질렀다. 중국의 1인당 배출량은 스페인, 스웨덴, 프랑스, 영국을 뛰어넘어 독일에 따라붙고 있다.

석유 소비는 세계 불평등의 근본 요인이다. 전 세계 석유 생산량은 2017년 기준으로 약 330억 배럴인데, 이는 1인당 4배럴을 넘는 양이다. 하지만 이 석유는 극도로 불균등하게 분배된다. 전 세계 인구의 약 8분의 1은 석유와 전기의 혜택을 누리지 못하며 많은 나라에서 주로 부자 나라에 수출할 제품을 만드느라 석유를 태운다.

옥스팜 2015년 보고서에 따르면 전 세계 인구 중 가장 부유한 10퍼센트가 CO_2 배출량의 약 50퍼센트를 차지한다.[50] 그러니 인구 증가가 문제이기는 하지만 더 심각한 문제는 과소비와 선진국의 무책임이다. 전 세계에서 가장 부유한 1퍼센트의 1인당 배출량은 가장 가난한 10퍼센트 175명의 배출량과 맞먹는다. 반대로 기후변화의 결과는 가장 가난한 사람들에게 가장 혹독하다. 이들은 자신을 보호할 형편이 못 되며 자유롭게 이주할 수도 없기 때문이다. 방글라데시의 땅들이 침수되면 그곳 주민들이 초래하지 않은 이 피해는 누가 보상할 것인가?

지구 평균 기온 상승을 1.5도를 넘지 않게 한다는 파리조약의 목표를 달성하려면 CO_2 배출량을 2050년까지 0으로 줄여야 한다. 이를 위해서는 현재의 전체 배출량에 맞먹는 CO_2를 대기 중에서 제거하는 기술도 개발해야 한다. 이것은 인류가 지금껏 맞닥뜨린 것 중에서 가장 까다로운 난제 중 하나다. 전 세계 에너지 메커니즘을 전례 없이 변화시켜야 한다는 주장이 제기되고 있다. 지금부터 2050년까지의 시간은 1990년부터 지금까지와 정확히 일치한다. 1990년 이래로 배출량은 22기가톤에서 36기가톤으로 증가했다. 60퍼센트 증가한 것이다.

30년 안에 배출량을 0으로 줄이는 것은 불가능한 얘기로 들린다. 타임머신을 만들거나 중력을 거스르거나 죽은 사람을 살리는 약을 발명하겠다는 격이다. 해마다 30기가톤을 포집하는 것이 기술적으로 가능한지는 아무도 모른다. 이 기술은 아직 초기 단계이며 우리의 목표를 달성할 수 있는 건물이나 시설을 고안해낸 사람은 아무도 없다.

배출량을 50퍼센트 줄이더라도, 이미 대기 중에 있는 이산화탄소를 제거하지 않으면 문제가 악화될 것이다. 우리가 이 일에 성공하지 못하면 지구는 계속 뜨거워지고 빙하는 계속 녹고 해수면은 계속 상승하여 도시와 해안 지역이 잠길 것이다.

석유 가격이 배럴당 60달러라고 치면 석유 1억 배럴의 시장가치는 약 60억 달러다. 따라서 우리는 하루에 60억 달러를 태우는 셈이다. 에너지원을 바꾸는 것이 간단한 문제이고 걸림돌도 없으리라 생각하는 사람이 있다면 생각을 바꿔야 할 것이다. 석유는 전체 경제를 떠받친다. 에너지 전환은 석유에서 이윤과 수익을 얻는 사람들에게 엄청난 영향을 미칠 것이다. 60억 달러를 순순히 내어줄 사람은 아무도 없다. 수백만 개의 일자리와 막대한 자원을 잃게 생긴 부자들은 전 세계 지도자들과 직접적 연줄이 있는 사람들이다.

이 문제와 그 해결책을 과소평가해서는 안 된다. 우리가 문제해결에 성공한다면, 석유가 값어치를 잃거나 심지어 금지된다면, 전체 경제의 토대가 허물어진다. 러시아가 무너지고 캐나다 앨버타주가 파산하고 사우디아라비아와 카타르가 제2의 시리아가 되고 노르웨이가 불황에 빠질 것이다. 이것은 그 나라만의 문제가 아니다. 석유 생산은 서구의 이익에 주요하게 봉사했기 때문이다. 하지만 앞으로 나아가는 유일한 길은 문제를 인식하고 이 악순환에서 벗어나는 것이다. 전 세계 인구는 2050년까지 20억 명 증가할 것으로 추산된다. 이 인구를 먹이고 입히기 위한 배출량 증가도 감안해야 한다. 우리는 궁지에 몰렸다. 이것은 의심할 여지가 없다. 불을 끄지 않으면 우리는 망할 것이다. 어쩌면 불을 끄더라도 망할지도 모른다.

땅만 문제인 것도 아니다. 하늘도 무너지고 있다. 이뿐만이 아니다. 땅과 하늘이 무너지고 바다도 무너지고 있다. 기후변화 논의에서는 오랫동안 해양 변화를 거론하지 않았다. 사람들은 막연히 바다가 CO_2를 모두 흡수해주리라 기대했다. 하지만 해수 화학 조성의 급격한 변화가 우리의 눈길을 끌고 있다.[51]

계산에 따라 다르긴 하지만, 지구가 1.5도 상승하는 것을 막으려면 인류가 쓸 수 있는 최대 CO_2 배출량 '예산'은 300에서 800 기가톤이다.[52] 연간 배출량을 36기가톤으로 가정하면 우리에게 할당된 몫은 25년 뒤에 바닥난다. 그 뒤로는 조금도 배출하면 안 된다. 하지만 현재 상황으로 보건대 지구 온도는 21세기 말까지 3도 내지 4도 상승할 전망이다. 이 정도의 온난화는 핵겨울 규모의 결과를 동반할 것이다. 기온 상승으로 허리케인과 폭풍의 세기가 커져, 가뭄과 홍수로 농작물이 피해를 입고 경작지가 쓸려 나가는 등 더 극단적인 기후 시나리오가 현실화될 것이다. 아프리카, 중국, 인도, 중동에서는 사람이 살 수 없게 된 지역을 떠나는 난민이 증가할 것이고 호주, 아메리카, 아마존강 유역, 북유럽 나라들에서는 산불이 일어날 것이다. 시베리아 영구동토대가 녹아 메탄가스가 방출되고 이로 인해 지구온난화가 한층 가속될 것이다. 21세기 말이 되면 기후 난민 수억 명이 이동하면서 현재 지중해의 상황과 비교할 수도 없는 참극이 벌어질 것이다. 전쟁, 죽음, 파괴가 찾아올 것이다. 내 목표는 공포를 불러일으키는 것이 아니다. 하지만 우리는 문제가 있다는 것에 합의하지 않고서는 문제가 해결되지 않을 역설적 상황에 처해 있다. 우리는 두려움에 사로잡히는 동시에 상황이 바로잡힐 수 있음을 믿어야 한다.

물론 모든 것이 잘될 거라며 부정에 희망을 걸 수도 있다. 하지만 이를 뒷받침하는 현실적 연구는 전무하다. 인간이 초래한 기후변화를 부정하는 사람들은 지구가 평평하다고 주장하는 사람들을 점차 닮아간다. 물론 지구의 기후는 다양하다. 거대 화산 분화는 지질사에 영향을 미쳤다. 하지만 현재 상황에서 보듯 인류는 분화했으며 이 규모의 분화는 언제나 재앙을 낳았다.

절망, 냉소, 패배주의에 빠지기는 쉽다. 1905년에 점보제트기를 상상하고 1985년에 에이즈 치료제를 상상하고 1940년에 달 착륙을 상상한 것과 우리의 과업을 비교해보라. 우리의 핵심 과제는 불을 끄는 것이다. 검은 태양으로부터 돌아서는 것. 대지와, 우리 머리 위에서 불타는 태양으로 돌아가는 것. 이것이 우리 세대의 임무이자 우리 아이들의 임무다. 이로부터 얻는 대가가 무엇이냐고? 그것은 지구에서의 삶, 그들의 삶이다.

　내게는 해결책을 찾을 수 있다고 믿는 것 말고는 대안이 전혀 없다. 하지만 그러려면 사람들이 하늘을 날고 에이즈를 치료하고 달에 가려고 갈망했던 것만큼 열렬히 해결책을 갈망해야 한다. 과학자들이 지적하길, 전 세계 에너지 체계를 새로 만들어내려면 앞으로 수십 년간 전 세계 GDP의 2에서 2.5퍼센트를 투자해야 한다고 한다. 여기에는 운송 수단의 전기화, 에너지 절약, 가정용 난방 에너지원 전환, 풍력 발전기 건설, 태양 에너지 활용, 지열 에너지 이용 등이 포함된다.[53] 과제의 규모와 중요도를 감안하면 필요한 투자의 비율은 놀랄 만큼 낮다. 영국은 제2차 세계대전 준비에 국내 총생산의 50퍼센트를 쏟아부었다. 대양과 전 세계가 위험에 처했다면 GDP의 2.5퍼센트는 아무것도 아니다. 네 사람을 달에 보내기 위해 미국은 10년에 걸쳐 국내 총생산의 2.5퍼센트를 내놓았다.[54] 전 세계 평균 방위비는 세계 총생산의 약 2.5퍼센트에 해당한다. 전례는 분명히 있다. 다만 이번에는 어떤 군대도 인간이 초래한 기후 재앙이라는 최대의 위협에 맞서 자국민을 지키지 못할 것이다.

　제임스 와트를 이렇게 부정적으로 묘사하는 것은 배은망덕한 일이다. 그를 인류의 파멸과 연관시키는 것은 천부당만부당하다. 그는 우리 모두의 아버지다. 우리는 와트에게 삶을 빚지고 있다. 그는 어머니 대지의 비밀을 파헤쳐 그 시스템에서 구멍을 찾았으며 우리를 발아래 검은 태양과 맺어주어 우리로 하여금 대지의 배

속에서 검은 젖을 빨게 해주었다. 우리는 100만 년 묵은 광합성에 올라타 높이 날면서 계절의 속박을 벗어버리고 영원한 여름을 살아간다. 연중 어느 때나 신선한 딸기를 먹을 수 있으며, 금방 기한이 끝나도록 특별히 설계된 제품을 구입함으로써 동일한 제품에 대한 욕구를 효율적으로 끊임없이 창출할 수 있다. 지구는 쉽게 도발되지 않는다. 아주 오랜 시간이 흘러 이제야 움찔했다. 지구가 우리를 떨어내려 한다. 석유는 우리의 생명이며 또한 우리의 죽음이다.

내가 어릴 때는 전 세계 군비경쟁이 광란의 절정에 도달해 있었으며 우리 세대는 핵전쟁의 공포에 떨었다. 나는 내가 열다섯 살을 넘기지 못할 줄 알았다. 내 우려는 기우였을까, 아니면 온 세대의 우려 덕에 세상이 살아남은 걸까? 석유를 태운 결과를 보건대 오펜하이머의 바가바드기타 인용문을 우리 자신에게도 적용할 수 있지 않을까? 우리는 죽음이 되고 세계의 파괴자가 되었다고.

한마디만 더

우리는 앞으로 30년 안에 이산화탄소 배출을 완전히 중단해야 한다. 성공한다면 인류는 지구온난화를 산업혁명 이전의 평균 기온에 비해 섭씨 1.5도 이내 상승으로 유지할 수 있을지도 모른다. 인류가 그 하나의 목표에 합의할 가능성은 얼마나 될까?

우리 시대를 특징짓는 것이 하나 있다면 그것은 말을 둘러싼 투쟁이다. 말은 세계와 경제를 정의하는 힘, 뉴스를 보도하고 빚어내는 힘이다. 이 투쟁은 세상이 어떤 말로 표현되는가를 결정하기 위한 것이다. 말은 현실을 창조한다. 말을 소유하고 말을 배포할 수단을 소유하는 것은 모든 권력에 필수적이다.

나는 달라이 라마와 인터뷰한 직후에 중국에서 열리는 문학 축제에 초청받았다. 축제가 열리는 두 도시 청두와 베이징을 연결하는 비행기에서 영화 〈소셜 네트워크〉를 보았다. 페이스북 창업자 마크 저커버그의 욕망과 파란만장한 삶을 다룬 영화였다. 페이스북이라는 보편적 서비스에 대한 영화를 보고 있는데 정작 나는 페이스북이 금지되고 게시물 만들기와 좋아요가 국가 안보에 대한 위협으로 간주되는 나라에서 국영 항공기를 타고 있다니 기분이 묘했다. 영화의 주요 장면에서 페이스북 창업 동기 중 한 명이 유리창에 매직펜으로 알고리즘을 적다가 마침내 '좋아요' 기능을 발견한다.* 마치 상대성이론이 떠오른 것처럼. 그제야 나는 '좋아요' 단추가 우리 세대의 절묘한 발명품임을 깨달았다. 좋아요는 인간 자아를 해킹하고 잠들어 있던 에너지를 깨워 우리의 원자를 분열시켰다.

중국이 페이스북을 금지한다는 것은 놀라운 일이었다. 페이스북 웹사이트가 자유의 보루라는 것은 자명해 보였다. 페이스북이 나를 기만하여 나의 관심사와 정치적 견해에 대한 모든 정보를 기입하게 만들었다는 생각은 그전에는 한 번도 못 해봤다. 나는 페이스북이 나의 일정과 독서 습관을 추적하도록 허용했으며 페이스북 알고리즘은 심지어 내 개인 채팅의 키워드까지 들여다보았다. 설상가상으로 이 모든 정보가 마치 일종의 뷔페처럼 최고가 입찰자에게 팔리고 있었다. 나는 페이스북을 하면서 다른 대중매체를 덜 보게 되었고 글쓰기조차 힘들어졌다. 행복하거나 화나게 하는 뉴스를 공유했으며, 그러면 프로그램이 나의 감정을 증폭하

---

* 영화의 실제 장면(12:28)에서 마크의 친구 에드와도가 발견한 것은 페이스매시 웹사이트에서 여학생들의 외모에 순위를 매기는 알고리즘이다.

는 글을 주로 보여줌으로써 이 행동을 강화했다. 나는 가장 피상적인 말들이 증폭되는 세상에서 살아가게 되었다. 내가 알지 못하는 시스템이 내 행동을 분석하게 허락했으며 그리하여 필요한 줄 몰랐던 물건들을 기업들이 내게 더 쉽게 팔 수 있도록 했다. 게다가 정체 모를 집단들이 내 견해를 바꿀 수 있도록 허락했다.

중국에서 더 큰 시스템이 국민의 견해를 조종하고 있음은 분명한 사실이다. 하지만 우리는 우리 자신의 맥락에서 누리는 자유를 과대평가하는 위험을 저지른다. 아이슬란드가 북극이사회 의장국일 때 미국은 기후변화의 영향에 대한 보고서 일부 문구에 시비를 걸었다. 그런 영향을 부정하고 공개 기록과 웹사이트에서 기후변화 관련 문구를 삭제하는 것이 미국 정부의 공식 정책이다. 마이크 폼페이오 미국 국무장관은 북극 얼음이 녹는 것을 '새로운 사업 기회'로 표현했다. 아시아로 가는 상업 항로를 최대 20일 단축할 수 있다는 것이었다.[55] 한편으로는 기후변화를 부정하면서 다른 한편으로는 바로 그 변화로 인한 사업 기회에 눈독을 들이는 꼴이라니.

전 세계 석유 이익이 하루 약 6000억 달러에 이르는 상황에서 산유국들은 우리의 어휘와 세계관을 자기네에게 유리하게 주물렀다. 석유 업계는 자신들의 이익을 지키기 위해 30년 넘도록 기후학자들에 맞서 선전전을 벌였다. 석유 회사들은 정치인을 매수했으며 대중을 현혹하기 위해 '싱크 탱크'를 운영한다. 이들의 수법은 담배 회사들이 흡연의 위험을 부정하려고 쓴 것과 똑같다. 모순되는 메시지와 거짓 과학이 수시로 전 세계에 전파되는데, 이따금 성공하기도 했다. 미국에서는 과학에 반대하는 대통령이 권력을 휘두른다. 석유 업계에서는 기후에 대한 의심과 오해를 퍼뜨려 토론을 조직적으로 어지럽히고 방해하고 있다.[56]

사람들은 말을 놓고, 누가 대중매체에서 현실을 빚을 것인가를 놓고 다툰다. 생각을 촉발하고 견해를 형성하는 말이 개인에게 봉사하는지 아니면 더 큰 이익을 위해 동원되는지는 확실치 않다. 이따금 특정 단어가 '꺼져' 들리지 않을 때도 있다. 미국 에너지관리청의 새 보고서에서는 미국 에너지 부문의 미래를 2050년까지 전망하고 있다. '지구온난화'와 '기후변화' 같은 단어는 보고서 어디서도 찾아볼 수 없으며 유엔 기후변화에 관한 정부간 패널(IPCC)에서 과학자들이 2050년까지 이산화탄소 배출을 완전히 중단해야 한다고 결론 내린 것에 대해 일언반구도 없다. 오히려 2050년이 되어도 자동차들은 대부분 휘발유로 달릴 것으로 전망되며 미국은 2020년에 석유 및 천연가스 수출국이 될 것이라고 한다.[57] 지구온난화 현상은 백악관에서 나오는 모든 공식 자료에서 조직적으로 지워지고 있다. 미국 내 대다수 정부 웹사이트와 기후 정보 출처도 마찬가지다.[58] 석유 업계의 권력자들은 페이스북과 가짜 뉴스를 이용하여, 자유와 정보의 수호자가 되어야 할 국가의 발목을 잡았다. 우리는 낭떠러지를 향해 전속력으로 달리고 있으며 브레이크 대신 가속페달을 밟은 채 속도계도 치워버렸다. 조지 오웰 말마따나, 무지는 힘이다.

달라이 라마가 내게 한 말을 중국에서는 들을 수 없다. 티베트에서는 그의 사진이나 글을 가지고 있다가 걸리면 곤욕을 치른다. 베이징에서 어떤 사람을 만나 1989년 톈안먼사건에 대해 이야기했다. 그는 그곳에서 타오른 희망을, 시위 진압 과정에서 벌어진 유혈참극을 묘사해주었다. 나는 또 다른 사람과도 톈안먼사건에 대해 이야기했다. 그는 현장에 있지 않았지만 모든 것이 학자금 대출에 대한 불만 때문이었다고 말했다. 학생들이 광장에서 노숙하면서 노상 방뇨를 했으며 경찰이 해산하라고 하자 사람들이 해산했다고도 말했다.

내가 물었다. "죽은 사람은 없나요?"

"네, 한 명도 안 죽었어요."

중국인 소녀에게 티베트의 상황에 대해 물었다. 그녀는 내게 자상히 설명해주었다. 티베트인들은 억압받고 예속되고 종교 독재 치하에서 살았다고 했다. 그녀는 중세 교황이나 이란의 성직자 치하에서 살아가는 것이 좋겠느냐고 내게 물었다. 나는 그녀의 말에 동의할 수 없었지만, 민주주의에 대해 논쟁을 벌이지는 않기로 했다. 지금 순간 우리의 민주주의는 허약하다는 말로도 부족한 지경이다. 나는 우리가 환경과 양육의 산물임을 알고 있었다. 중국에 대한 나의 생각은 (어릴 적 들은) 중국 기담과 냉전 시대 선전에서, 심지어 서구의 뿌리 깊은 중국 혐오에서 비롯했다. 하지만 제품을 최대한 값싸게 생산하려고 인권과 환경 요건을 저버린 다국적 기업들도 일조했다.

베이징 공항에서 처음 맞닥뜨린 것은 검은색 레인지로버였다. 그 차가 심란했던 것은 아이슬란드 금융 위기를 상징하기 때문이다. 중국은 몇십 년 전만 해도 가난한 나라였으나 이제는 휘발유를 먹어치우는 고급 승용차들이 길거리마다 눈에 띄었다. 인류 역사상 최대의 건설 거품이 거세게 일어나고 있었다. 어디서나 기중기를 볼 수 있었으며 고층 빌딩들이 잿빛 매연 구름 속으로 솟아올랐다.

그럼에도 중국에 잠시 머문다고 생각하니 행복했다. 중국은 즐겁고 아름다운 나라였다. 공원에서는 벚꽃이 활짝 피었고 나이든 여자들이 기공 수련을 했으며 사람들이 모여 사교댄스를 연습했다. 내가 만난 중국인들은 아이슬란드인처럼 수더분했다.

우리는 후이둥현의 산간 마을에 갔는데, 저녁이 되어 스피커에서 음악이 흘러나오자 마을 사람들이 광장에 나와 윤무를 추었다. 그 광경을 보니 페로 제도의 올라브스외카(성 올라브 경야) 축제가 떠올랐다. 마을은 꽤 신식이었다. 우리는 이족彝族 박물관에 갔는데, 그들은 독자적인 문자를 쓰고 씨름을 좋아하고 양을 숭배했다. 이 또한 아이슬란드인을 빼닮았다! 나는 학교에 가서 아이들에게 글을 읽어주었으며 아이들도 내게 한목소리로 글을 읽어주었다. 아름다운 광경이었으며 아이들은 행복해 보였다. 듣기로 대부분의 아이들은 부모가 도시의 공장에 일하러 가서 조부모와 산다고 했다. 마을에서 아이들은 새 자전거를 타고 사탕 봉지를 들고 있었다. 새로 찾은 번영이 사방에 감돌고 있었다. 아이들은 대부분 외둥이였다. 나라를 통틀어 형, 동생, 언니, 누나 같은 단어를 거의 들을 수 없다니 놀라웠다.

우리는 차량 행렬에 갇힌 채 달팽이걸음으로 청두를 지났다. 그곳에서 이제껏 본 것 중에서 가장 큰 고가도로를 보았다. 한때 도시의 유적지구였던 곳에 거대한 구조물이 들어서 있었다. 중국이 200년 앞을 내다봤으면 하는 생각이 들었다. 하지만 중국인들은 20세기의 모든 실수를, 그것도 훨씬 큰 규모로 되풀이할 작정인 듯했다. 그들이 만들어내는 일회용 경제는 지구의 천연자원과 악어 서식처를 갉아먹고 말 것이다. 하늘 높이 치솟은 빌딩 숲은 미래를 위해 튼튼한 공동체를 구성하기보다는 건설업자들의 이익을 위해 설계된 것 같았다. 공항에서 나는 지하철 차량 제작사에서 일하는 사람을 만났다. 그에게 청두에 대해 물었다. 왜 방대하고 효율적인 지하철이 아니라 수많은 차량과 넓은 도로를 선택했느냐고.

그가 말했다. "중국인도 사람이니까요." 더는 서구에서 고가도로를 설계하고 지을 수 없게 된 건설업자와 대형 엔지니어링 회사들이 중국을 표적으로 삼았다. 그들의 동맹인 자동차 제조 업체의 대사大使들도 군침을 흘렸다. 이곳은 '기회'의 땅이다. 서구 사치품 제조사들은 새로운 시장을 발견했다. 청두는 람보르기니가 유럽보다 많다.

중국의 건설 거품은 굉장해서 2010년 전 세계 총 원자재 생산량의 50퍼센트를 빨아들였다. 크링길사우라니 지역에서 신의 광대함으로 만물을 아우르는 침묵을 수장시키며 기록적인 기간에 건설된 카우라흐니우카르 발전소는 무엇보다 이 수요를 충족하기 위한 것이었다. 중국이 2004년부터 3년간 해마다 쓴 시멘트는 미국이 20세기 내내 쓴 양보다 많았다. 너무 어마어마해서 통계를 낼 수도 없다. 수 킬로미터를 지나는 동안 건설 중인 주택단지들이 보였다. 베이징 구시가지의 잔해에는 40층짜리 빌딩들이 서 있었다. 운전사는 아파트들이 비어 있다고 말했다. 투자자들은 돈을 들였으면서도 아파트를 임대하고 싶어하지는 않았다. 임대료가 충분히 높지 않았으며 '헌' 아파트보다는 새 아파트를 다시 팔기가 쉬울 테니 말이다. 100제곱미터 크기의 예금통장인 셈이었다. 2018년 현재 중국에서 비어 있는 아파트는 약 5000만 채에 이르는 것으로 추산된다.[59] 이 정도면 독일 인구를 모두 수용할 수 있다. 프랑스까지도.

베이징에서 우리는 건설 중인 지역을 지나쳤다. 외곽에는 맥도널드와 피자헛이 있는 디즈니랜드풍 쇼핑센터가 들어서 있었다. 그 지역의 상징물은 바이올린을 든 아이로, 호수에 삐죽 솟은 작은 둑에 서 있었다. 각 지구에는 '라 그랑드 빌라', '팜 비치', '새도 레이크' 같은 이름이 붙었다. 그 이름들에는 물가의 단독주택에서 사는 꿈, 40층짜리 빌딩 숲 사이로 라스베이거스나 두바이풍 빌라에서 사는 꿈이 스며 있었다. 골프장과 호수 주변에 들어선 새도 레이크 빌라들은 지역을 대표하는 건물인 듯했다. 이 호화로운 삶의 꿈은 그 지역에 긍정적 이미지를 입혀 인근의 가치를 올리려고 설계되었을 것이다. 연못가 주택을 판매한다는 발상의 문제점은 베이징이 중국에서 가장 건조하고 인구가 밀집한 지역 중 하나라는 것이다. 지하수위가 해마다 1미터에서 3미터씩 낮아지고 있으며 세계 최대의 상수도를 통해 1500킬로미터 밖에서 물을 끌어온다. 티베트에도 수도관을 연결할 계획이다. 이 모든 시도는 근시안적으로 보였다. 많은 사람들은 공산당 정부가 합리적이고 장기적인 판단력을 입증했다고 말했지만, 이곳에 작용하는 유일한 힘은 오래된 근시안의 신, 탐욕뿐인 듯했다. 건설업자들은 최대한 빨리 건물을 올렸다. 그래야 인공 호수에 늘어선 수억 달러짜리 빌라를 팔아 이윤을 올릴 수 있기 때문이다.

희소식은 과학과 공학을 공부하는 중국 학생들이 세계 어느 나라보다 많다는 것이다. 돌이킬 수 없는 상황이 벌어지기 전에 중국과 중국 공산당이 미몽에서 깨어나길 바란다. 중국은 이미 태양 에너지 생산과 풍력 발전에서 선두에 서 있으며 세상은 중국이 만리장성 규모의 녹색 사업을 추진하기 전에는 구원받을 수 없을 것이다. 중국 전체가 한마음으로 일하면 수십억 그루의 나무도 단번에 심을 수 있다. 6000만 대의 풍력 발전기가 들어설 수도 있고.

과학자들은 세계경제가 몇 년 안에 달라지지 않으면 지구 온도가 2도, 3도, 심지어 4도까지 올라갈 수도 있다고 말한다. 인류가 한가지 생각으로 뭉친다는 발상이 가장 터무니없어 보이는 곳은 이스라엘일 것이다. 그곳에서는 수천 년 전에 벌어진 사건들과 고대 사본에 기록된 글이 사람들을 양립 불가능한 집단들과 동맹

들로 갈라놓았다. 나는 다큐멘터리 영화 축제 기간에 텔아비브에
간 적이 있는데, 그곳에서 만난 소년 소녀가 내게 도시를 안내해
주었다. 도시는 대부분 현대식으로 건축되었다. 이곳을 설계한 건
축가들은 아우스바들라가타 노동자 주택―우리 할아버지가 입주
한―을 설계한 건축가 귄뢰이귀르 하들도르손과 같은 시기에 공
부했다. 나의 여행 가이드들은 자신이 비정치적이라고 말했다. 그
들이 그 단어를 꺼내는 순간 군용 헬리콥터 다섯 대가 우리 머리
위를 가로질러 팔레스타인으로 날아갔다. 이런 곳에 살면서 정치
적 견해가 없다고 주장하는 것이 무슨 의미인지 궁금하다. 이곳에
서는 비정치적인 것이야말로 급진주의에 가장 가까운지도 모르겠
다.

나는 예루살렘에 가서 십자가의 길을 걸어올라갔다. 성경 이
야기를 되새겨보니 이 성스러운 땅에 있는 것이 조금 부담스러워
졌다. 그리스도가 십자가를 지고 골고다 언덕으로 올라간 이 길을
걷기 전에 나의 마음을 정결하게 해야 할 것 같았다. 하지만 그리
스도의 고통을 생각하려고 애쓰는 동안 눈으로는 길거리 기념품
점의 쇼윈도를 훑고 있었다.

십자가의 길 바로 옆에는 통곡의 벽이 있다. 서기 60년에 파
괴된 성전 가운데 유일하게 남은 벽이다. 통곡의 벽이 성전의 일부
였다는 생각은 미처 못 했다. 성전이 있던 자리에는 성전산이 있는
데, 이곳은 이슬람교에서 가장 신성시하는 성지 세 곳 중 하나다.

이 장소들은 전부 신문과 책을 통해 알고 있었지만, 얼마나 중

요한가는 이제야 알았다. 지구 표면은 5억 1000만 제곱킬로미터인데, 기독교와 유대교에서 가장 성스러운 장소이자 이슬람교의 3대 성지 중 한 곳이 1제곱킬로미터 안에 모여 있는 것이다. 저 좁은 땅덩어리는 40억 명의 종교 중심지다. 이들은 대부분 종파로 나뉘어 있으며 상당수는 자신들이 서로 아무런 관계가 없다고 생각한다. 다들 나름의 방식으로 말을 해석한다. 수백 년, 아니 수천 년간 그래왔다. 심지어 갈보리 언덕 교회는 대여섯 교파로 나뉘어 있으며 영토 분쟁이 끊임없이 벌어지고 있다.

종교와 정치를 제외하면 대다수 인류는 같은 나이키 신발을 신고 같은 삼성 스마트폰을 호주머니에 넣어 다니고 같은 소니 텔레비전을 집에 장만하여 같은 영화 스타를 화면에서 보고 같은 전기 믹서를 쓰고 같은 단위로 우주를 측정하고 같은 음악을 듣고 같은 에어버스 제트기와 벤츠 버스를 타고 돌아다니고 피자와 후무스를 우물거리며 규칙이 똑같은 축구를 관전한다. 우리의 기본적 에너지 체계와 물질적 현실을 변화시키는 것은 얼마든지 가능하지만, 사람들은 여전히 스스로를 정당, 종교 집단, 축구팀 응원단으로 나눈다.

우리 조부모의 탐사대가 빙하를 측량한 덕에 전 세계의 여러 주요 대학에서 전문가들이 미래의 모습을 계산할 수 있었다. 자연과학자들은 매우 단호하게 말하기 시작했다. 온실가스 배출량을 줄여야 한다고. 그러지 않으면 세상이 곤경에 처할 것이라고. 똑같은 대학들에서 경영학, 마케팅, 공학 교수들은 전 세계 제조업을 정반대 방향으로 몰아가고 있다. 그들은 경제성장과 소비 증가를 긍정적 신호로 예측한다. 한 건물에서는 유한한 지구에서 무한한 성장이 가져오는 심각한 결과를 연구하는데 같은 대학의 다른 건물에서는 시장 성장, 생산, 폐기물이 무한하다고 가르친다.

세계에서 가장 에너지 집약적인 산업 중 하나인 알루미늄 산업은 1998년부터 2020년까지 전 세계 생산량을 세 배로 늘린다는 목표를 세웠다. 우리 생태계의 토대가 무너지기 시작했음은 1998년에도 누구나 알고 있었다. 전 세계 연간 생산량이 3200만 톤에 도달한 2005년에는 인류가 지구를 너무 혹사했음이 분명해졌다. 사람들은 그 지점에서 방향을 어떻게 정했을까? 그들은 이미 100년간 지구를 혹사한 그 일을 15년에 걸쳐 두 배로 늘리기로 했다. 이런 증가량은 자연에 어마어마한 희생을 강요했다. 헬기 발티손이 신의 광대함으로 만물을 아우르는 침묵을 발견한 장소도 사라졌다. 크링길사우라니를 수몰시킨 아메리카알루미늄회사 제련소에서는 알루미늄을 해마다 34만 톤씩 생산한다. 만물을 아우르는 침묵은 이제 전 세계 알루미늄 생산량 6000만 톤의 0.5퍼센트를 생산한다.

알루미늄 산업은 알루미늄 1톤을 생산할 때마다 평균 약 8톤의 CO_2를 배출하는데, 다 하면 연간 약 5억 톤으로 전 세계 배출량의 2퍼센트에 육박한다. 전 세계 철강 생산량은 1990년 이래 10억 톤이 증가했다. 철강 1톤을 생산할 때마다 약 2톤의 CO_2가 배출된다. 플라스틱 산업, 제지 산업, 패션 산업, 자동차 산업, 에너지 시장 전체, 건설 산업, 육류 산업 등 모든 분야에서 최근 전 세계 산출량이 증가했다. 대기 중 CO_2의 50퍼센트는 1990년 이후의 배출로 인한 것이다.[60]

화폐, 산업, 생산 능력을 바탕으로 세상을 정의하는 사람들은 생물학, 지질학, 생태학을 굳이 이해하려 들지 않는 듯하다. 그들은 통계를 계산하여 상황을 낙관한다. '바람직한 경제 전망'이라는 말 속에는 지구에 치명적이고 미래에 지속 가능하지 않은 것들이 숨겨져 있다. 석유 생산량을 늘리는 것은 경제에 유익하다. 알루미늄 생산량을 배가하는 것도 유익하다. 경제성장은 지속 가능성과 지속 불가능성을 구별하지 않는다. 튼튼해지는 것과 뚱뚱해지는 것, 자궁에서 태아가 자라는 것과 종양이 자라는 것을 구별하지 않는다고 상상해보라. 그들에게 성장은 무조건 좋은 것이다. 양성이든 악성이든.

아이슬란드에서는 자동차 수입 증가가 바람직한 경제 전망의 일부다. 2014년, 요한네스 캬르발의 유명한 그림에 묘사된 가울가흐뢰인에 도로가 깔렸다. 통행량이 하루 4000대에서 2만 대로 증가하리라는 추산에 따른 것이었다. 빙하가 세계에서 가장 빨리 녹고 있는 이 나라에서 그런 예측이 당연하게 받아들여졌다. 미래에 대한 중요한 결정의 토대가 되어야 할 과학에 우리 자신이 적응하지 않은 상황에서 왜 중국이나 인도의 성장 경제가 서구의 실수로부터 교훈을 얻어야 하겠는가? 오히려 실수를 점점 큰 규모로 반복하는 것이 이상적으로 보이는데.

우리 할머니의 형제 그뷔드룬과 발뤼르가 태어날 때 찾아온 사람은 의사가 아니라 목사였다. 둘은 죽었다. 지구에 문제가 생기면 경제학자를 불러야 할까, 생태학자를 불러야 할까?

푸른 바다

"광포한 파도를 묘사하는 일은 나의 깜냥 밖이다.
언어는 날개가 부러진 작은 새처럼 힘없이 땅에 떨어진다."

욘 트뢰이스티 (아이슬란드 시인)

언제쯤 바다를 진정으로 알게 될까? 나는 표면의 70퍼센트가 바다인 행성에 살며 그 안에서도 사나운 물살에 둘러싸인 섬에 살지만 바다를 안다고 말하지는 못하겠다. 조상 중 뱃사람도 있지만—욘 할아버지는 해안 경비대였고 비외르든 할아버지는 청어 잡이배에서 일했다—나는 한 번도 바다 한가운데로 나가본 적이 없다. 두 해 동안 여름마다 항해 수업을 받았고 열네 살 여름에는 게 가공하는 일을 한 적은 있다. 물맞이게가 산 채로 커다란 통에 담겨 해안에 올라오면 삶아서 다리를 떼어 갈색 살을 끄집어냈다. 그러고는 껍데기를 벗기고 물을 세게 틀어 아가미와 내장을 씻어 낸 뒤에 배를 으깨 흰색 살을 꺼냈다. 친구들과 아이슬란드 서부의 플라테이섬에 갔을 때 브레이다피외르뒤르 피오르에서 대구를 낚은 적도 있긴 하다. 내장을 꺼내면 위장이 물맞이게로 꽉 차 있었다. 나는 전문성을 발휘하여 수게는 배딱지가 세모꼴이고 암게는 수정된 알을 품을 수 있도록 배딱지가 더 크고 둥글다고 알려주었다.

아이슬란드는 면적이 10만 3000제곱킬로미터이며, 배타적 경제수역은 육지에서 200해리 바깥으로 훨씬 넓게 펼쳐져 있어 전체 면적이 약 75만 8000제곱킬로미터에 이른다. 이렇게 본다면 아이슬란드는 87퍼센트가 바다라고 할 수 있다. 한번은 아이슬란드 어류에 대한 책을 읽다가 내가 아는 종이 너무나 적다는 사실에 놀란 적이 있다. 어릴 적 우리는 주요 산들의 이름을 외웠지만 깊은 바닷속에 대해서는 소홀했다. 아이슬란드 교육 체제는 해양 생물을 별로 중시하지 않았다. 아이슬란드 영해가 해안선에서 4해리에 불과하던 덴마크 모델에 맞춰 설계되었기 때문이다. 아이슬란드 대학생들이 겨루는 텔레비전 퀴즈 쇼에서 해덕대구, 메기, 대구, 퍼치고기 등 네 종의 사진을 보여주었다. 이 나라에서 가장 똑똑한 학생들이 이 흔하디흔한 물고기를 알아보지 못했다. 수만 톤을 수출하고 있는데도 말이다. 우리가 집에서 보는 해덕대구는 살을 발라낸 모습이기 때문에, 아이들은 반점과 검은색 줄무늬를 보지 못한다. 악마가 해덕대구를 잡으려다 놓치면서 지문과 손톱 자국을 남기는 바람에 검은색 반점과 줄무늬가 생겼다는 전설을 이제는 들을 수 없다.

포악한 심해어, 물범, 돌고래, 쇠돌고래, 열빙어 떼, 지구 역사상 가장 거대한 생물인 고래 등 아이슬란드 주변 바닷속에 사는 모든 물고기를 생각하면 아이슬란드의 모든 아이들은 바다에 경탄해야 한다. 모든 열 살배기가 해양생물학자를 꿈꿔야 한다. 바닷속의 많은 부분이 아직 미지이자 미답의 영역이기 때문이다. 하지만 우리는 자라면서 바다에 대해 두려움을, 심지어 우리를 집어삼킬지도 모른다며 고래에 대한 분노를 품게 되었다. 연어잡이 어부들의 이익을 보호하기 위해, 물범이 강어귀 근처에 오자마자 쏘아 죽인다.

집에서는 바다를 매일같이 볼 순 없지만, 아이슬란드 북동부 멜라카슬리에타(북극여우 평원)에 말 그대로 세상 끝의 작은 폐농가 한 채를 가지고 있어서 여름마다 그곳에서 지낸다. 그곳에 도착하면 해안 한 곳을 세상 전부와 연결하는 끈이 얼마나 많은지 똑똑히 알 수 있다. 극제비갈매기가 시베리아에서 떠내려온 유목流木 옆에 둥지를 짓고, 독일 국방군 마크가 찍힌 녹슨 석유통과 냉전 시대 러시아의 음향 탐지 부표 옆에 제2차 세계대전 당시의 지뢰가 널려 있다. 극제비갈매기는 알에서 부화하고 8주 뒤 남아프리카로 날아간다. 해안에는 에이잭스 플라스틱 세제통, 바닥에 괴상한 얼룩이 묻은 갈색 병, 멀쩡한 오른쪽 신발, R. 마르케스라는 이름표가 붙은, 필리핀 선원의 부서진 작업모가 널브러져 있다. 그 작업모 덕에 필리핀에서 스페인어 이름을 붙이는 게 관행이라는 것을 알게 되었다.

별장 농장에서 조금만 가면 물범 후미가 있다. 그곳에서 물범이 새끼를 키우고 바위에서 햇볕을 쬔다. 우리 딸들은 물범에게 신나는 노래를 불러주었으며 이따금 물범 여남은 마리가 모여 딸들의 콘서트를 관람하기도 했다. 물범 후미에서는 가끔 뢰이다누 퓌르 곶에서 떠내려온 북방부비새를 볼 수도 있다. 녀석들은 지구 상에서 가장 우아한 생물 중 하나로, 단단한 바위 절벽 꼭대기에 빽빽이 모여 둥지를 짓는다. 나는 부비새가 물고기 잡는 광경을 쌍안경으로 관찰했다. 녀석들은 둥글게 모여 전투기처럼 바닷속 으로 돌진한다. 조류학자들은 이것을 '돌진 다이빙'이라고 부르며 부비새가 20미터 깊이까지 잠수할 수 있다고 알려주었다.

디사 할머니가 자갈 해변에서 참솟깃오리 깃털을 채집하는 동 안 우리는 표류물에서 보물을 찾아다녔다. 한번은 푸마 상표가 붙 은 축구공을 찾았는데, 조녀선이라는 이름과 전화번호가 적혀 있 었다. 그 번호로 전화를 걸어 알아보니 공은 1300킬로미터 떨어진 노르웨이 북단 마을 쇠르베르에서 바다에 빠진 것이었다. 1년이 걸려 우리에게 왔는데, 상태가 온전해서 다시 우편으로 보냈다. 나는 북극권 도시인 리프의 농장에서 병에 든 편지를 발견하기도 했다. 편지는 영국 오즈워스트리에 사는 사람이 보낸 것이었다. 그의 이름은 앤드루고 내 이름은 안드리인 것을 기회 삼아 우리는 지금으로부터 몇 해 전 성 안드레아 축일에 만났다. 영화에서라면 아름다운 러브 스토리가 전개되었을 것이다. 그는 이제 나의 비공 식 영국 제도 매니저가 되어 그곳에서 낭독회를 주최한다. 표류물 에서도 나름대로 얻을 것이 있다.

말하자면 해안선이 플라스틱 쓰레기로 가득하다는 것인데, 내 아이와 나는 쓰레기를 쓰레기로 여기거나 심지어 오염으로 생각하지도 않았다. 기이하게도 해안으로 밀려온 것은 모두 일종의 자연물이 되었다. 뒤틀리고 풍화되고 따개비와 바닷말에 뒤덮여 있는. 그러나 해변의 플라스틱은 경관을 어지럽히며 생물상에 막대한 피해를 입힐 수 있다. 새와 물고기가 그물에 걸릴 수 있으며, 플라스틱이 미세 플라스틱으로 분해되면 먹이사슬에 끌려들어갈 수도 있다. 하지만 쓰레기는 무엇보다 지구에 대한 우리의 무례를, 우리가 순환과 얼마나 동떨어져 있는가를 보여주는 상징이다. 찌꺼기와 동물 사체는 언제나 다른 종에게 영양소를 공급해온 반면, 우리는 유독하고 쓸모없고 자연에 해를 끼치는 쓰레기를 만들어내는 최초의 종이 되었다.

바다에서는 플라스틱이 떠다니다 해류의 움직임에 밀려 플라스틱 섬을 이룬다. 태평양의 거대한 쓰레기 더미는 아이슬란드의 배타적 경제수역보다 두 배나 크다. 플라스틱은 지저분하긴 하지만 그 자체로 바다를 변화시키거나 온도, 산성도, 염도, 해류의 세기와 허리케인의 횟수를 변화시키지는 않는다. 인간의 영향이 가장 심각하게 드러나는 그런 현상의 요인은 화석 연료 연소, 즉 석유를 불태우는 인간 화산이다. 용암은 1년 365일 끊임없이 불타며 흐른다. 그 영향은 우리 눈에 거슬리는 쓰레기만큼 똑똑히 보이지는 않는다. '청소' 정도로는 문제를 해결할 수 없다.

세계에서 가장 번영한 지역의 생활양식은 가난한 지역에 비해 해수의 산성도와 온도에 더 큰 영향을 미친다. 겉보기에는 모든 것이 단정하고 깔끔해 보이는 곳이 실제로는 가장 나쁘다. 이산화탄소 배출량이 가장 높은 곳은 그런 지역이다. 부유한 나라에서 배출되어 매립되는 폐기물은, 무질서가 더 쉽게 눈에 띄는 가난한 나라에서보다 몇 배 더 많다.

나는 노르웨이에서 아이슬란드까지 장거리 항해를 하면서 우리 조상이 1000년도 전에 아이슬란드에 발을 디디려고 얼마나 먼 거리를 건넜는지 경험한 적이 있다. 갑판 너머를 내다보고 있자니 탁 트인 바다에 나와 있었는데도 바다가 마치 닫힌 책 같았다. 파도가 넘실거리는 무시무시한 해수면 아래 3000미터 깊이의 신비가 펼쳐져 있었다. 이 항해가 기억에 남는 이유는 일본 인도주의 단체 '피스 보트'에서 주관했기 때문이다. 배에서 만난 히로나카 마사키라는 분이 다섯 살 때 기억을 들려주었다. 1945년 8월 6일, 그가 밖에서 놀고 있는데 히로시마에 핵폭탄이 터져 갈색 바람을 맞고 쓰러졌다고 한다. 그는 아버지를 찾아 잔해를 뒤지고 다니다가 어두컴컴한 집 안에서 발견했다. 아버지가 전차를 타고 있을 때 창문이 폭발하여 유리 조각이 등에 녹아 붙은 채였다. 아버지는 마사키에게 유리 조각을 펜치로 떼어달라고 했지만 마사키는 스스로를 믿지 못해 아버지가 죽을 때까지 숨어 있었다. 노인이 된 마사키는 이 이야기를 하면서 울먹였고, 이런 비극이 다시는 일어나지 않게 하고 싶다고 말했다.

출항하고 이틀이 지났을 때 노르웨이 석유 시추 장비가 수평선에 나타났다. 사방이 트인 광활한 바다에서 이런 구조물을 보는 것은 초현실적 경험이었다. 이런 시추 장비가 석유 유출도 아니고 그저 일상적인 작동만으로 바다 자체를 위협할 수 있다는 것, 이해하기가 쉽지 않다. 시추 장비는 검은 마법 액체를 끌어올리고 있었는데, 이 액체가 선사하는 초능력으로 우리는 선박을 띄우고 우리 머리 위로 비행운을 그리는 비행기를 날릴 수 있는 것이다. 다만 이 석유가 연소하면 이산화탄소가 생기는데, 그중 30퍼센트가 바다에 흡수되어 해수 산성화를 일으킨다. 나머지는 대기에 남아 열을 흡수함으로써 열이 우주로 반사되지 못하게 하여 지구온난화를 일으킨다. 이렇듯 이산화탄소는 열적외선을 흡수하여 사방으로 다시 내뿜으며 지구 전역에서 에너지 불균형을 일으킨다. 온난화와 산성화 둘 다 바다에 직접적 위협을 가한다. 바닷물은 지구온난화로 인한 열의 약 90퍼센트를 흡수하며, 바닷물 속에서 매 초 증가하는 열의 양은 히로시마 핵폭탄 네 개와 맞먹는 것으로 추산된다.[61] 이런 온난화의 영향은 전 세계 산호초에서 이미 나타나고 있다.

내가 산호초를 본 것은 딱 한 번이다. 카리브해 클리프턴섬의 토바고케이 산호초였다. 우리는 트리니다드에서 베네수엘라까지 가면서 두 주 동안 카리브해를 탐사하는 항해에 초청받아 세대박이(돛대를 세 개 세운 배) 스쿠너 런던액티브호에 올랐다. 선장 요나스 베르쇠에는 덴마크인으로, 그의 꿈은 이 배를 타고 먼 곳으로 항해하며 과학자와 예술가의 공동체를 만드는 것이었다. 이 배는 생물 같아서 요나스는 그 생명을 유지하려고 최대한 멀리 항해한다. 정박하는 순간 부서지기 시작하기 때문이다.

범선에는 원초적인 성격이 있다. 면으로 된 돛, 참나무 갑판, 거기다 돛대는 기본적으로 세 그루의 거대한 나무다. 우리는 갑판이 갈라지지 않게 하려고 물을 뿌려야 했다. 밧줄마다 이름과 쓰임새가 있었는데, 이는 수천 년에 걸친 진화와 경험의 산물이었다. 전 세계 대다수의 선박이 바람의 힘을 이용한 지는 100년이 채 지나지 않았다. 사람들은 바람의 힘으로 탐험하고 해적질하고 노예 무역을 했다. 배가 나아가는 동안 고물 뒤쪽에서는 돌고래들이 장난을 쳤다.

애초의 계획은 베네수엘라 오리노코강을 따라 올라가는 것이었다. 존 소르비아르드나르손과 함께 악어 구하는 일을 한 과학자들을 만나고 싶었다. 하지만 내전이 임박하여 정치 상황이 혼란스러웠고 해안에 너무 가까이 가면 해적들과 전쟁을 벌여야 했다. 그래서 우리는 북쪽으로 방향을 틀어 카리아쿠섬, 프티세인트빈센트섬, 프티마르티니크섬, 클리프턴섬, 유니언섬 등 세인트빈센트섬과 그레나딘 제도에 속한 여러 섬과 암초를 통과하여 토바고케이 산호초로 갔다. 돌아오는 길에는 베퀴섬과 토바고섬을 향해 가다가 결국 트리니다드와 베네수엘라 사이의 버려진 섬 차카차카레섬에 닻을 내렸다.

우리는 항해를 시작하고 일주일 뒤 어스름 직전에 토바고케이섬에 도착했다. 이것은 이른바 '편자 산호초'로, 무인도 또는 사초 沙礁 다섯 곳을 둘러싸고 있다. 가장 가까운 유인도는 클리프턴섬이다.

출발한 지 얼마 지나지 않아 작은 하얀 사초를 발견했다. 표면에는 불탄 유목처럼 생긴 것들이 쌓여 있었다. 알고 보니 이것은 두께가 손바닥 너비만 한 통짜 산호목*으로, 허리케인에 쓸려 온 것이었다. 산호목이 있다는 것은 튼튼한 산호초가 여기 있거나 최근까지 있었다는 뜻이다. 하지만 현재 상황에 익숙지 않았기에 산호의 상태를 확인하자고 물에 들어갈 수는 없었다.

예전에 자연 다큐멘터리에서 산호초를 보았을 때는 어떤 이유에서인지 그게 말랑말랑하고 스펀지 같은 생물이라고 생각했는데, 직접 보니 따개비나 성게에 가까웠다. 산호는 식물이 아니라 자포동물로, 복잡한 공서共棲 생활을 하며 탄산칼슘을 재료 삼아 몸을 만든다.

산홋가지가 부러져 해안에 밀려오는 것은 자연적 순환의 일부다. 산호초는 그 조상의 유해로 만들어진다. 해안에 밀려온 산호는 바스라져 새하얀 모래가 되는데, 이렇게 만들어진 산호초와 흰섬이 해안선을 파도로부터 보호한다. 우리는 산호목을 보면서 산호와 석회화의 지질학적 현상이 얼마나 강력한지 똑똑히 알 수 있었지만, 이 순환의 바탕은 죽음과 재생 사이의 균형이다. 허리케인 규모가 커지고 바닷물 온도가 상승하면 균형이 교란된다. 적대적 환경 요인에서 스트레스를 받은 탓에 산호 백화 현상이 일어나

• 굵은 산호의 몸통.

고 있다. 공생하던 조류藻類가 떨어져 나가 원래 색깔을 잃고 가지가 창백하게 변색된다. 산호는 회복될 수 있지만, 계속 방치하면 굶어 죽는다.

우리는 산호초 바깥에 닻을 내린 뒤 산호초 바깥 가장자리에서 부딪혀와서 우리 주위로 부서지는 파도를 보았다. 바다는 새파랬으며 바닥은 하얬다. 우리는 다음 섬까지 헤엄쳐갔는데, 거기서 신기한 물고기 떼를 만났다. 요 몇 년간 대규모 산호 백화 현상이 일어났다는 뉴스를 접했기에 나는 어떤 풍경이 펼쳐질지 예상할 수 없었다.

또 다른 세상의 풍경 속으로 들어가자 근심이 사라졌다. 그곳에는 이른바 뇌산호가 펼쳐져 있었다. 뇌산호는 표면과 색깔이 인간의 뇌나 미로처럼 생겼으며 학명은 '디플로리아 라비린티포르미스'다. 손바닥만 한 작은 녀석도 있었지만 나의 양팔 너비보다 넓은 것도 많았으며, 커다란 이끼 떼장처럼 푸르스름한 갈색에 형태는 둥그스름했다. 머릿속에 떠오른 광경은 아이슬란드 남부 엘드흐뢰인의 이끼 낀 용암이었다. 뇌산호초는 시야가 닿는 끝까지 뻗어 있었다. 나는 초현실적 꿈을 꾸는 듯 미로의 미로 위를 떠다녔다. 안쪽에는 사슴뿔산호와 바다부채산호가 있었으며 나는 울긋불긋한 물고기 떼 사이로 헤엄쳤다. 시야 가장자리에서 색가오리가 커다란 지느러미를 펄럭이며 미끄러져 지나가는 것이 보였다. 작은 상어 한 마리와 우스꽝스럽게 헤엄치는 흰동가리 몇 마리도 있었다. 더 깊이 내려가자 초록색 바다풀이 덮인 흰색 모래

바닥이 나왔다. 바닥에는 거대한 회백색 갑각류가 띄엄띄엄 누워 있었는데, 녀석들의 거울 뉴런이 마치 별들을 모방한 것 같았다.

다시 헤엄치다 곧 커다란 초록색 바다거북을 보았다. 녀석들은 숨 쉬려고 떠오르는 사이사이 마치 초록색 암소처럼 바다풀을 씹었다. 나는 하늘에 뜬 구름처럼 녀석들 위에 떠 있었다. 거북들이 물속을 미끄러져 다닐 때 주둥이가 긴 물고기 떼가 나타났다. 산호의 미로를 헤치고 녀석들을 쫓아갔다. 색깔이 울긋불긋한 이 물고기들은 먹이를 찾아다니고 있었다. 판단 기준이 없었기에 이 풍경이 예전에는 더 다채롭고 거대했던 무언가의 그림자인지는 알 수 없었지만, 그럼에도 그 아름다움은 여전히 경이감을 자아냈다. 나는 반쯤 최면에 빠진 채 바닷가에 앉아 오리발을 벗었다. 얼마 떨어지지 않은 곳에서 새까만 제비갈매기가 나뭇가지에 앉아 새된 소리로 울었다. 해저에서 바다풀을 뜯는 암소(바다거북) 위로 수영복 차림의 분홍색 구름이 떠다녔다.

요나스 선장은 자신이 스무 살 때 소형 요트를 타고 혼자서 대서양을 횡단했다고 말했다. 어느 날 밤 잠에서 깨니 빛나는 긴 수염고래 한 마리가 바로 뒤에서 따라오고 있었다고 했는데, 그 말이 완전히 곧이들리지는 않았다. 해가 저물고 하늘에 별이 뜨자 바다에서 신기한 빛이 드러났다. 아래를 내려다보니 이리저리 움직이는 물고기들이 마치 방사능을 지닌 듯 빛을 발했다. 낚싯대로 바닷물에 선을 긋자 물속에다 북극광 그림을 그린 것 같았다. 배에서 어둠 속으로 뛰어드니 빛나는 야광 코팅이 몸을 덮었다. 이것은 인광으로, 빛을 내는 단세포 생물인 야광충의 생물 발광 현상이다. 손을 들어올리자 피부가 빛나는 수천 개의 작은 점으로 덮였다.

프티마르티니크섬에서는 사람들이 간조선에 거대 수정고둥을 두둑히 쌓아놓고 껍데기를 까고 있었다.

수정고둥 어부가 물었다. "어디서 왔어요?"

내가 대답했다. "아이슬란드에서요."

그는 커다란 흰색 수정고둥을 집어 내게 내밀었다.

"길비 시귀르드숀*에게 갖다주쇼!"

아이슬란드 축구팀 주장이 누구인지 수정고둥 어부가 안다면 축구가 우리를 하나로 만들 수 있겠다는 생각이 들었다. 섬마을은 폐허가 되어 있었다. 수로 반대편에는 요트와 고급 빌라가 있었다. 프티마르티니크섬 사람들의 평균 연봉은 빌라에서 하룻밤 묵기도 빠듯할 것이다. 사람들이 큰 섬에서 기회를 찾거나 그레나다, 영국, 미국으로 이주하면서 섬 인구는 점점 줄었다. 주된 일거리는 낙원에 머무는 부자들의 꿈을 실현해주는 것이었다.

우리는 토바고섬에 상륙했다. 이곳은 트리니다드섬의 동생 격인 열대 숲섬으로, 넓이가 300제곱킬로미터도 채 되지 않았다. 바트나예퀴들 빙하 면적의 5퍼센트에도 못 미쳤다. 우리는 잉글리시맨베이라는 작은 만에 들어섰다. 작은 오두막과 초승달 모양

● 아이슬란드 축구 선수.

모래사장이 있었으며 펠리컨 수천 마리가 바다에 앉아 있었다. 녀석들의 머리 위로 군함조가 날고 있었는데, 색깔이 새까맣고 꼬리가 갈라진 것이 극제비갈매기의 왕이라고 할 만했다. 학명도 '프레가타 마그니피켄스', 즉 '장엄한 군함조'다. 녀석들은 재주 부리듯 수면으로 낙하하여 먹이를 가득 낚아챘다. 우리는 살금살금 바다로 들어갔지만, 녀석들은 사람을 두려워하지 않았다. 스노클링 마스크를 쓰자 정어리나 열빙어를 닮은 작은 물고기들이 은빛으로 반짝거리며 줄지어 있는 것이 보였다. 물고기 떼는 커다란 동그라미를 그리며 빙글빙글 돌았다. 내가 은빛 소용돌이 속으로 잠수했다가 고개를 들자 바로 옆에 갈색펠리컨이 있었다. 머리는 짙은 회색이었으며 겉모습이 한참 늙어 보이는 게 내가 보이지도 않는 듯했다. 녀석에게 물고기 한 마리를 던졌더니 잽싸게 받아먹었지만. 펠리컨의 얼굴은 군함조 날개와 마찬가지로 고대의 비조飛鳥를 연상시켜 넋을 빼놓고 시간을 잊게 했다. 하긴 지구에서 4000만 년을 살았으니.

난류성 산호초는 북위 30도에서 남위 30도까지 전 세계에 널리 분포한다. 산호초는 다양한 생물을 끌어들인다. 바다 생물 다양성을 이루는 생명의 약 25퍼센트가 그곳에 있다. 산호초는 이따금 '바다의 우림'으로 불리기도 한다. 물론 전체 표면적은 바다 크기에 비하면 아주 작아서 바다 면적의 0.1퍼센트 이내에서만 발견된다. 세계에서 가장 큰 산호초는 대보초, 그레이트배리어리프다. 호주 퀸

즐랜드 해안에 산호초 수천 개가 길이 2300킬로미터, 너비 240킬로미터로 연결되어 있다. 이것은 바다의 주요 보석 중 하나이며, 지구가 만들어내는 가장 큰 생물 다양성 중 일부의 보금자리다. 호주 대보초는 2016년과 2017년에 대규모 백화 현상을 겪어 상당 부분이 감소하거나 심지어 사멸했다.[62] 재생장은 느리게 진행되어 많은 지역에서 산호 재생률이 90퍼센트까지 감소했다. 같은 상황이 전 세계에서 벌어지고 있다.

한류성 산호초도 있긴 하지만 덜 알려져 있다. 우리는 산호 하면 대개 야자나무를 떠올리지만, 아이슬란드 남해안에서 한류성 심해 산호를 볼 수 있다. 이 산호초를 연구한 생물학자들은 그 다양성을 사막의 과수원에 비유한다. 20세기 중엽 저인망 어부들은 마치 물속에 숲이 있기라도 한 듯 그물에 거대한 가지가 걸렸다고 말했다. 가장 넓은 산호초 지대는 '장미 정원'으로 불렸다. 안타깝게도 20세기 들어 부적절한 어구漁具를 사용한 탓에 아이슬란드 산호초의 대다수가 파괴되었다. 이는 기술과 인간의 능력이 자연에 대한 지식보다 훨씬 앞서간 시대를 상징한다.

산호초는 혹독한 환경, 남획, 도시 하수, 농사, 매립에 민감하다. 기름 오염과 자외선 차단제의 화학 물질에도 피해를 입을 수 있다. 바다에도 육지와 마찬가지로 혹서가 올 수 있는데 이 혹서, 즉 열파는 점점 빈번해지는 산불과 허리케인처럼 단기간에 막대한 피해를 끼친다. 온도가 상승하고 수소이온농도가 낮아지고 산소가 감소하면 산호초의 복원력이 시험대에 오르게 되며, 현재는 이 모든 요인이 한꺼번에 작용하고 있다. 빙하와 마찬가지로 산호초도 수 세기에 걸쳐 어떤 장소에서는 증가하고 다른 장소에서는 사멸했지만, 지금처럼 전 세계 산호초가 동시에 생존을 위해 싸워야 했던 적은 드물었다. 오키나와에 있는 일본 최대의 산호초는 99퍼센트가 시들고 1퍼센트만 건강하게 남아 있는 것으로 추산된다.

대기 중 CO_2 농도에 대한 가장 중요한 정보는 과학자 킬링이 하와이 마우나로아에서 실시하는 측정에서 나온다. 이 자료는 1959년부터 한 번도 끊김 없이 이른바 킬링 곡선을 그리고 있다. 해수 산성도에 대한 가장 장기간의 중단 없는 측정 중 하나는 아이슬란드 북부의 깊은 바다에서 해양학자 욘 올라프손이 실시하는 것으로, 이 조사는 1984년까지 거슬러 올라간다. 아직 올라프손 곡선으로 명명되지는 않았지만 이 자료에 따르면 해수 산성도와 칼슘 포화도의 뚜렷하고도 급격한 변화를 보이고 있다.[63]

바다가 이산화탄소를 최대한 흡수하여 대기 온난화를 상쇄하는 것은 오랫동안 바람직한 현상으로 간주되었다. 바다는 분명 우리가 배출하는 CO_2의 약 30퍼센트를 흡수한다. 하지만 우리는 이산화탄소가 공기 중에서와 마찬가지로 바닷속에서도 사라지는 것이 아님을 깨달았다. 이산화탄소가 증가하면 바닷물이 산성화된다. 해수 산성도는 지난 30년간 이미 평균 0.1pH씩 낮아졌다.

여기서 우리는 언어로 돌아간다. pH는 로그적 수치이지만, 우리는 킬로미터, 그램, 연도, 도 같은 선형적 척도로 생각하는 데

익숙하다. 한 단위의 증가가 10의 배수의 증가를 나타내는 로그 척도는 우리에게 잘 맞지 않는다. 가령 우유를 '음매'라는 로그로 측정한다면 우유 1리터가 1음매일 때 10리터는 2음매이고 100리터는 3음매다. 이 척도에서는 숫자를 헷갈려 우유 1.3음매(2리터)를 주문하려다 3음매(100리터)를 주문하기 쉽다. 로그 척도는 수학적 두뇌의 소유자에게는 잘 맞지만 일반인에게는 고역이다.

해수 산성도가 8.1pH에서 7.8pH로 바뀌었다는 경고를 들어도 우리는 그 차이를 실감하지 못한다. 0.3은 화폐, 퍼센티지, 미터, 연도에 쓸 때는 분명히 작은 양이기 때문이다. 100만 달러와 비교해도 0.3은 큰 양이 아니다. 0.3은 어떤 계산에서든 주로 오차 범위 안에 든다. 아이의 체온이 0.3도 올랐으면 그날 학교에 가야 한다. 0.3은 반올림하면 0이다. 이렇게 중요한 사안에 로그 척도를 쓰는 것은 언어에서 수식어를 없애버리는 것과 같다. 이를테면 인간의 혈액이 감당할 수 있는 산성도 변화는 7.35pH에서 7.45pH 사이다. 한계치보다 높아지거나 낮아지면 심각한 문제가 생길 수 있다. 수치가 한계를 넘으면 장기 부전이나 사망의 위험이 있다. 많은 동물 종에게 해수 산성도는 인체 혈액의 산성도만큼 중요하다. 실제로 0.3pH의 변화가 얼마나 심각하냐면 이를 묘사하는 표현은 대문자에 볼드체를 적용하고 이모티콘을 스무 개는 붙여야 마땅하다. 0.3은 모든 것을 집어삼키는 블랙홀이다.

산성화의 결과 한 가지는 해수의 칼슘 포화도가 감소하여 바닷물이 아포화된다는 것이다. 간단히 설명하면, 과포화된 바닷물에는 (석회라고도 하는) 탄산칼슘이 풍부하며, 이 원료는 석회나 아라고나이트를 필요로 하는 생물이 이용한다. 아라고나이트는 대다수 조개류의 껍데기를 만드는 성분이다.[64] 다시 말해 과포화된 바다는 석회를 방출하는 반면 아포화된 바다는 석회를 흡수하여 조개껍데기와 산호초를 녹인다. 아포화 현상은 바다의 성질이 근본적으로 달라지는 것으로, 따뜻한 바닷물보다는 찬 바닷물에서 영향이 더 크다. 산성도는 또 태평양연어의 먹이 중 40퍼센트 가까이를 차지하는 유각익족류 같은 동물에게 영향을 미친다. 잡지 〈바이킹 뱃사람〉에서는 날개 달린 이 작은 동물이 아이슬란드 바다에서 어떤 역할을 하는지 아름답게 묘사했다.

달팽이와 수정고둥이 바다를 돌아다닌다고 상상할 수 있는 사람은 거의 없을 것이다. 하지만 바다나비라고 불리는 이 익족류는 플랑크톤처럼 살아가는 달팽이로, 바닥에 가라앉지 않으려고 일종의 날개를 매우 빠르게 팔락거린다. 이 동물은 대부분 아주 작아서 사람 눈에는 거의 보이지 않는다. 탄산칼슘 껍데기가 녀석들에게 구조와 아름다움을 선사하는데, 육지에 사는 더 큰 달팽이와 비교해도 전혀 손색이 없다. 하지만 녀석들의 석회 껍데기는 몸에 부담을 주지 않느라 종잇장처럼 얇고 투명하다. 나이 든 어부는 청어 몸속에서 이따금 발견되는 갈색 진액에 친숙할 것이다. 이것이 바로 유각익족류다. 이 얇은 껍데기는 청어의 배 속에서 산산조각 부서진다. 즉 바다나비

개체군은 어마어마하게 많을 수 있지만, 우리가 플랑크톤이라고 부르는 다양한 부류에서 딱히 두드러지지는 않는다.[65]

바다나비달팽이를 실험했더니 산성 바닷물에서 생장하는 개체는 건강한 조건에서 사는 개체에 비해 껍데기가 훨씬 얇았다. 따라서 방어막이 더 약하며 껍데기를 만들고 유지하는 데 더 많은 에너지를 써야 한다. 탄산칼슘을 만드는 그 밖의 많은 바닷속 유기체도 마찬가지다.

산성화와 온난화 때문에 붉은플랑크톤 같은 요각류의 한살이가 교란되면 바다의 영양 순환이 완전히 무너질 수 있다. 붉은플랑크톤은 바닷물 위를 떠다니는 영양 보충제와 같아서, 그 밖의 동물 플랑크톤 및 식물 플랑크톤과 더불어 북부 해양 생태계의 바탕을 이룬다.

플랑크톤 조류는 광합성을 통해 지구의 모든 산소 중 60퍼센트를 생산하는데, 지구온난화와 해수 산성화에 의해 피해를 입는다. 예비 연구에 따르면 성체 물고기와 성체 크릴새우는 산성도 변화를 꽤 견딜 수 있는 것처럼 보이지만, 유생 단계의 해양 동물은 온도, 염도, 산성도, 칼슘 포화도에 민감하다. 이 모든 요인이 뒤죽박죽이 되면 먹이사슬의 토대가 되는 종들이 붕괴할 가능성이 있다.

해수 산성화는 지난 5000만 년을 통틀어 지구가 겪은 지질 현상 중에서 단일 사건으로는 가장 규모가 큰 것 중 하나다. 또한 우리가 제대로 이해하지 못하는 개념인 '시간' 자체와도 관계가 있다. 우리는 시간 속에서 살아가고 시간을 느낄 수 있지만, 바다가 지난 5000만 년간 달라진 것보다 앞으로 100년간 더 많이 달라질 거라 상상하는 것은 쉬운 일이 아니다. 아이슬란드에 사람이 정착한 이후의 시간은 매우 짧아서, 우리 할머니 연세의 열두 배도 안 되는 1100년에 불과하다. 아이슬란드 역사는 여자 열두 명의 이야기를 이어 붙인 것이나 다름없다. 태어나 찰나처럼 느껴지는 삶을 산 열두 사람. 수중 에어로빅을 하며 손바닥을 마주 대듯 팔을 뻗은 열두 사람. 그들의 눈이 초롱초롱 빛나는 것은 시간이 하도 빠르게 흘러서 자신이 백 살 먹었음을 눈이 알아차리지 못하기 때문이다. 시간이 얼마나 빠른가 하면 예수가 태어난 것이 고작 스물한 할머니 전이다. 그들은 남편까지 동승하더라도 버스 한 대에 다 탈 수 있다. 인류에 대한 최초 기록은 5000년 전으로 거슬러 올라가는데, 그 사건들은 어제 일어난 것이나 마찬가지다. 바다의 5000만 년 역사에 비하면 인류는 그저께 출현한 셈이다.

'해수 산성화'라는 용어는 2009년 아이슬란드 인쇄물에 세 번 등장했는데, 다른 나라들도 별반 다르지 않다. 예르겐이 자유를 주었을 때 우리가 그 단어를 온전히 이해하는 데 100년이 걸렸지만, 산성화는 30년 전에 이해했어야 했다. 바다가 7.7pH에 도달했을 때의 결과는 말로 할 수 있는 것보다 더 두려울 것이다.[66] 사람들은 기후변화에 대해 의문을 제기하며 예전에도 대소빙기가 있지 않았느냐고 반박할 수 있지만, 해수 산성화에 대해서는 할

말이 없다. 우리 눈앞에서 벌어지고 있는 일은 빙기 변동에서도 유례를 찾을 수 없다.

나는 파리조약과 국제기후협정에 큰 기대를 걸었다. 전 세계 주요 지도자들 사이에 지구 평균 온도 상승을 섭씨 2도 이내로 억제하자는 합의가 이루어지면 우리가 위험의 경계를 넘지 않을 거라 생각했다. 경계를 넘어서면 모든 곳이 위험 구역이 될 것이다. 하지만 내가 만난 연구자들은 그렇지 않다고 말했다. 2도 상승으로도 온갖 종류의 재난이 일어날 거라고 했다. 연구자 조니 시거를 만났다. 그는 사막화와 물 부족, 그로 인한 전쟁 같은 '기후 공포'에 대해 이야기했다. 이 말을 듣고 충격을 받았다. 무슨 수를 쓰더라도 2도를 지켜내야 한다는 나의 믿음이 얼마나 어수룩한지 깨달았기 때문이다. 2도라는 목표가 가능해 보이지도 않는다. 세상은 3도, 심지어 4도 상승을 향해 치닫고 있다. 생물권은 불확실성에 휘둘리고, 과학자들은 상상할 수 있는 가장 복잡한 시스템을 파악하려고 시도하고 있다. 하지만 당장 지금도 최소한 구체적 티핑 포인트, 즉 분기점에 대해서는 확신할 수 있다. 산비탈을 덮은 눈을 생각해보라. 눈은 그 자리에 가만히 있다가 균형을 교란하는 정확한 양의 눈송이가 떨어지면 눈사태가 일어나 비탈 아래로 무너져내린다. 딱 그 티핑 포인트 전까지는 구조가 유지되다가 티핑 포인트를 넘어서면 모든 것이 달라지는 것이다.

물은 뚜렷한 티핑 포인트가 있는 물질의 좋은 예다. 얼음 온도가 영하 50도에서 영하 10도로 올라갔을 때는 아무 일도 일어나지 않는 것처럼 보인다. 심지어 온도가 49도나 변해 영하 1도가 되어도 변화가 일어나지 않는다. 하지만 거기서 1도만 더 올라가면 모든 것이 달라진다. 얼음에서 물로 바뀌는 것이다. 남극과 그린란드에는 세계 최대의 빙상이 있다. 이 빙상들의 티핑 포인트까지 얼마나 남았는지 우리는 알지 못한다. 해수면 상승에 대한 예측은 수십 미터의 오차가 있을 수 있다. 해수 산성도가 0.1pH, 심지어 0.2pH 떨어지더라도 사람들이 별다른 영향을 측정하지 못할 수도 있다. 하지만 거기서 값이 0.001만 더해져도 돌이킬 수 없는 파국이 일어날 수 있다.

불확실성을 일으키는 또 다른 티핑 포인트는 알래스카, 캐나다, 시베리아의 영구동토대다. 수천 년간 얼어붙어 있던 토양이 녹으면 미생물이 살아나 아산화질소—일명 웃음 가스—를 내뿜는데, 이것은 CO_2보다 300배 강한 온실가스다. CO_2보다 스물다섯 배 강한 온실가스인 메탄도 배출될 것이다. 이와 동시에 얼어붙어 있던 토양이 산화된다. 습지가 마르면 많은 CO_2가 방출될 것이다. 이렇게 온실가스가 배출되면 지구가 데워지고 더 많은 메탄과 아산화질소가 방출될 것이다. 이런 과정이 시작되면 식단과 비행기 여행의 부끄러움에 대한 모든 논의가 무색해질 것이다. 이런 연쇄 반응은 지구를 완전한 대기·기후 혼돈의 시기로 몰아넣을 수 있다. 유일하게 남은 방안은 건조식품을 쟁여두고 안전벨트를 꽉 매는 것뿐인지도 모르겠다.

2018년 폴란드 카토비체에서 열린 유엔 기후정상회의에서 경보가 발령되었다. 데이비드 애튼버러●가 단상에 올라 평소와 달리 노골적인 어조로 말했다.

우리가 조치를 취하지 않으면 문명의 붕괴와 대다수 자연의 멸종은 시간문제입니다.[67]

대다수 사람들에게는 이 말이 또 하나의 잡음이겠지만, 그럼에도 어느 정도 이해의 윤곽이 잡혀가는 듯했다. 기후정상회의의 메시지는 분명했다. 인류는 지구 온도가 1.5도 이상 상승하지 않게 해야 한다. 2도 상승은 누구도 감당할 수 없는 희생을 의미할 것이다.

이 기후 회의와 관련하여 과학자들의 모임을 온라인 스트리밍으로 시청한 적이 있다. 연사들을 묘사하자면 침착하다는 말이 적당하겠다. 그들은 감정을 억제했다. 나는 대중의 냉담함 대 히스테리를 다시 떠올렸다. 한 해양생물학자가 단상에 올랐는데, 어조가 유난히 긍정적이었다. 그는 우리가 1.5도 목표를 달성해야 하는 이유는 그래야만 (2도 상승 시 예측되는) 산호의 전부가 아니라 '고작' 70에서 90퍼센트가 사라질 것이기 때문이라고 말했다. 마치 이것이 의미 있는 싸움이라는 투였다. 내가 이 문제에 관심이 있었음에도 미처 인식하지 못한 문제였다. 그의 말은 우리가 지구

● 영국의 방송인·작가로, 자연 다큐멘터리를 제작하고 해설했다.

온난화를 1.5도 이내로 유지한다는, 거의 불가능한 목표를 달성하더라도 전 세계 산호의 최대 90퍼센트가 사멸하리라는 노골적 표현이었을까? 사람들은 2도를 목표로 삼을지 말지 결정할 때 이것을 알고 있었을까? 지구의 생물을 대표하는 자문단이 2도를 승인한 것일까? 최근 뉴스를 돌이켜 보았지만 이 결정으로 텔레비전과 라디오 방송이 중단되고 속보가 흘러나온 기억은 없다. 어느 나라에서든 전 세계 산호초를 희생시킬 권한을 선출 정부에 위임하는 선거를 치른 기억도 없다. 산호초가 협상의 조건으로 이용된 기억도 없다. "자동차 제조사 연합이 승리를 자축합니다. 산호초의 시대는 갔습니다."

왜 이것은 '사건'이 되지 않았을까? 나는 쌍둥이 빌딩이 무너졌을 때, 다이애나 왕세자비가 죽었을 때를 기억한다. 어머니는 케네디가 총에 맞았을 때 당신이 어디에 있었는지 기억한다. 산호에게 사형선고가 내려졌을 때 당신은 어디에 있었는가?

서브웨이 샌드위치를 사려고 주유소에 들렀는데, 분위기가 이상했다. 손님들이 꼼짝 않고 서 있었다. 조리대 뒤쪽 텔레비전에서 신기한 물고기를 보여주고 있었다.

내가 물었다. "무슨 일이죠?"

점원이 눈물을 글썽거리며 말했다. "다 끝났어요. 산호초가 사라졌어요."

그 해양생물학자는 산호에 대해 누구보다 잘 알았을 것이다. 하지만 그는 머리를 쥐어뜯고 복도를 뛰어다니며 이렇게 외치지 않았다. "다들 잠들었어요? 무슨 일이 벌어지는지 모르겠어요?"

우리는 산호초를 희생시키기로 결정한 세대다. 그리고 산호초는 전체 그림의 1퍼센트밖에 되지 않는다. 바다는 바다 상층 플랑크톤의 광합성 작용을 통해 지구 산소의 약 60퍼센트를 생산한다. 그들의 티핑 포인트가 어디인지 아는 사람은 아무도 없다. 그 포인트에 도달하는 것은 지구상에서 살아가는 어느 누구도 감수할 수 없는 위험이다.

2018년 가을에 시간과 바다에 대해 강연한 적이 있다. 토바고케이섬의 거북 영상을 보여주면서 산호의 죽음에 대한 해양생물학계의 조사 결과를 소개할 계획이었다. 나는 원고에 이로써 이 거북에게 작별을 고하는 셈이라고 썼다. 브랜드와 기업이 거북과 산호초보다 더 중요하다는 인류의 결정 때문에 거북의 3500만 년 역사가 저물어가고 있었다. 열 살 난 딸 휠다 필리피아가 청중으로 앉아 있었는데, 갑자기 주체할 수 없을 만큼 슬퍼졌다. 아이의 눈에 있는 저 불을 끄고 싶지 않았다. 도저히 영상을 보여줄 수 없었다. 이 아름다운 동물 종과 그 환경 앞에 무엇이 놓여 있는지 알려줄 수 없었다. 강당에 모인 모든 사람 앞에서 무너져내리고 싶지는 않았다.

산호초를 희생시키자는 결정을 내리면서 지구의 방향을 튼 불운한 세대의 가치와 우선순위에 대해 미래 세대는 의문을 제기할 것이다. 그들은 연소에 대한 통계 자료를 보고 전 세계 부자 나라들이 폐기물, 연소, 낭비에 대한 긴급조치법 제정의 필요성을 느끼지 않았음을 발견할 것이다. 서구의 평균적 차량이 소비하는 에너지는 최적으로 설계된 차량의 두세 배, 적절히 설계된 대중교통의 열 배, 자전거와 초소형 운송 수단의 100배에 이른다. 보통의 냉장고는 최적으로 설계된 냉장고보다 에너지를 세 배 더 소모한다. 비프스테이크는 식물성 식품보다 열 배에서 서른 배 많은 온실가스 배출을 일으킨다. 미래 세대는 이 우선순위를 보고 우리를 판단할 것이다. 대도시 간 단거리 비행은 우리가 그 영향을 목격한 뒤에도 제한되지 않았다. 풍력 발전기와 태양광 발전소를 짓는 마셜 플랜은 하나도 시행되지 않았으며 전 세계 공학자들은 인간을 달에 보내려는 과제를 이런 과제로 대체하지 않았다. 사실 사람들이 오염을 유발하거나 온실가스를 배출할 자유는 어떤 식으로도 제약된 적이 없다. 자연은 어떤 권리도 행사하지 못했다. 훼손되지 않은 토지는 '미활용 원자재'로 정의된다. 지구에 대한—집단 학살에 빗대어 '생태 학살'이라고 부를 수 있을—범죄에 법적 책임을 묻겠다는 계획은 어디에도 없다. 생태 학살법이 제정된다면 생태계 파괴에 가담한 자들이 고발되는 것을 볼 수 있을 텐데.

좌파, 우파, 자유주의를 둘러싼 이념 논쟁이 분분하지만 한 세대가 미래 세대에 이만큼 큰 피해를 입히고 이만큼 큰 가치를 훔치도록 허락하는 이념이나 법률은 어디에도 없다. 우리는 정상적으로 돌아가는 정부라면 개인이 남에게 피해를 끼칠 자유를 제한할 것이라 기대한다. 수십 년 뒤에 피해를 입힐 것이 뻔한 행위들을 민주주의 체제가 제한하지 못한다면 그것은 민주주의의 오류다. 언제나 기업의 이익과, 자신이 원하는 것을 원하는 때에 얻으려는 욕망이 바다보다, 대기보다, 전 세계 아이들보다 우선했던 것이다.

신들의 세계 아스가르드에서는 신들이 거인들과 계약을 맺어 그들로 하여금 도시를 건설하게 했다. 그런데 신들은 공사 대가 지불을 거부했다. 서리 거인이 행동을 취하고서야 대가를 치렀다. 오늘날 전 세계 빙하가 녹고 있다. 서리 거인이 주문을 외워 산에서 흰 거품이 흘러내리게 했다. 흰 거품이 바다와 파도로 바뀌어 성문을 둘러싸고 도시를 무너뜨리고 있다.

산호초를 구하고 싶다면 태엽을 되감아야 한다. 전문가들은 산호가 잘 자라는 기후가 CO_2가 350ppm 이하인 기후라고 추정했다.[68] 우리는 이 한계를 훌쩍 뛰어넘어 415ppm에 다다랐다. 이렇게 볼 때 당장 브레이크를 밟고 모든 온실가스 배출을 25년 전 수준으로 되돌려야 한다. 우리가 합리적 존재이고 이 죽음이, '바다의 왕관'의 죽음이 목전에서 벌어지고 있는 것을 본다면 우리는 틀림없이 나설 것이다. 그런데 정말로 나설까? 산의 얼어붙은 암소가, 동물의 제왕이, 전 세계 농지가 위험에 처해도 나설까? 우리는 무엇을 할까? 증거가 더 필요할까?

아직도 감이 안 오는지?

만사가 잘 풀리길

나는 미국에서 자랐다. 집 뒤의 연못에서 개구리와 올챙이를 잡았
다. 그러다 아이슬란드로 이사했는데, 그것도 이 나라 가장 북쪽
으로 가게 되었다. 디사 할머니와 욘 할아버지가 지내던, 북극권
에서 3킬로미터 아래의 버려진 농장이었다. 집에는 전기가 들어오
지 않았고 우리는 해안가 샘에서 양동이로 물을 길어야 했으며 물
을 끓이기 위해 유목流木을 잘라야 했다. 그곳에서 나는 매우 특별
한 감각을 경험했다. 일종의 문화 충격처럼 말로는 설명하기 힘든
감각이었다. 극제비갈매기 떼, 바글거리는 참솟깃오리들, 검은등
갈매기들, 늪지를 뛰어다니는 새끼 새들, 만 밖으로 고개를 뺀 물
범들—해안에서는 모든 생명이 나를 노리는 것 같았다. 그때 깨
달았다. 내게 가장 큰 영향을 미치는 것은 생명이 아니라 죽음임
을. 발 디디는 곳마다 죽음이 있었다. 날개가 아직 붙어 있는 갈매
기 가슴뼈. 괴물 얼굴을 한 채 죽은 메기. 눈구멍에 구더기가 득시

글거린 채 드러누운 양. 어디에나 해골이 있었다. 새 부리, 게 집 게발—해안은 썩어가는 바닷말로 뒤덮여 있었다. 검은등갈매기 가 참솟깃오리 둥지 위를 맴돌다 쏜살같이 내려와 발버둥치는 새 끼를 부리로 문 채 날아올랐다. 큰도둑갈매기는 할아버지의 소총 이 닿지 않은 만 안쪽에서 참솟깃오리를 익사시켰다. 죽어가는 새 끼를 발견하여 구하려 했지만 결국 우리 손안에서 죽어 집 뒤의 작은 묘지에 묻었다.

도시에는 죽음이 없다. 동물원에서는 모든 동물이 살아 있다. 뱀이 토끼나 쥐를 삼킬 때 말고는 죽음이 보이지 않는다. 공원에 서는 모든 것이 단정하게 정돈되어 있으며 농장에서도 사체나 해 골은 전혀 보이지 않는다. 동물은 울타리나 우리 안에 가지런히 분류되고 심지어 깔끔하게 씻긴 채 들어 있다. 상점은 고기로 가 득하지만 죽음을 연상시키는 것은 아무것도 없다. 어떤 동물의 고 기인지 알기 힘든 경우도 많다.

처음 아이슬란드 고지대를 차로 가로지르며 북쪽으로 드넓 은 모래밭을 건넜을 때는 살아 있는 것이 전혀 없고 모든 것이 위 험해 보였다. 우리는 황무지와 사막을 몇 시간씩 달렸다. 비티(지 옥), 되이다이일(죽음의 협곡), 오다우다흐뢰인(악행의 용암 밭) 같 은 신비롭고 서글픈 이름을 가진 곳이었다. 언뜻 보기엔 모든 것 이 잿빛이고 죽어 있는 듯했지만 여기에서 가장 중요한 것은 죽 음이 아니라 생명이었다. 그토록 잿빛이던 땅은 가까이서 들여다 보니 실은 꽃밭이었다. 돌 사이마다 꼼꼼한 정원사가 심어놓은 듯 작은 꽃이 피어 있었다. 이런 곳에서 어떻게 꽃이 수정되어 뿌리를 내리고 꽃을 피웠을까? 웅덩이에서 뾰족한 풀잎이 한 가닥 돋아났고 녹아가는 눈밭에서는 얇은 얼음판 아래서 네온그린색 이끼가 싹을 틔웠다.

지열 지대에서는 온천이 끓고 있었는데, 온천 바닥과 가장자리에는 부글거리는 진흙 구덩이 위로 마치 세균 군체처럼 신기하게 생긴 얇은 점막이 떠 있었다. 마치 원시 지구 수프의 첫 생물 같았다. 처음에는 죽음과 파괴의 상징처럼 보이던 장소가 생명 진화의 가장 훌륭한 본보기가 되었다. 밀림에서는 생명이 편재하고 자명하지만 이곳 고지대의 생명은 벌거벗고 드러난 채 한 가닥 한 가닥이 일종의 기적이었다.

그중에서도 내가 가장 아름답다고 여긴 지역은 아스캬였다. 그곳 호수는 수심이 아이슬란드에서 가장 깊다. 1875년 화산 폭발로 생긴 신참으로, 뉴욕 브루클린 다리보다 젊다. 우리가 알아볼 수 있는 세상은 예전에는 전혀 다르게 생겼던 장소들의 자취다. 스프레잉기산뒤르 고원은 정착 시대에 초목이 무성했을지도 모른다. 나를 매혹시키는 스프레잉기산뒤르는 1000년 전에 이곳을 알았던 사람에게는 서글픈 풍경일 것이다. 멜라카슬리에타 평원은 해변마다 큰바다오리와 바다코끼리로 가득했다가 지금은 모두 사라졌다. 이 풍경이 다시 달라지더라도 미래의 누군가에게 소중하리라는 것은 의심할 여지가 없다. 사람들은 각자의 순간에 펼쳐진 세상에서 살아간다. 그들은 자신의 환경에 친숙하며, 달라진 모든 것을 애통해하느라 감정을 허비할 순 없다. 우리는 거의 모든 상황에서 아름다움을 보는 능력이 있다. 사막에 살면서 공허에 담긴 아름다움과 깊이를 발견하는 사람이 있는가 하면 나무나 꽃을 보기 힘든 극지방에서 살아가는 사람도 있다.

약 2만 년 전에는 빙기 빙하가 아이슬란드를 뒤덮었다. 아이슬란드는 화산 분화에도 좀처럼 깨지지 않는 2킬로미터의 두꺼운 얼음 아래서 수만 년을 잠들어 있었다. 빙하 아래에는 산과 계곡이 있었지만, 인정사정없는 얼음은 인류가 등장하기 오래전에 땅을 덮었던 독특한 풍경을 휩쓸어버렸다. 빙기가 시작되기 전 베스트피르디르 반도에는 소나무와 사슴이 있는 드넓은 숲이 있었고 피오르에는 바다코끼리가 있었고 강에서는 수달이 헤엄쳤고 나무 꼭대기에는 딱따구리가 앉아 있었고 늦은 저녁에는 귀뚜라미 소리도 들을 수 있었을 것이다. 그러다 스칸디나비아, 북유럽 대부분, 캐나다 전역, 북아메리카 상당 지역에 빙기 빙하가 형성되었다. 뉴욕 센트럴파크에 가면 빙하에 의해 생긴 바위 언덕인 양배암羊背巖을 볼 수 있다. 한때 이 나라들에는 하얀 죽음이 무거운 짐처럼 가로놓여 있었다. 모든 것이 시들었다. 오늘날 스칸디나비아에 살아 있는 것 중에서 1만 3000년 이상 된 것은 거의 없다. 1만 1000년 전의 빙기 빙하는 아이슬란드보다 넓어서 오늘날 해안선에서 몇 킬로미터 떨어진 브레이다피외르뒤르 피오르의 만 한가운데에서도 그때 형성된 말단 퇴석구를 볼 수 있다. 빙기는 밀썰물과 비슷하지만 규모가 크다. 빙하가 후퇴하면 사람들이 정착하여 도시를 건설할 수 있다. 그러다 지구의 축이 기울어 공전 궤도가 틀어지면 북반구에 여름이 짧아지면서 얼음이 다시 밀려온다. 아름다운 피오르를 깎아내리려면 한 번의 빙기로는 안 된다. 빙기에 빙기에 빙기가 잇따른 뒤에야 노르웨이와 아이슬란드, 그린란드의 피오르가 생긴다. 지난 200만 년간 빙기는 10만 년마다 찾아왔다. 9만 년간 쌓였다가 1만 년간 녹고 그 순환이 되풀이된다. 이것은 숨쉬기나 계절의 변동과 같지만 지질학적 규모로 이루어진다. 1000년의 여름에 이은 1000년의 겨울. 갯벌이 물에 잠기기 전에 돌진하여 먹이를 뒤지는 도요새처럼 우리는 땅이 드러나는 광경을 본다. 우리는 여름 숙소로 이사했다가 겨울이 오면 남쪽으로 돌아와야 한다. 우리는 보금자리를 짓고 후손을 여러 세대 남기지만, 빙백색 지우개가 찾아와 모든 것을 인정사정없이 파괴한다. 과학자들은 농업의 온실가스 배출과 산업혁명의 연소가 지구의 냉각을 막아 우리가 다음 빙기를 맞지 않도록 했다고 믿는다. 빙하는 팽창하고 두꺼워지며 모든 것을 집어삼킨다. 양심의 가책은 조금도 느끼지 않으며, 경제성장이나 산업이나 탐욕이나 환경평가나 국제회의는 조금도 신경쓰지 않으며, 빙하는 작품이 완성되자마자 부수는 미술가처럼 모든 것을 바스라뜨린다. 극제비갈매기는 1만 5000년 전에 어디서 살았을까? 노르망디나 스페인의 해안에 있었을까? 북방부비새와 대륙검은지빠귀는 어디서 살았을까? 물범과 바다코끼리는 어디서 살았을까? 새가 진화하여 남아프리카에서 북극까지 날아가는 극제비갈매기가 되려면 얼마나 오랜 시간이 걸릴까? 1만 5000년 만에 가능하지는 않았을 것이다. 북쪽에서 이곳으로 내려올 생명은 하나도 없었다. 아이슬란드에서 북극까지는 얼음뿐이니. 이곳이 생물의 낙원이던 시절은 언제였을까? 지구상의 동물이 평화와 평형을 누리며 살던 완벽한 환경은 언제 있었을까?

1만 3000년 전 해수면은 지금보다 120미터 낮았다. 그때 영국은 섬이 아니라 유럽의 일부였고 털매머드와 털코뿔소가 얼음가를 배회했으며 동굴곰과 빙기사자가 동굴에 숨었고 사람들은 이곳저곳에 흩어져 살았다. 영국에서 코뿔소 뼈 둔덕이 발견되었는데, 증거에 따르면 사람들이 뼈를 부숴 골수를 꺼내 먹었다고 한다. 인류는 아마도 그때 그곳에서부터 종을 절멸시키기 시작했을 것이다. 몇몇 종은 식물상 변화와 그 뒤로 닥칠 기온 상승을 이겨낼 수 있었을 테지만.

영구적 경관 같은 것은 없다. 자연에는 불변이 없다. 변화가 자연의 본질이다. 기후계와 화산 활동, 또는 밀썰물을 일으키는 달이 없었다면 지구는 죽었거나 기껏해야 악취 나는 조류 덩어리였을 것이다. 자연은 태어나자마자 파괴를 시작하고 죽이면서 사랑하는 칼리 신과 같다. 창조와 파괴가 동시에 일어나며 자연에서는 둘이 구분되지 않기 때문이다. 시간을 얼마나 거슬러 올라가든 상관없다. 자연은 언제나 옳으며, 언제나 참이었고 옳았다. 창조는 변화다. 만물은 변형의 과정에 있다. 자연에서 폭포는 점차 깊은 협곡이나 급류가 되고 빙하는 후퇴하거나 대륙을 쓸어버린다.

지각판은 서로를 밀어내어 산을 하늘 높이 짓누르기도 하고 빛나는 마그마 속으로 사라지면서 대륙을 삼키기도 한다. 몇백만 년 뒤에 일본이 그런 운명을 맞을 것이다.

지구상에서 살았던 모든 동물 종의 99.99퍼센트가 사멸했다. 그들은 하나하나 자연적 이유로 사라지거나 경쟁에 져서 멸종하거나 진화의 막다른 골목에 갇혔다. 종이 소멸하는 데는 1만 년이 걸릴 수도 있지만, 이따금 거대 화산 분화나 소행성 충돌 같은 대규모 사건으로 멸종하기도 한다. 이런 대멸종은 대략 몇억 년마다 한 번씩 다섯 차례 일어난 것으로 추정되는데, 우리는 지금 여섯 번째 대멸종에 시동을 걸었다.

유럽은 인구가 빽빽하게 밀집해 있으며 야생은 대부분 사라졌다. 지구 인구는 100억을 향해 가고 있으며 인류는 사용할 수 있는 것이라면 모조리 사용할 것이다. 아프리카에는 아직 야생동물이 있지만, 세계 인구가 100억 명에 도달하면 가젤과 기린, 사자에게 드넓은 들판을 내어줄 여력이 없을 것이다. 아메리카 평원의 수백만 마리 버팔로나 독일의 사슴과 늑대 무리도 살 곳을 잃을 것이다. 야생동물이 떠난 곳은 네모반듯한 밭으로 바뀔 것이다. 식량을 재배하지 않더라도 적어도 에탄올을 생산하거나 가축 사료를 재배할 것이다. 야생동물은 좁은 우리에서, 동물원에서, 작은 보호구역에서, 시험관에서, 종자 은행에서 살아갈 것이다. 야생의 자연은 노르웨이의 늑대, 독일의 곰, 네팔의 호랑이, 아이슬란드의 수리와 같은 길을 걸을 것이다. 인간은 정서적 존재다. 자연 다큐멘터리와 동영상에서 여섯 번째 대멸종을 실시간 화면으로 보는 것은 고통스러울 것이다. 우리는 코뿔소, 코끼리, 기린, 얼룩말의 개체수가 감소한다는 뉴스를 매일같이 본다. 1970년부터 2018년까지 전 세계 생물상의 60퍼센트가 사라졌다는 빅뉴스도 있다.[69] 이 수치는 2060년에는 80퍼센트로, 2080년에는 95퍼센트로 증가할지도 모른다. 닭은 개체수가 세계에서 가장 많은 척추동물이 되었다. 해마다 약 500억 마리의 닭이 사육되는데, 지구상의 모든 조류를 합친 것의 절반이나 된다. 서식처를 빼앗기고 산란지를 잃은 채 서서히 사라져가는 검은가슴물떼새, 신천옹, 앵무, 펭귄을 모두 합친 것보다 많다. 지구상의 조류 마릿수는 감소하지 않고 증가했다. 우리는 더 많은 닭으로 수를 채웠기 때문이다. '켄터키 프라이드 플래닛'이 따로 없다.

어쩌면 집착을 버리고 냉소와 냉담에서 피난처를 찾아야 할지도 모르겠다. 이 모든 변화를 화해시키는 철학을 찾아내야 할지도 모르겠다. 지금이 빙기라면 우리는 추위와 관계를 맺고 추위의 확장과 공생해야 한다. 우리는 과거의 동물들과 함께 지내는 것을 그만두고 지금의 우리 모습을 찬미해야 한다. 검은 태양의 자녀인 우리를. 우리는 예상치 못한 에너지가 방정식에 들어온 수학적 결과다. 그 결과는 검은 아스팔트, 플라스틱 지층, 쓰레기 산, 닭의 폭증이다. 이 모든 것은 지각의 카본블랙 광맥을 열어 수백 년 동안 녹조처럼 번성하다 풀과 새로운 퇴적층 아래로 사라진 한 영장류의 자취다. 사라지는 종은 우리의 새 브랜드가 된다. 타이거. 애플. 아마존. 새 나이키 신발이 출시되면 우리는 매장 밖에 텐트를 치고 줄 서서 기다린다. 요나스 하들그림손이 검은가슴물떼새를 기다렸듯. 운동화는 물론 자연이다. 인간 빙기의 일부다. 인류는 동물 종의 하나다. 우리의 생산물은 자연이다. 벌집이 자연이듯, 6만 년 넘도록 날을 점점 날카롭게 다듬은 석기 시대 도끼가 자연이듯 내 컴퓨터도 자연이다.

그렇게 우리는 세상을 밀어내고 지구의 미래에 대한 우려에 동반되는 불안에서 달아날 수 있다. 생명이 있는 모든 것은 죽을 것이다. 아름다움은 어디서나 찾을 수 있다. 가장 끔찍한 폭력 행위가 저질러지는 곳에서도. 우리는 엘드흐뢰인의 이끼 낀 무덤에 앉아 있으면서도 18세기 라키 화산 분화의 무시무시한 파괴를 생각하지 않는다. 우리는 미국의 끝없는 옥수수밭을 지나치면서도 그곳에 토착민과 버팔로가 살았음을 떠올리지 않는다. 우리는 노르망디 해변에서 흥겨운 나날을 보내고 함부르크 길거리를 거닐면서도 1943년 공습 이후의 참화를 생각하지 않는다. 우리는 어디에서도 역사의 무게를 느끼지 않는다. 행인의 눈에서는 어떤 슬픔도 찾아볼 수 없다. 유럽은 전쟁이 끝나고 재빨리 회복했으며, 1960년이 되자 5000만 명이 죽고 모든 생존자들이 누군가를 잃었거나 죽였거나 고향을 등졌다는 사실은 잊었다. 무슨 일이 일어나더라도 결국은 만사가 잘 풀릴지도 모른다. 전 세계 해수면이 상승하더라도 우리는 물 아래 잠긴 것을 그리워하지 않을 것이다. 지금 북해가 숨기고 있는 고대 사냥터를 우리가 아쉬워하지 않듯.

물은 슬픔을 덮어준다. 모든 것은 죽고, 그와 동시에 태어난다. 영원히.

빙하가 하늘을 향해 서 있는 자리는 아직도 아름다움이 지배한다. 세상이 변한다고 해서, 우리가 많아지거나 적어진다고 해서 세상이 반드시 추해질 이유는 없다. 마음을 차분히 가라앉히면, 지금부터 상황이 나빠지더라도 결국은 만사가 잘 풀릴 것만 같다. 머뭇거리며 이 방향으로 마음을 돌려 허무주의와, 무심함과 잠깐 희롱한다. 모든 것이 상대적이라는 생각으로 최면을 걸어본다. 세이렌의 노래처럼 나를 유혹하는 생각들. 내려놓는 것은 솔깃한 일이다. 우주의 크기는 수십억 광년이며, 우리는 그 수십억에 비하면 작은 불똥 하나에 불과하다. 사실 우리는 지구의 역사에 덮인 한 꺼풀 재의 층에 불과하다.

아무것도 구원받지 않는다. 모든 것이 지나가고 지나간다.
자신 위로 무너져내려 아무것도 존재하지 않는다.
그대의 삶은 작디작은 흔적을 남긴다. 그것은 하찮은 유익이다.
그러고는 마침내 끝이 찾아온다. 아무것도 일어나지 않았던 것처럼.

이것은 아이슬란드 시인 스테이든 스테이나르의 말로, 더 큰 그림을 보는 한 가지 방법이다. 나는 풀이며 당신의 발자국 위로 자랄 것이다. 왜 투표하는가, 왜 아침에 일어나는가, 왜 샤워를 하고 헬스장에 가는가, 왜 시를 쓰고 누군가를 사랑하고 자녀를 낳는가? 모든 사랑은 바랜다. 만물은 결국 죽는다. 언어가 죽고 책에 곰팡이가 끼고 노래가 잊히고 미술품이 일그러지고 우리가 만들어내는 모든 것이 결국 쓰레기가 된다. 이 모든 것은 필연적이다. 태양이 붉은 거인이 되어 모든 것을 삼킬 것이듯.

*

아우르드니 마그뉘손 연구소의 방대한 오디오 자료실에 소장된 마지막 녹음 중 하나는 내가 태어나기 전날 밤인 1973년 7월 13일에 채록되었다. 이 녹음에는 그림세이섬의 바우사르와 아이슬란드 북부 섬의 자연 음향이 담겨 있다. 무적霧笛 소리, 극제비갈매기 소리, 파도 소리를 들을 수 있다. 녹음은 기이하게 매혹적이다. 헬가 욘스도티르와 욘 삼소나르손은 민요를 부르며 자란 사람들, 수 세기를 거슬러 올라가는 구전을 아는 최후의 사람들을 찾아 아이슬란드를 여행했다. 하지만 그 지점에서 그들이 간직하기로 한 것은 그림세이 여름밤의 3분 15초였다. 영원의 스냅숏.

나는 이 녹음이 늘 궁금했다. 이것은 아름다움을 포착하려는 시도였을까, 아니면 그들이 채록에 하도 몰두한 탓에 그림세이에서 영원히 철썩이는 파도를 비롯하여 모든 것을 간직하고 싶어진 것이었을까? 세상의 모든 것을 간직하려는 시도였을까? 아니면 일종의 체념이었을까?

헬가와 욘은 아이슬란드 전역을 누비며 사라져가는 문화에서 살아남은 것들을 구하려 했다. 두 사람은 노래나 시나 옛 전설을 아는 노인이 얼마 전에 죽었거나 정신이 오락가락하거나 입을 영영 닫았다는 말을 듣기도 했다. 값을 따질 수 없는 자료가 영원 속으로 사라진 것이다. 7월의 그 밤은 세상과, 시간의 흐름과 일종의 조화를 이루었을 것이다. 모든 것이 흘러가고, 모든 것이 영원하고 덧없다. 그림세이의 파도처럼. 간직하려 해봐야 소용없다.

*

나는 이 철학에 친숙해질 수 있었다. 그 안에서는 모든 무시무시한 정보로부터 조그만 피난처를 찾을 수 있다. 정신을 붙잡아둘 수 있는 약간의 공간을. 내려놓고 아래로 떠내려갈 수도 있다. 하지만 미래 세대의 경멸이 두렵다. 오늘 스무 살인 사람이 알고 사랑하는 누군가는 2160년에도 살아 있을 수 있다. 세상의 현재 모습을 보건대 우리는 지독한 파괴를 저지르고 있다. 지금 떠오르는 세대는 우리의 모든 삶을 우습고 어리석다고 판단할 것이다. 우리는 원시적이고 무지몽매한 사람으로 치부될 것이다. 에르겐의 시대에 '자유'라는 단어를 이해하지 못하여 무장도 하지 않은 소수의 독점 상인들이 나라 전체를 단단히 옥죄게 내버려둔 사람들처럼. 철학적 체념은 우리의 마구잡이식 자기중심주의를 나타내는 또 다른 상징일 것이다. 독재자를 기쁘게 하는 미술품처럼 우리의 모든 창조물은 우리의 생활양식이 초래한 참화에 비추어 가치가 매겨질 것이다. 산호초와 밀림의 아름다움, 멸종한 종의 위엄— 이것들은 우리가 잠시 열망하고 애용했으나 이내 매립지 신세가 된 모든 쓰레기 옆에 놓일 것이다. 뇌산호는 교통 체증, 우리가 날마다 쓰레기통에 던지는 옷, 우리가 버리는 음식, 쓰레기 산에 던져지는 탄산음료 깡통, 우리가 재미로 태우는 석유를 기준으로 평가될 것이다. 우리가 아무것도 하지 않는다면 우리는 낙원을 물려받아 망쳐버린 세대가 될 것이다. 이 모든 것은 우리가 이기주의와 탐욕의 노예가 되었기 때문이다. 우리의 모든 업적은 지독한 수치가 될 것이다. 우리가 만들어내는 어떤 것도 바다에 비할 수 없고 어떤 것도 빙하만큼 장엄하지 않고 어떤 것도 한밤의 우림만큼 신비롭지 않기 때문이다. 우리가 어떤 업적을 달성했더라도, 그 과정에서 과학에 눈을 감고 미래 세대의 삶과 행복을 외면했다면 그 업적은 칭송받지 못할 것이다.

이 숫자를 어떻게 이해해야 할까? 거대한 석유의 강, 분화하는 666개의 화산, 하루 1억 배럴의 석유, 조립라인을 지나 용암 강처럼 길거리를 휩쓰는 수억 대의 자동차를. 해마다 생산되는 자동차들을 한 줄로 세우면 왕뱀처럼 지구를 네 바퀴 휘감을 수 있다. 우주로 쏘아 올리면 지구 상공 1000킬로미터에 토성의 고리 두 개가 생길 것이다. 하늘을 올려다보면 우리의 힘을 상징하는 빛나는 자동차 고리가 근사해 보일 것이다. 그러다 유성우처럼 땅에 내리꽂히겠지만. 인류는 한 번도 70억 명을 넘은 적이 없다. 한꺼번에 이렇게 많은 불을 밝힌 적도 없다. 이제 우리는 전과 다르게 생각하고 행동해야 한다. 우리는 그렇게 할 수 있는 모든 연장과 모든 장비와 모든 지식을 가지고 있다. 행동하지 않는다면 우리는 조상과 후손을 둘 다 실망시킬 것이다. 말들이 블랙홀로 빨려들어가기 시작했다. 성자를 찾아갈 시간이 되었다.

다람살라의 달라이 라마 접견실에서 나눈 대화

2010년 6월 9일

우리는 델리로 날아가 이틀 머문다. 인도는 처음이다. 이곳의 생활양식을 경험한 적도 없다. 이렇게 많은 인파는 겪어보지 못했다. 나는 더위에 익숙하지 않다. 사람들이 나를 도우려는 건지 혼란스럽게 하려는 건지 속이려는 건지 아니면 셋 다인지 알 수 없어 반신반의하고 갈피를 잡지 못하겠다. 아름답게 장식된 타타 트럭이 코뿔소의 환생인 양 쏜살같이 지나간다. 사람들이 끝없이 오고 간다. 화려한 옷차림의 아름다운 사람들, 젊은이와 노인. 나는 희멀건 이방인이다. 어디서나 눈에 띄는.

힌두교 사원을 지나며 만일 1000년경에 기독교가 전파되지 않았다면 아이슬란드가 어떻게 발전했을지 상상한다. 우리의 신들은 틀림없이 힌두교 신들만큼 다양했을 것이다. 이곳엔 신성한 성상들이 많다. 푸른색의 크리슈나가 있고 팔이 많은, 시간과 소멸과 창조의 여신 칼리가 있다. 시바를 숭배하는 상징물이 있고, 발이 히말라야 산맥인 카마데누가 있고, 코끼리 신 가네샤와 그의 사방으로 번쩍거리는 디스코 조명이 있고 플라스틱 조화와 향과 낡은 라디오가 있다.

계속 걸어간다. 눈먼 여인이 손을 내밀고 있고 장례 행렬이 그녀를 뒤따른다. 상여 위 노란 꽃 아래에 한 여자가 누워 있다. 시신을 보니 왠지 당혹스럽다. 사방에 놀라운 생명뿐 아니라 노골적인 죽음도 있다. 죽은 쥐, 죽은 개, 웅크린 채 죽어가는 듯한 남자. 그의 옆에서 한 여자가 아기에게 젖을 먹인다. 모든 것이 섞여 있다. 수천 년의 연속이 느껴진다. 모든 새것은 어떤 면에서 옛것이기도 하다. 조금 지나자 혼란 속에서 흐름이 나타나기 시작한다. 모든 것이 일종의 춤이나 율동을 따르고 있음을 알아차린다. 길을 건너려면 그 춤을 배워야 한다. 한 걸음 내디디자 트럭 운전수가 브레이크를 밟고, 또 한 걸음 내디디자 오토바이가 브레이크를 밟고, 걸을 때마다 누군가 브레이크를 밟는다. 인도 사회는 내가 중국에서 본 것보다 더 복잡하고 예민해 보인다. 그 뿌리는 계급, 종교, 전통이며 어느 것 하나도 무산계급 문화대혁명에 희석되지 않았다. 하지만 수십 억 명이 가난에서 벗어나길 고대하고 있다. 이를 달성하는 가장 빠른 수단은 우리의 현재 기술이다. 석탄으로 불을 피우고 더 많은 화산을 분화시키고 더 많은 석유의 강을 흐르게 하면 된다.

우리는 포커사의 항공기를 타고 다람살라로 날아간다. 산악 마을에서는 모든 것이 좀 더 편안하고 넉넉하다. 공기도 더 상쾌하다. 도로 양옆에는 플라스틱과 쓰레기가 널브러져 있다. 모든 것이 어딘지 남루하면서도 매혹적이다. 서양인 여행자는 다른 서양인 여행자와 눈을 마주치지 않고 자신이 찍은 사진에도 결코 담지 않으려고 조심한다. 고국에 돌아가 자신의 여행 경험이 독특한 미지의 무언가라고 주장하고 싶기 때문이다. 어딜 가나 바닥까지 내려오는 암적색 로브를 입은 젊은이들이 오전 찬가를 힘차게 부른다. 카페에 앉아 휴대폰을 들여다보는 사람들 옆에서는 성스러운 소가 쓰레기 더미를 뒤져 먹이를 찾는다. 우리는 사원의 정원을 배회한다. 사람들이 다투는 듯 소란스럽고 고함 소리가 터져 나오고 언성이 높아진다. 알고 보니 승려들이 마치 무술을 연마하듯 논쟁술을 연습하는 중이다. 한 사람이 일어나 질문하면 나머지가 앉은 채 대답한다. 질문자가 티베트어로 보살행에 대해 묻는다. 대답이 틀리면 질문자는 소리를 지르며 팔을 휘두르는데, 다른 승려를 때리지는 않고 허공을 가르기만 한다.

승려들을 지나쳐 달라이 라마의 거처로 향한다. 1959년 도피 이후로 그와 망명정부가 머무는 곳이다. 우리는 몸수색을 받는다. 승려들이 우리에게 인사를 건네고 달라이 라마의 접견실로 안내한다. 티베트 불교의 전통에 따라 금색, 파란색, 노란색으로 화려하게 장식한 방이다. 만다라와 무늬와 상징은 오래전 티베트 산들에서 유래했다. 수행원들이 우리를 맞이하고 달라이 라마가 들어

와 내게 흰색 목도리를 둘러주었다. 그는 아이슬란드에 왔을 때 둘러볼 시간이 더 많았으면 하고 바랐다며 다시 가보고 싶다고 말한다.

나는 그에게 아우둠라에 대한, 시간과 빙하와 성스러운 물에 대한 작업을 여전히 진행하고 있다고 말한다.

"아! 그렇죠, 마법 암소." 그가 말하며 웃음을 터뜨린다.

나는 세상에 변화를 일으키는 모든 것에 대해 쓰고 있다고 말한다.

나: 존자께서는 1931년 이후로 달라이 라마의 14대 현신이지만, 1935년 이후의 삶에 대해 읽어보니 이 현신으로 열 번의 생을 사셨다고 되어 있더군요.

"그 말도 맞습니다. 저는 가난한 마을에서 태어나 그곳에서 다섯 해를 산 뒤에 라싸로 옮겨져 공식적으로 달라이 라마, 즉 티베트의 영적 지도자가 되었습니다. 하지만 실제로는 천방지축 동자승에 불과했죠. 공부 말고 놀고만 싶었어요. 공부가 여간 힘들지 않았습니다. 그래서 제 스승께서는 이 천방지축 동자승에게 회초리를 드셔야 했습니다. 그때는 형과 함께 공부했는데, 스승께서는 회초리를 두 개 가지고 계셨습니다! 하나는 평범한 회초리이고 다른 하나는 성스러운 학생에게 쓰는 성스러운 노란색 회초리였죠! 저는 산만하고 멍청한 학생이었습니다. 스승께서는 자주 회초리를 드셔야 했습니다."

그가 내 쪽으로 몸을 기울이며 웃음을 터뜨린다.

"하지만 성스러운 회초리가 제게 성스러운 고통이 아니라 평범한 통증을 가할 뿐임을 알 정도의 머리는 있었습니다. 하하하! 그래서 고통을 두려워하면서 계속 공부했습니다. 그렇게 한 삶이 지나갔습니다.

그러다 열여섯 살이 되었을 때 중국 공산주의자들의 침략을 받아 자유를 잃었습니다. 그렇게 또 다른 삶, 또 다른 시간이 시작되어 9년 동안 이어졌습니다."

나: 이 시기에 마오 주석과 외교 관계를 맺으셨죠.

"그래요, 맞아요. 1954년과 1955년에 마오쩌둥을 여러 번 만났는데, 저를 친아들처럼 대해주더군요. 매우 친밀한 관계가 형성되었고 저는 그를 무척 존경했습니다. 초기에는 약간 의심하기도 했지만 나중에 베이징에 가서 마오를 비롯한 많은 사람들과 회담을 했습니다. 그들을 뭐라고 불러야 할까요. 자유의 투사, 공산주의자, 인민의, 무엇보다 노동자 계급의 안녕에 헌신하는 경이로운 사람들. 저는 사회주의와 마르크스주의에 무척 이끌렸습니다. 심지어 중국 공산당에 가입할 수 있는지 중국 당국에 물어보기까지 했습니다. 그런 식으로 믿음과 신뢰가 형성되었습니다. 중국 본토에서 돌아왔을 때 마오 주석의 영도하에 중국 공산주의자들의 도움을 받아 티베트를 발전시킬 수 있으리라 확신했습니다. 그러다 1956년 봉기가 일어났습니다. 저는 마오 주석에게 편지를 썼습니다. 무슨 문제가 생기든 직접 편지를 보내라고 제게 약속했거든요. 두세 번 편지를 썼는데, 답장이 전혀 없었습니다. 신뢰가 점차 약해졌죠.

1956년에 인도에 가서 판디트 네루를 만났습니다. 우리는 매우 가까운 사이가 되었으며 저는 그와 많은 대화를 나눴습니다. 당시에 많은 티베트인들이 제게 점령된 티베트에 돌아가면 안 된다고 충고하던 차였습니다. 그와의 만남은 황금 같은 기회였습니다. 인도는 자유국이니 머물기에 더 나았으니까요. 이 문제를 네루와 논의했는데, 결국 그는 제게 티베트로 돌아가라고 충고했습니다. 제가 중국 중앙 정부와 특별한 관계라고 말하더군요. 제가 그들과 특별 협정을 맺었으니 티베트 내에서 투쟁을 벌여야 한다는 겁니다.

그 뒤 1957년에 백화제방 운동이 시작되었습니다. 백 가지 관점에 귀를 기울여야 한다는 뜻이죠. 백화제방 운동은 재앙으로 끝나고 말았습니다. 뒤이어 지식인이든 누구든 당의 노선을 따르지 않는 사람은 모두 박해를 받았습니다. 마오 주석은 종종 이렇게 말했습니다. '공산주의자들은 안팎에서 비판을 받아들여야 한다. 그러지 않으면 물을 떠난 물고기처럼 인민과 동떨어질 것이다.' 말은 이렇게 했지만 행동은 정반대였습니다."

나: 그는 물 밖에 나온 물고기 꼴이 되었나요?

"문제가 불거지자 마오는 이념보다는 권력에 더욱 집착했습니다. 저는 마르크스주의자를 자처하며, 자본주의적 방식과 달리 이윤의 관점에서만 생각하지 않고 분배 평등을 강조하는 마르크스주의 경제 이론을 무척 높이 평가합니다. 고귀한 마르크스주의 이념을 레닌의 권력욕이 망쳤다는 생각이 들 때도 있습니다. 물론 스탈린도 그렇죠. 마오 주석도 마찬가지고요. 마오는 초기에는 매우 훌륭한 공산주의자였지만 훗날 권력이 그를 망쳤습니다. 제가 경험한 바로는 그렇습니다. 제 말이 옳은지 아닌지는 역사가들이 연구해보면 알 겁니다!"

나: 그래서 1959년에 인도로 피신하셨죠?

"평화를 얻고 상황을 안정시키려고 9년간 노력했지만 실패했습니다. 1959년에 중국령 티베트 동부와 중국의 간쑤, 쓰촨, 윈난, 칭하이에서 비현실적 개혁이 시행되자 봉기가 일어나 티베트 전역에 퍼졌습니다. 상황이 통제 불능으로 치달았습니다. 1959년 3월 10일 이후에는 도저히 손쓸 수 없을 지경이었죠. 일주일 내내 최선을 다했지만 어쩔 수 없었습니다. 이레째 밤에 라싸를 떠나 인도에 도착했습니다. 그렇게 1959년 4월경 이후로 지금까지 또 다른 생애를 살았습니다.

저는 슬펐습니다. 집 없는 신세가 되었으니까요. 하지만 저는 사람들에게 이렇게 말합니다. 집을 잃었지만 이곳 다람살라에서 행복한 새집을 찾았다고요. 인도 정부는 환대를 베풀어 저희에게 정치적 망명을 허락했습니다. 그뿐 아니라 티베트 난민 공동체 전체에 땅을 제공했으며 무엇보다 젊은 세대가 교육받게 해주었습니다. 처음에는 비용도 전부 인도 정부에서 부담했죠. 난민으로 지낸 51년은 제게 개인적으로 가장 행복한 시기였습니다. 완전한 자유를 누리고 있으니까요. 어디든 갈 수 있습니다. 아이슬란드에

도요. 자유롭게 말할 수도 있습니다. 누구도 저를 조종하지 않습니다. 그게 좋습니다."

나: 하지만 존자의 궁극적 목표는 고국에 돌아가는 것 아닌가요?

"네. 모든 티베트인의 목표이죠."

나: 귀국하는 모습을 머릿속에 그려보신 적이 있나요?

"네, 그건 얼마든지 가능한 일입니다. 이것은 정치적 문제이기 때문입니다. 현 상황의 바탕은 현실 정치가 아니라 중국 공산당 강경파의 편협한 시각과 근시안적 정치사상입니다. 그들이 생각을 바꿔 더 현실적으로 돌아서기만 하면 티베트 문제가 당장 해결될 것입니다. 아무 문제 없습니다. 한편 중국에는 2억여 명의 불교도가 있습니다. 많은 중국인이 불교의 가르침을 얻기 위해 온갖 어려움을 무릅쓰고 은밀히 이곳을 찾아옵니다."

나: 존자께서는 매우 낙천적이십니다. 열여섯 살의 나이로 티베트에 대한 모든 책임을 어깨에 짊어지셨을 때 어떤 심정이셨나요?

"물론 불안했죠. 그 시기에는 경험도 없고 당면 문제에 대한 교육도 받지 못했으니까요. 상황이 엄혹하고 무척 힘들어서 불안감이 많이 쌓였습니다. 하지만 제게는 매우 훌륭하고 믿음직한 조언자들이 있었습니다. 저는 누구하고나 쉽게 친해지는 성격입니다. 복도를 황급히 지나가는 사람을 불러 세워 진지한 문제에 대해 의견을 청한 적도 많습니다. 그들은 열린 마음의 소유자이고 신뢰할 수 있고 스스로 생각할 줄 아는 사람들이었습니다. 바깥세상의 온갖 풍문을 듣고 제게 알려주기도 했죠. 어떤 때는 무척이나 요긴했죠!"

그가 나를 쳐다보며 너털웃음을 터뜨린다.

"그 덕에 저는 상황이 힘들어도 확신을 잃지 않습니다. 일단 결정을 내리면 그 뒤에는 걱정하지 않습니다. 실수를 저지르더라도 후회는 하지 않습니다. 철저히 숙고했으니까요. 저희도 불자이기에 은밀하고 영적인 조사 방법이 있습니다. 선생은 이해하지 못하실 겁니다! 하하하! 무척 신비하죠! 하지만 열여섯 살부터 여든을 바라보는 지금까지의 경험에 따르면 이 모든 신통은 매우 정확했습니다. 저는 이 방법을 전적으로 확신합니다."

이 신통이 뭔지 궁금하다.

나: 조금 실마리를 주시겠습니까? 미래를 감지하여 다음번에 옳은 판단을 내리는 것인가요?

"이건 과학적 방법입니다. 우선 지성을 이용합니다. 우리의 이성 능력을 이용하여 상황을 철저히 분석합니다. 그런 다음 사람들에게 자문을 구합니다. 마지막으로, 모두가 합의하면 신통을 부릴 필요가 없습니다. 하지만 마지막 단계에서도 어떻게 해야 할지 모르겠으면 그때 이 신통을 부립니다."

나: 일종의 예언 같은 것인가요?

"예언은 다릅니다. 제게 예언은 조언자에 가깝습니다. 조언과 견해를 청하되 최종 결정을 의탁하지는 않죠. 최종 결정은 이 신비로운 방법을 이용하여 더 높은 차원에서 얻습니다."

나: 환생에 대한 편지를 쓰신 적이 있나요?

"전생 말입니까, 내생 말입니까?"

나: 내생이요.

"아니요, 없습니다. 이번 생의 달라이 라마는 그런 편지를 보 낸 적이 없습니다. 예전의 라마 중에는 자신이 어디에서 태어났는 지, 심지어 부모의 이름까지 말한 적이 있지만요. 하지만 기록에 따르면 13대 달라이 라마나 그의 전임자는 그런 적이 없습니다.

일부 서양인들은 달라이 라마 제도가 티베트 불교에 매우 중 요하다고 생각하지만 그렇지 않습니다. 티베트 불교의 영성과 문 화는 티베트 국가가 일정한 자유를 간직하는 한 살아남을 것입니 다. 문화혁명을 비롯한 많은 사건으로 우리는 지난 60년간 조직적 파괴를 겪었지만 우리 문화는 결코 말살되지 않았습니다. 그것은 영성 덕분입니다. 사람의 가슴에 영성이 자리 잡으면 어떤 힘으로 도 없앨 수 없습니다. 우리는 이제 티베트와 중국 양쪽에서, 중국 의 수백 년 전통 안에서 자란 지 서너 세대가 지났습니다. 하지만 달라이 라마라는 제도는 어느 시점에 생겨났고 또 어느 시점이 되 면 사라질 수도 있습니다. 그래도 괜찮습니다. 하지만 관계된 사 람들 대다수가 이 전통을 유지하고 싶어한다면 그것은 그들 책임 입니다. 제 책임이 아닌 것이죠. 제가 죽은 뒤에 과연 그들이 책임 을 짊어질지 저의 신통으로 지켜볼 것입니다. 하하! 하하! 그것 말 고는 저와 아무 상관도 없는 일입니다!"

나: 죽음이 두렵거나 궁금하진 않으신지요?"

"궁금할 때도 있습니다. 두렵진 않지만요. 한 가지 걱정되는 건 이런 상황에서 제가 죽으면 수백만 티베트인과 저의 많은 친구들이 무척 슬퍼하리라는 겁니다. 그래서 이따금…"

그가 잠시 생각에 잠긴다.

"그것만 아니라면, 개인적으로는 어쨌든 우리 모두 떠나야 하니까요. 죽음을 피할 수 있는 사람은 아무도 없습니다. 그게 현실입니다. 죽음은 우리 삶의 일부입니다. 그러니 걱정할 것 없습니다. 중요한 것은 살아 있는 동안 의미 있고 분별력 있고 남에게 도움이 되는 삶을 살아야 한다는 것입니다. 그러면 마지막 날에 아무것도 후회하지 않을 것입니다."

나: 수백만 티베트인이 존자께서 돌아오기를 기다립니다. 존자께서 이 신비로운 질문을 던졌을 때 티베트에 돌아가리라는 확답은 한 번도 없었나요?

"있었습니다. 저의 신통에서만 그런 것이 아닙니다. 그 밖의 많은 신통에서도 결국은 모든 것이 밝아질 것이며 시간문제일 뿐이라고 말합니다. 그중에는 몇 세기 전 예언도 있지만 지금의 역경이 한때의 일임은 분명합니다. 역사에서 60년은 긴 시간이 아닙니다. 그렇죠? 어쨌든 이 편협하고 독재적인 공산주의 체제에는 미래가 없다고 생각합니다. 그건 확실합니다."

나: 수십 년간 계속 편협하기란 쉬운 일이 아닙니다. 아마도 60년이 지나면…

"60년은 이미 지났지요. 소련을 보세요. 약 70년간 지속됐지만 동유럽 나라들은 이제 완전히 달라졌잖습니까. 이탈리아, 스페인, 프랑스에도 한때 독재가 있었습니다. 교육 때문에, 인터넷 때문에, 이 모든 것 때문에 중국도 변하고 있습니다. 어떤 정부도 완전한 통제를 할 수는 없습니다."

나: 희망적이시군요.

"오늘날의 현실은 60년대, 70년대, 80년대와 전혀 다릅니다. 중국 내에는 여전히 빈민이 많습니다만, 다른 면에서는 중국도 많이 변했습니다. 수많은 중국 젊은이들이 새로운 패션을 받아들이고 미국의 생활양식을 본뜹니다. 하하하. 변화가 일어나고 있습니다. 중요한 불교 개념이 하나 있습니다. 그것은 사물이 결코 가만히 있지 않으며 언제나 움직이고 언제나 변한다는 것입니다. 앞에서 말씀드렸듯 사물은 서로 연결되어 있고 서로 의존합니다. 중국의 경우에는 50년대와 60년대, 심지어 70년대에도 지도자들이 고립을 선호했습니다. 이제는 완전히 달라졌습니다. 예전에는 정부에서 말하면 무조건 믿었습니다. 하지만 덩샤오핑 시대 이후로 많은 학생들이 외국으로 나갔고 많은 외국 기업이 중국에 들어왔습니다. 많은 중국인이 두 눈으로 보고 두 귀로 듣고 있습니다. 예전에는 눈도 하나, 귀도 하나뿐이었습니다. 진실은 언제나 결국에는 무력보다 강합니다. 그게 저의 철학입니다. 기본적인 인간 본성이 인위적 체제보다 훨씬 강합니다. 인위적 체제는 언젠가는 무너질 수밖에 없습니다."

나: 그렇다면 모든 상황을 고려할 때 세상이 나아지고 있다고 생각하시나요?

"1996년에 엘리자베스 왕대비●를 만났습니다. 어릴 적부터 사진으로 알고 있었는데, 직접 만났을 때는 벌써 아흔여섯이 되었더군요. 이렇게 물었습니다. 한 세기를 온전히 겪어보니 인류와 세상이 좋아지고 있는지 나빠지고 있는지, 아니면 그대로인지 말이죠. 그랬더니 주저 없이 좋아지고 있다고 말하더군요. 예를 들자면 자신이 젊을 때는 인권이나 자결권 같은 개념이 일반적이지 않았다고 말했습니다. 하지만 요즘은 이런 것들이 보편적이라고 언급했습니다. 이런 것이 세상이 나아지고 있는 표시라는 겁니다. 또한 그가 언급하지는 않았지만, 그가 젊을 때는 영국이 식민 제국이었으나 훗날 이 모든 식민지가 독립했습니다. 민주주의는 훨씬 강력해졌습니다."

나: 저희 아이들은 2100년에도 살아 있을 것 같습니다. 그 미래를 상상해보신 적이 있나요?

존자가 등을 뒤로 기대며 말한다.

"몇천 년 뒤를 내다보는 것은 단연코 불가능하다고 늘 사람들에게 말합니다. 예측하는 것은 불가능합니다. 하지만 다음 몇 세기를 보자면 분명히 인류는 지구에 살아 있을 것이고 적어도 이 세기, 21세기는 평화의 세기가 될 수 있습니다. 하지만 평화가 문

● 현 영국 국왕 엘리자베스 2세의 어머니.

제들의 종식을 뜻하는 것은 아닙니다. 문제들은 여전히 남아 있을 것입니다. 평화는 문제를 대하는 태도와 문제를 해결하는 방법을 바꾸는 것입니다. 과거에는 문제를 맞닥뜨리면 우선은 무력으로 해결하려 들었습니다. 그런 방식은 한물갔습니다. 그것은 20세기 사람들의 방식입니다. 역사가들에 따르면 20세기에 벌어진 전쟁에서 2억 명이 목숨을 잃었다고 합니다. 전쟁은 놀이가 아닙니다. 나름의 목적이 있습니다. 한편이 승리를 거둔다는 것은 상대편, 즉 적을 파멸시킨다는 것입니다. 전쟁은 폭력을 동반합니다.

핵무기를 비롯한 최대의 폭력을 동원하는 방법은 문제를 해결하거나 우리의 목표를 달성하지 못했습니다. 베를린 장벽이 무너지고 유럽의 독재 체제가 변화한 것을 생각해봅니다. 그것은 핵무기에 의해서가 아니라 대중의 평화운동을 통해서, 자각을 통해서, 압제의 경험을 통해서였습니다. 따라서 저는 21세기가 평화의 세기가 될 수 있다고 확신합니다. 그것은 대화를 통한 평화입니다. 20세기 후반에 세상은 이념적으로 갈라진 두 개의 군사 집단이었지만 사람들은 서로 다른 이념과 군대를 가지고도 공존하는 신세계를 발견했습니다. 20세기 말에 유럽에서 독재가 무너졌습니다. 물론 아시아에는 아직 남아 있지만요."

나: 21세기를 어떻게 전망하시나요?

"21세기에는 더 행복해질 수 있다고 믿습니다. 폭력은 시대에 뒤떨어진 잘못된 방법입니다. 폭력을 통해서는 진정한 목표를 결코 이룰 수 없습니다. 이를테면 이라크의 독재자를 암살했다고 할 때 그 동기는 숭고할 수도 있지만 방법은 잘못됐습니다. 그래서 생각지 못한 결과가 생겼고요.

젊은 세대를 교육하는 것이 필요합니다. 문제를 해결하는 유일하게 타당한, 또는 현실적인 방법은 대화입니다. 상대방의 견해에 귀를 기울이고 호혜적 해법을 모색해야 합니다. 이라크 위기가 터지기 직전에 수백만 명이 거리로 뛰쳐나와 반대 의사를 표현했습니다. 이것은 긍정적 신호입니다. 제가 21세기를 낙관하는 것은 이 때문입니다."

나: 21세기는 20세기와 다르리라고 생각하시나요?

"20세기에는 많은 발전이 있었지만 주로 물질적 분야에 국한되었습니다. 우리가 내면의 발전을 이루지 못한 것은 정서와 마음의 중요성을 인식하지 못했기 때문이라고 생각합니다. 감정과 생각에 관심을 쏟는 것이 무엇보다 중요합니다. 21세기에는 점점 더 많은 저명한 과학자들이 우리의 삶에서 정서가 얼마나 중요한지 깨닫고 있습니다. 교육에 종사하는 많은 사람들도 뇌 발달만으로는 충분하지 않다고 느낍니다. 여행하면서 이렇게 말하는 교육자와 교사를 점점 많이 만나게 됩니다. 가슴을 위한 교육이 부족합니다, 자비심을 가르쳐야 합니다, 라고요. 그들은 묻습니다. 어떻게 하면 이 새로운 교육제도를 기존 현대식 교육에 도입할 수 있겠느냐고요.

도덕교육의 바탕을 종교적 믿음에 둘 수는 없습니다. 윤리와 공감은 세속적 바탕에서 가르쳐야 합니다. 그러지 않으면 인도 같은 다종교, 다문화 공동체에서 문제가 생길 것입니다. 인도 헌법이 세속주의에 기초한 것은 이 때문입니다. 현실이 그러니까요. 세속적이라는 것은 종교를 경멸하는 것이 아니라 모든 종교를 존중하는 것입니다. 어느 한 종교를 편애하지 않는 것이죠. 무신론자도 존중해야 합니다. 저는 우리가 사람들을 교육시키고 교육을 자비심에 접목할 수 있다고 생각합니다. 21세기에, 미래에 희망을 품을 징조들이 있다고 보는 것이지요."

나: 2 더하기 2를 가르치는 것은 쉽지만, 제 선생들 중에는 자비심을 가르치는 데 애먹는 사람들도 있었습니다. 공감을 어떻게 가르쳐야 할까요?

"물론 그것은 주관적입니다. 각자의 경험에 따라 다르죠. 어떤 도구로도 측정할 수 없습니다. 하지만 뇌 활동에 대한 최신 과학 연구에서 밝혀진바 차분한 마음과 긍정적 생각이 몸에 좋은 영향을 미치는 반면에 스트레스, 미움, 분노는 면역계를 약하게 할 수 있다고 합니다. 이것은 객관적 사실입니다. 상식적으로 생각해도 화목한 가정이 더 행복한 것은 분명합니다. 아버지나 어머니가 화를 잘 내는 성격이고 늘 소리를 지르면 가족이 전부 괴롭습니다. 동물도 마찬가지입니다. 늘 짖는 개는 따돌림을 당합니다.

권력이나 돈으로 친구를 사귈 수는 있지만, 그건 인위적 친분입니다. 우리 인간은 사회적 동물입니다. 사회적 동물의 핵심은 우정이고 우정의 바탕은 신뢰입니다. 돈으로 신뢰를 살 수는 없습니다. 의심이 많아지고 남을 이용하려는 욕구가 커질 뿐입니다.

사람이 사람을 속이는 것은 돈 때문입니다. 진짜 신뢰는 공감과 존중에서 나옵니다. 신뢰를 쌓으려면 연대, 개방성, 신뢰, 정직이 필요합니다. 이 모든 것은 자비심에서 비롯합니다. 이런 논리를 활용해 사람들에게 가르칠 수 있습니다. 자비심은 자신의 이익에도 무척 중요합니다. 요전에 BBC 토론을 들었는데 온통 총의 권력, 경제의 권력, 신뢰의 권력 얘기더군요. 사람들은 권력을 사랑합니다! 권력이 무력에서 나온다고 믿는 사람들도 있습니다. 마오 주석이 이런 말을 했습니다. 단기적으로는 권력이 총구에서 나온다고요."

그가 손가락으로 나를 가리키며 총 쏘는 시늉을 한다.

"그러면! 모두가 귀를 기울일 수밖에 없습니다! 하지만 장기적으로는 역효과가 납니다. 총구의 권력에 기대면 신뢰가 무너집니다. 우정이 깨집니다. 무력에 의존하더라도 나머지 삶은 여전히 부정적입니다. 결국 무기를 없애는 게 낫습니다. 금권은 좀 더 오래갈지도 모르지만, 이 또한 진정한 우정을 가져다주지 못합니다. 공감의 힘, 신뢰의 힘이야말로 행복의 바탕입니다. 상식적으로만 생각해도 공감의 힘이 얼마나 소중한지 아실 것입니다.

선생의 손자 손녀가 어른이 되었을 때의 세상은 더 평화로울 것이라고 생각합니다. 생태의 중요성에 대한 인식이 커지고 있습니다. 이것은 중요한 징조입니다. 그래서 저는 21세기가 더 행복할 것이라고 생각합니다."

나: 하지만 그런 공감은 어디서 오나요?

"자신의 경험에서 옵니다. 우리는 어머니에게서 태어납니다. 선생 이론에 따르면 암소에게서 태어난다고 해야겠지만요!"

존자가 나를 보며 웃음을 터뜨린다.

"소도 좋습니다. 무척 자애로운 소일 테니까요! 우리의 궁극적 원천인 어머니는 공감의 상징입니다. 우리가 살아남은 것은 어머니의 공감, 무한한 사랑 덕분입니다. 연구에 따르면 자라면서 공감과 사랑을 경험한 사람이 훨씬 행복하다고 합니다. 어릴 적에 화목한 가정 환경을 누리지 못한 채 무관심 속에서, 심지어 학대받으며 자란 사람은 문제를 겪고 평생 불안감을 느끼며 살 수도 있습니다."

나: 승려 사회는 어머니와 멀리 떨어져 있는데 어떻게 모성애를 얻으시나요?

"승려가 된 것은 어머니와 7년을 지낸 뒤입니다. 그러니 아무 문제 없습니다. 저는 대여섯 살에 어머니와 떨어졌지만 어머니가 지척에 계셨습니다. 어머니는 매일 저희 마을에서만 만드는 빵을 가지고 오셨죠. 빵 만드는 솜씨가 정말 뛰어나셨습니다. 그래서 우리는 매우 가까이 있었습니다. 제가 서른쯤에 인도로 피신한 뒤에도요. 저는 늘 어머니의 애정을 받으며 살았습니다.

저는 세속 도덕에 대해 이야기할 때 세 가지 기준을 제시합니다. 그것은 상식, 공통의 경험, 최신 과학 연구입니다.

모든 종교에는 공통되는 공감의 끈이 있습니다. 강조점과 태도는 저마다 다르더라도 모두 사랑, 용서, 인내를 중요시합니다.

이렇게 해서 공감은 우리의 핏속에 깃듭니다. 이제 공감을 보살피고 물질적인 것과 지능을 계발할 뿐 아니라 가슴을 양육할 때가 왔습니다. 자비심이 지혜와 어우러지면 사회가 더 탄탄하고 행복하고 온화해질 것입니다. 문제도 줄어들 것입니다. 문제가 생기면 함께 해결할 수 있습니다. 미움과 의심으로, 사람들을 가르거나 서로 위협하여 문제를 해결할 수는 없습니다. 그러면 인류는 더 많은 문제를 만들어낼 뿐입니다. 애석한 일이죠."

나: 공감을 자연에까지 확장해야 할까요? 불교에서는 생명을 해하지 말라고 하지만 지금처럼 서로 연결된 세상에서는 우리가 실제로 어느 생물에게 피해를 주는지 알 수 없습니다.

"나무나 풀처럼 감각 능력이 없는 존재에게 공감하는 태도를 취할 수는 없습니다. 그런 존재는 공감을 발달시키지 못했으니까요. 하지만 존중은 공감과 밀접한 관계가 있습니다. 살아 있는 모든 것은 존재하거나 생존할 권리가 있습니다. 여기 있는 모든 식물은 넓게 보자면 자연의 일부이며 우리도 자연의 일부입니다. 식물이 없으면 우리는 살 수 없습니다. 새와 짐승도 불교적 관점에서 보면 살아 있고 감각 능력이 있는 존재입니다. 그러니 우리의 공감과 사랑을 그들에게까지 확장해야 마땅합니다."

나: 오늘날 세상은 서로 속속들이 연결되어 있습니다. 최근에 아이슬란드에서 화산 분화가 일어났는데 남아프리카의 원예장이 심각한 피해를 입었습니다. 존자께도 영향이 미쳤나요?

"아니요, 다행히 저는 외국에 있지 않았습니다. 하지만 여러 나라를 방문했더라면 고통을 겪었을지도 모르겠군요! 어쩌면 아이슬란드를 원망했을 수도 있고요! 하하하! 못된 아이슬란드 같으니! 했겠지요."

나: 우리가 보기에는 우리 자신이 갑자기 힘을 손에 넣은 것 같았습니다. 세상이 우리 때문에 멈춰 섰으니까요.

"하지만 그 힘은 여러분이 좌우할 수 있는 것이 아니었습니다. 애석하게도요!"

나: 그렇긴 합니다만, 단 몇 주나마 초능력을 가진 기분이었다고요!

"그 말을 들으니 우리의 기술이 얼마나 정교하든 결국 우리는 자연에 굴복할 수밖에 없다는 생각이 듭니다. 그건 중요한 깨달음입니다. 지구온난화는 우리의 통제권을 벗어날 수 있습니다. 우리는 최대한 신중을 기해야 합니다. 70억 인구의 미래가 자연에 달렸습니다. 그걸 깨닫고 받아들이는 것이 무척 중요합니다. 이따금 기술과 과학이 매우 정교해지고 발전하면 우리가 자연을 다스릴 수 있다는 거짓 확신을 품게 됩니다. 어느 정도까지야 그럴 수 있겠지만, 그 한계 너머에서는 자연과 조화롭게 살아야 합니다."

나: 티베트 독립은 어떤 상황인가요?

"티베트 문제는 기본적으로 사람이 만든 문제입니다. 기본적으로 우리의 동쪽 이웃이 일으킨 문제죠. 그래서 우리는 그들과 함께 문제를 해결해야 합니다. 앞에서 말씀드렸듯 여느 인간 문제와 마찬가지로 대화를 통해 해결해나가야 합니다. 티베트도 그렇고 팔레스타인도 마찬가지입니다. 한쪽이 이기면 한쪽이 질 수밖에 없는 강경한 입장을 취해서는 이런 문제를 해결할 수 없습니다. 그런 방법으로 영속적 해법을 달성한 적이 없습니다.

티베트인의 사고방식은 티베트 불교 문화의 영향을 받아서 더 평화적입니다. 장기적으로 볼 때 중국 본토에 더 평화로운 사회가 들어서면 매우 유익할 것입니다. 여러 사실을 고려할 때 우리는 중도가 답이라고 믿습니다. 그것은 독립을 추구하지 않고 중화인민공화국의 일부로 남되 입헌적 권리를 보유하고 소수민족의 권리를 문서상으로 보장받는 것입니다. 중국 공산당원들이 통합과 조화로운 사회를 바란다면 그들이 시행하고 있는 정책의 상당수는 사실 비현실적입니다. 그들은 잘못된 방법을 써서, 무력으로 통합을 얻어내려 합니다. 어떻게 그럴 수 있겠습니까? 그건 불가능합니다! 소 수백 마리를 채찍 하나로 다스릴 수 있을지는 몰라도 우리는 인간입니다. 진정한 통합과 조화는 가슴에서 오는 것입니다! 다행히도 지금의 중국 지도자들 중에는 생각이 깨인 사람이 많습니다. 특히 중국의 작가, 지식인, 교수가 현재의 정책이 잘못됐다고 생각합니다. 이런 목소리가 커지고 있습니다. 그것은 희망적인 징표입니다.

역사를 제쳐둔다면 우리의 입장은 이렇습니다. 과거는 과거입니다. 과거사가 어땠든 우리는 미래를 내다봅니다. 유럽연합도 마찬가지입니다. 유럽연합은 과거사가 아니라 새로운 현실을 바탕으로 창설되었으며 장기적 미래를 염두에 두고 이 개념을 발전시켰습니다. 마찬가지로 우리도 과거사를 생각하지 않습니다. 오직 미래만 생각합니다."

나: 조만간 고국에 돌아갈 수 있으리라고 생각하십니까?

"네, 그렇게 믿습니다. 특히 지난 60년간 중국 공산주의에 변화가 일어났습니다. 저는 대개 네 시대가 있었다고 말합니다. 그것은 마오 시대, 덩샤오핑 시대, 장쩌민 시대, 후진타오 시대입니다. 네 시대는 저마다 커다란 차이가 있습니다. 같은 공산당이고 일당제이기는 하지만 그들은 새로운 현실에 맞춰 행동할 능력이 있었습니다. 그래서 희망을 품습니다.

더 질문하고 싶은 것이 있습니까?"

나: 마당에서 승려 두 명이 논쟁을 벌이고 있는데 주제가 이것이더군요. 이 땅에 있는 그 어떤 것으로도 나의 욕망을 충족할 수 없다면 대체 무엇으로 충족할 수 있겠느냐는 것이었습니다.

"제가 사람들에게 늘 말하는 한 가지 중요한 사실이 있습니다. 그것은 물질적 욕망이 결코 충족될 수 없다는 것입니다. 사람들은 결코 만족하지 못하고 더, 더, 더를 원합니다. 하지만 정신적 발전, 정신 건강, 내면을 살찌우는 것—이런 것은 무한히 발달시킬 수 있습니다."

나: 대화해주셔서 정말 감사합니다.

"고맙습니다. 다시 만나요. 아이슬란드에서 볼 수도 있겠지요. 정말로 한 번 더 가보고 싶습니다."

젖이 흐르는 강

네팔 무스탕현의 티베트 국경 지대에 있는 누비네히말 빙하는 높이가 해발 6300미터에 육박한다. 아래쪽으로는 칼리간다키라 불리는 유백색 강이 흐른다. 이 강은 어찌나 오래됐는지 히말라야 산맥보다도 나이가 많다. 5000만 년 전 인도 대륙판이 천천히 밀려와 아시아 대륙판을 꾸준히 밀어붙여 형성되었다. 산맥이 하늘로 솟아오르는 동안 강은 스스로를 묻어 지금은 세상에서 가장 깊은 협곡을 흐르며, 강바닥도 해발 2500미터인데 양쪽의 가장 높은 봉우리는 8000미터를 넘는다. 강은 히말라야 산맥을 오랫동안 지나면서 1000여 곳의 빙하에서 흘러내린 개울과 지류와 강을 받아들인다.

나는 수원에서 600킬로미터 떨어진 지점에 도착한다. 그곳에 이르자 강은 간다키강 또는 나라야니강이라고 알려진 넓고 잔잔하고 성숙한 강이 되어 모래톱과 자갈밭을 지나며 흐르다 네팔 치트완 국립공원을 통과한다. 강은 그곳에서 이름이 나라야니로 바뀐 채 더 흘러가 또 다른 강과 합류하는데, 이제는 완전히 성스러워져서 인도의 어머니 자체인 갠지스강이라 불린다. 나는 이곳에서 처음으로 하늘산맥 아우둠라의 얼어붙은 젖꼭지에서 흘러나온 성수를 만난다. 카일라스산에 올라가 한 바퀴 돌아볼까 생각하기도 했지만, 그 신성함을 존중하는 게 좋을 듯하다. 모든 것을 보고 겪으려 드는 것은 나쁜 버릇이다. 어떤 것은 그냥 내버려두어야 한다.

나는 배로 강을 건너 치트완 국립공원에 갔다. 그곳에서, 강둑 모래밭에 엎드려 햇볕을 쬐는 가비알악어 한 마리를 보았다. 나는 이 오래된 용을 보고 기이한 기쁨을 느꼈다. 유난히 가느다란 주둥이는 흰 빙하수에서 물고기 잡기에 안성맞춤이다. 이 종은 200마리가 채 남지 않았다. 예전에는 아시아의 모든 주요 강에서 수천 마리가 배를 깔고 있었으나 이젠 서식처가 예전의 2퍼센트 미만으로 쪼그라들었다. 늪지악어도 한 마리 있었는데, 겉모습이 더 원시적이고 조금 더 위험하며 이란, 파키스탄, 인도, 스리랑카에 소규모로 서식한다. 미얀마와 부탄에서는 멸종했다. 나는 강둑에서 신기한 발자국을 보았다. 가이드는 인도코뿔소*Rhinoceros unicornis*의 자취라며 우리에게 조심하라고 말했다. 학명에서 보듯 녀석은 뿔이 하나다.

잠시 뒤에 갈대숲에서 인도코뿔소를 보았다. 새끼를 데리고 있는 한 쌍이었다. 저렇게 오래된 생김새를 한 거대한 짐승이라니. 수컷은 몸무게가 2톤까지 나가며 키는 최대 2미터에 이른다. 길에서 마주치고 싶은 짐승은 아니다. 피부는 두껍고 내가 어릴 적에 상상하던 스테고사우루스나 트리케라톱스처럼 신기하게 주름져 있었다. 하지만 코뿔소는 공룡보다 훨씬 젊어서 등장한 지 1000만 년이 채 되지 않았다. 현재는 네팔과 인도에서 바트나예퀴들 빙하의 약 두 배 면적에 2500마리만 남아 있다. 강에서는 코끼리 떼가 목욕하고 있었다. 우리는 녀석들을 따라 호랑이가 있을지도 모를 밀림 속으로 들어갔다. 호랑이는 못 봤지만 발자국은 목격했는데, 크기가 내 신발 크기와 같은 295밀리미터였다. 그러니 고양이일 리는 없었다. 네팔에 남은 벵골호랑이는 200마리가 채 되지 않는다. 마지막 낙원에 남은 짐승들에게 애도를 보내야 할지 이 지역의 코뿔소와 호랑이가 최근 몇 년간 회복된 것에 기뻐해야 할지 아직은 알 수 없었다. 여행 가이드 참포는 공격이 잦지는 않지만 조심하라고 말했다. 그 순간 동료 관광객이 숨을 헉 하고 들이마시며 앞쪽을 가리켰다. 우리 앞의 길에 네잎클로버가 양탄자처럼 깔려 있었다. 클로버 잎을 손으로 쓸자 작은 거머리 세 마리가 손등에 딸려 올라왔다. 호랑이 길, 유니콘 코뿔소, 네잎클로버, 그리고 성스러운 강 옆의 거머리. 이 꿈을 해석하면 흥미로웠을 것이다. 이것이 꿈이었다면.

나라야니강 강둑의 흰 모래는 재처럼 고왔으며 실제로 일부는 망자의 재였다. 멀리서 불길이 치솟고 가족이 망자에게 작별을 고하고 있었다. 시뻘건 해가 안개 속으로 저물자 새들이 거울 같은 호수 위를 낮게 날고 밤새들이 깨어났다. 이것이 왜 성스러운 물이 되었는지는 분명했다. 이곳에서도 우리는 만물이 연결되어 있음을 볼 수 있었다. 티베트의 하늘산맥에서 내려와 인간과 악어와 유니콘 코뿔소에게 생명의 원천이 된 성스러운 흰색 빙하수.

달라이 라마와 인터뷰를 마친 뒤에 우리는 차를 타고 암리차르로 이동하여 그곳에서 기차로 델리까지 갔다. 그날 밤은 시내에서 묵었다. 지인의 지인의 지인이 우리를 파티에 초대했다. 검은색 레인지로버가 우리를 태웠다. 차가 출발하자 뒤에서 목소리가 들렸다.

"오른쪽으로 가세요. 여기서 좌회전!"

운전사가 트렁크에서 지시하고 있었다. 운전대를 잡고 있는 차 주인은 델리에서 직접 차를 몬 적이 없었기 때문이다. 어두컴컴한 길거리로 사람들이 오가고 소들이 길가에 누워 있었다. 우리는 홈리스 일가족이 사는 교통섬과 다리 밑 빈민가를 지나쳤다. 한 무리의 아이들이 한밤의 길거리를 내달렸다. 찰스 디킨스의 『올리버 트위스트』 현대판을 보는 기분이었다. 웅장한 관문을 통과하여 고급 승용차 수백 대가 주차한 진입로를 지난 뒤에 주랑 사이로 걸어들어가자 『천일야화』의 디즈니판인가 싶은 신식 주택이 나타났다. 로비 안으로 들어서니 오른쪽에 호화로운 방이 있었는데, 벽에는 거대한 그림들이 걸려 있고 천장에는 크리스털 샹들리에가 매달려 있었으며 세 남자가 테이블에 앉아 포커를 치고 있었다. 동행이 "저도 포커 잘해요"라며 게임판에 합석해도 되겠느냐고 물었다. 그런데 판에 끼려면 적어도 10만 달러가 있어야 했다. 우리는 방에서 나와 음악 소리를 따라 파티가 열리는 정원으로 갔다. 그곳에서 델리의 청년 엘리트들이 여흥을 즐기고 있었다. DJ가 요란한 테크노 음악을 틀었고 주방장과 웨이터 열여덟 명이 진미를 대접했다. 회주는 우리를 반갑게 맞았다. 그는 매우 근사한 남자였다. 한때 런던과 두바이에서 지냈고 지금은 뉴델리에서 살았다. 티셔츠에는 '코카인 주면 대줄게Will Fuck for Coke'라고 쓰여 있었다. 넓은 수영장이 있었는데, 베이스 음이 둥둥 울리자 다들 옷을 입은 채로 물속에 뛰어들었다. 정원 담벼락 너머 동네에서는 급수차가 일주일에 한 번씩 물을 공급하는데 사람들이 물병과 물통을 채우려고 주먹다짐을 벌인다. 마하트마 간디의 말이 꼭 들어맞았다. "지구는 모든 사람의 필요를 채워주지만 모든 사람의 탐욕을 채워주지는 못한다."

불평등이 그토록 두드러졌던 것은 두 세계가 고작 담벼락 하나로 나뉘어 있었기 때문일 것이다. 한쪽에는 절대 빈곤이, 다른 쪽에는 완전한 과잉이 있었다. 이런 경우에는 현실을 손가락질하고 비난하기가 수월했다. 하지만 장벽, 도시, 산맥, 국경선, 바다 건너편에 빈곤이 있다면 나와는 상관없는 일이 된다. 적어도 내가 벽 어느 쪽에 있는지는 분명했다.

아이슬란드에서 아우르드니 할아버지가 아버지 없는 가난한 아이가 되었을 때 그 사회의 지배적 이념은 궁핍한 과부에게 최신식 아파트를 내어주는 것이었다. 그것이 할아버지의 목숨을 살렸

을 것이다. 안타깝게도 우리는 여전히 그런 아이들이 길거리로 내
몰리는 세상에서 살아간다.

크로코딜루스 소르비아르드나르소니

외삼촌 존 소르비아르드나르손은 2010년 인도 뉴델리에서 말라리아로 목숨을 잃었다. 그의 유해는 플로리다 늪지에 악어와 거북과 홍학 가운데 뿌려졌다. 만약 지구에 감각이나 의지나 면역계가 있었다면 외삼촌 같은 사람은 살려줬을 거라는 생각이 들었다. 야생의 자연, 늪, 외면받는 동물을 돌보는 사람은 애석하게도 너무 적다. 외삼촌은 52세에 불과했으며 아직 할 일이 많았다.

존은 세상을 떠났지만 그가 30개국을 누비며 남긴 열정과 지식을 이어받은 많은 과학자들이 취약한 악어 개체군을 보살피고 연구하고 있다. 우간다, 중국, 브라질, 베네수엘라, 인도를 비롯한 여러 나라의 연구 보고서와 학술 논문에 존의 도움이 언급되었다. 〈이코노미스트〉에 따르면 미얀마에서 그의 별명은 큔파트기였는데, 메인말하큔 자연보호구역의 섬 주위를 헤엄친다는 전설 속 거대한 악어에 빗댄 것이라고 한다. 인간은 악어를 보호함으로써 습

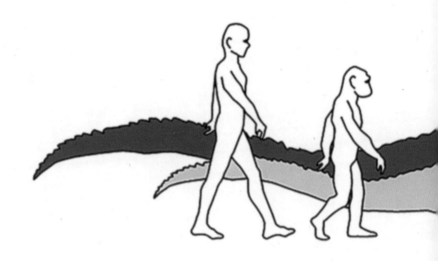

1m

Crocodylus niloticus
(크로코딜루스 닐로티쿠스)

Crocodylus thorbjarnarsoni
(크로코딜루스 소르비아르드나르소니)

지와 다른 종들의 서식처도 보전한다. 습지는 천연 홍수막이 시설이며 탄소를 포집한다. 만물은 연결되어 있다. 야생동물 서식처는 우리의 미래에 직접적으로 영향을 미친다. 생물 다양성은 바퀴의 쓰임새를 좌우하는 바퀴통이다. 『도덕경』에서 말하지 않았던가.

그러므로 있음이 이로운 것은
없음이 쓰임이 되기 때문이다.

케냐 투르카나호에서 과학자들은 인류의 여명, 호모사피엔스의 기원에 대해 실마리를 던져줄 퇴적층을 오랫동안 연구했다. 퇴적층에서는 500만 년 전에 살았던 많은 종의 유해가 발견되었다. 2012년에 신시내티의 과학자들은 홍적세 퇴적층에서 발견된, 그때까지 알려지지 않은 악어 종의 골격을 연구했다.[70] 골격의 크기와 형태에 대한 후속 연구를 통해 이것이 지금껏 존재한 악어 중에 가장 큰 종이었다는 사실이 밝혀졌다. 성체는 길이가 8미터에 가까웠으며 그 지역에서 가장 큰 포식자였다. 이 악어는 진정한 용이었다. 우리의 첫 조상들은 아마도 녀석의 먹이였을 것이다. 존 소르비아르드나르손을 기리기 위해 이 신종은 크로코딜루스 소르비아르드나르소니*Crocodylus thorbjarnarsoni*로 명명되었다. 우리 외삼촌이 선사시대 악어로 환생했다고나 할까. 내가 보기엔 머릿속에 오로지 악어뿐이던 소년의 어릴 적 꿈이 실현된 것 같았다.

세상을 변화시키는 것이 가능함을 존이 내게 보여주었다는 생각도 든다. 세상이 끊임없이 변할 뿐인 통제 불능의 무의미한 급류가 아니라는 것을. 우리가 세상에 영향을 미칠 수 있으며 올바른 방향으로 이끌 수 있음을. 우리의 목적은 요긴하게 쓰이는 것, 변화를 만들어내는 것, 지식을 늘리는 것, 세상이 빗나갔다면 옳은 방향으로 돌려놓는 것이다. 우간다에 있는 존의 동료들은 아직도 그의 삶을 생생히 간직하고 있다. 난쟁이나일악어 서식처 연구는 지금도 계속되고 있다. 캐럴 보게지는 존을 본받아 일하고 그의 영향을 인정하는 사람 중 하나로, 우간다에서 동물 복지와 여성 권리 분야를 선도하는 젊은 여성이다. 그는 악어에 대한 편견뿐 아니라 여성에 대한 편견과도 싸웠다. 남자 스무 명으로 이루어진 연구진은 젊은 여성에게 지시를 받는 것을 당혹스러워했다. 보게지는 야생동물과 인간의 중재자 역할을 했으며 (그의 최신 논문에 따르면) 연구 분야를 확장하여 미국 워싱턴의 농부들이 어떻게 하면 늑대를 용인하고 늑대와 더불어 살 수 있는지 탐구하기 시작했다. 인터뷰에서 야생동물을 돌봐달라는 요청을 받은 게 언제냐는 질문을 받고 그는 자신의 꿈이 어린 시절로 거슬러 올라간다고 말했다.

어릴 적 머릿속에 오로지 악어뿐이던 존은 일부 사람들이 얼마나 일찍 인생행로를 발견하는지 보여주는 좋은 예다. 소년 시절에 그는 멸종 위기에 처한 악어에 대한 다큐멘터리를 보았고, 10년 뒤 그 악어들을 보호하는 일을 시작했다. 20년 뒤에는 악어 종 전체를 구하는 데 주요한 역할을 했다. 단언컨대 그의 업적

은 삶이란 목적에 봉사하는 것이라는 달라이 라마의 정의에 부
합한다.

2050년

"이제 사람들이 복수를 시작한다.

물의 주적 불은 그들이 폭풍과 해류 사이로,

파도와 암초 사이로 배를 몰도록 허락했다.

그들이 물결 위로 떠올라 하늘을 항해하기까지는 얼마나 걸릴까?"

<피윌니르> 1호, 1835년

1919년에 누군가 향후 100년을 내다보며 관리하는 일을 자임했다면 그건 절대적으로 불가능한 것처럼 보였을 것이다. 지구의 70억 인구를 건사하고 유엔을 창설하고 사람들을 먹이고 입히고 가르치고 보금자리를 주고 전화와 컴퓨터로 세상과 연결하는 일. 이 모든 인구를 위한 에너지원, 탈것, 일자리를 찾는 일. 교향악단 수천 곳을 설립하고 불치병이던 질병을 치료하는 일. 모두가 똑같이 잘사는 세상은 아직 멀었지만, 놀랄 만큼 짧은 시간에 모든 대륙이 절대 빈곤에서 벗어났다.

20세기에 접어들 때만 해도 인류는 항공학 원리를 이해하지 못했다. 1903년 라이트 형제가 띄운 비행기가 30미터를 날았는데, 엔진 달린 탈것이 활강한 거리로는 가장 길었다. 2년 뒤 두 사람은 비행 기술을 숙달하여 30킬로미터 넘게 비행할 수 있었다. 이 성취로 인해 전 세계에서 경쟁이 벌어져 1917년에는 붉은 남작*이 복엽기와 삼엽기를 타고 유럽 전역에서 공중전을 벌였다. 1927년 찰스 린드버그는 인류 최초로 뉴욕에서 파리까지 대서양을 비행했다. 지금은 약 1만 대의 비행기가 약 100만 명의 승객을 싣고 전 세계 하늘을 동시에 날아다니고 있다. 우리 할머니가 태어났을 때는 비행기로 대서양을 건넌 사람이 아무도 없었는데, 40년이 지나자 사람들이 달에 상륙했다.

핵에너지의 발전은 더욱 빨랐다. 1932년 제임스 채드윅이 중성자의 존재를 규명하고 불과 2년 만에 엔리코 페르미가 중성자를 이용하여 원자를 쪼개는 데 성공했다. 5년 뒤에 과학자들은 핵반응로에서 연쇄반응을 일으킬 수 있다고 추측했으며 1942년 시카고의 한 경기장 관람석 밑에서 이를 입증했다. 그때만 해도 핵폭탄은 이론적 가능성에 불과했다. 맨해튼 프로젝트가 즉시 출범했으며 로버트 오펜하이머의 주도하에 1만 명이 사막에 파견되어 폭탄을 제조하기 시작했다. 핵폭탄은 1945년에 완성되었는데, 안타깝게도 3주 뒤에 실제로 쓰이고 말았다. 그리 오래되지 않은 이야기다. 나는 오펜하이머와 일한 사람을 알고 있으며 히로시마에서 피폭당한 일본인 노인과 이야기를 나눈 적도 있다. 중성자의 존재에 대한 학술적 가설에서 폭탄 완성까지는 13년이 채 걸리지 않았다. 생각만 해도 끔찍하지만, 그럼에도 이는 생사가 경각에 달렸음을 깨달았을 때 사람들이 무엇을 성취할 수 있는가를 잘 보여준다.

● 독일의 전투기 조종사 만프레트 폰 리히트호펜 남작.

최근 30년은 컴퓨터, 전화, 인터넷, 대중오락의 시대였다. 위치 추적기, 컴퓨터, 모뎀, 계산기, 동영상 재생기, 음악 재생기, 내비게이션 시스템, 무비 카메라, 도서관, 화상회의 장비, 전화번호부, 전화, 팩스, 게임기 등 지금 내 스마트폰에 들어 있는 것들을 1990년에 모조리 구입하려고 했다면 무게와 비용이 엄청났을 것이다. 프로세서의 연산 속도는 2년마다 두 배로 빨라졌으며 연산 속도는 우리의 뇌를 변화시켰다. 이 빠른 발전은 근사하지만 당혹스럽다. 우리는 거대한 문제들을 실리콘밸리의 천재가 해결해주길 고대한다.(우리 스마트폰에 사용자 친화적인 앱을 깔아서 해결할 수 있다면 더 좋고.) 마술사들은 반짝거리는 기기와 평평한 화면으로 우리를 최면에 빠뜨렸다. 세상이 연결되고 정보 흐름과 오락거리가 몇 배로 늘었으나 이 장치들이 설계된 목적은 우리를 중독시켜 감시와 소비주의의 악순환에 빠뜨리는 것이었다. 아이가 바깥에서 노는 시간으로 자연과의 거리를 측정할 수 있다면 우리는 어느 때보다 자연으로부터 멀어졌다.

가상현실이 떠오르는 동안 현실은 이울었다. 서구 열강은 배출량을 줄였지만, 대개는 제조 시설과 오염원을 딴 곳으로 옮긴 것에 불과했다. 소비는 기하급수적으로 늘어 어마어마한 양의 쓰레기가 발생하고 우림이 파괴되고 식량이 낭비되고 옷이 버려진다. 인류는 어느 때보다 많은 자동차와 비행기를 소유하고, 더 많은 물건을 사서 더 빨리 버리며, 어느 때보다 많은 음식과 옷을 버린다. 우리는 더 많은 플라스틱을 쓰며 더 자주, 더 사소한 이유로 비행한다. 지난 30년의 어마어마한 발전은 대기와 지구 자체를 고려하면 퇴행이다.

전 세계 아이들이 기후 파업을 시작했으며 그레타라는 아이가 나타났다. 마치 옛 신화에서처럼 오로지 진실만을 말할 운명을 지닌 채. 그레타는 19세기 후반 대기 중 이산화탄소 증가가 어떻게 지구온난화를 일으킬 수 있는지 최초로 계산한 스반테 아레니우스를 떠올리게 한다. 사실 그는 지구온난화가 이로우며 CO_2 양이 50퍼센트 증가하는 데 수백 년이 걸리리라고 믿었다. 우리가 석탄과 석유를 얼마나 맹렬히 태울지 미처 생각하지 못한 것이다. 이산화탄소가 50퍼센트 증가하기까지는 100년이 채 걸리지 않았지만 그의 주된 결론은 여전히 옳았다. 2019년에 전 세계에서 기록적 폭염이 발생했고 시베리아에서 대형 산불이 일어났으며 아프리카와 인도 등지에서는 가뭄이 국민을 위협했다. 예전에는 사람들이 전 세계 유전이 말라버릴까 봐 걱정했지만 이젠 우리가 석유를 전부 태우면 세상도 타버릴 것이다. CO_2 산출량이 늘수록 티핑 포인트의 가능성이 커진다. 티핑 포인트란 인류가 감당할 수 있는 한계를 넘어 제어 불가능한 과정들이 시작되어버린 순간을 말한다.

오늘날 아이들은 인류가 직면한 난제들을 교육과정에 포함하라고 요구한다. 과학계의 절박한 경고에 응답하라고 세계 각국에 요구한다. 미국 작가 닐 포스트먼은 『교육의 종말』에서 교육 시스템의 위기를 논한다. 그는 교육 시스템이 그가 '신'이라고 지칭하는 숭고한 목적에 늘 이바지했다고 주장한다. 교육 시스템은 처음에는 수도원에서 신을 직접 섬겼고 그 뒤에는 바통을 이어받은 국왕들을 섬겼으며 다음에는 공화국과 민족국가가 새로운 신이 되었다. 지금의 후기 자본주의 시대에 교육 시스템은 개인에게 집중하여 (자유 시장에서 대기업들이 벌이는 국제적 경쟁의 일환인) 산업을 위한 인적 자원을 배출했다. 이윤과 성장은 모든 것의 중심에 있지만 숭고한 목적에 이바지하지는 않는다. 왜 배워야 할까? 짭짤한 일자리를 얻기 위해서, 더 많은 성장을 창출하기 위해서, 더 많은 석유를 더 빨리 불길에 끼얹기 위해서, 전속력으로 한계를 넘어 내달리기 위해서.

땅의 이야기와 대기의 이야기에서 새로운 패러다임이 무대 중심에 등장했다. 교육 시스템은 이제 인류가 생명의 토대와 조화롭게 공존할 수 있는 조건을 세대 전체가 직장 생활의 바탕으로 삼도록 준비시켜야 한다. 왜 윤리를 배워야 할까? 다가올 시대는 도덕적 딜레마로 가득할 것이기 때문에. 왜 대수학을 배워야 할까? 수백 기가톤의 CO_2를 흡수해야 할 텐데 지금 당장 어떻게 해야 하는지 아는 사람이 아무도 없으므로. 왜 시와 옛 노래를 배워야 할까? 시는 인류 정신의 귀한 은색 실이므로, 시가 없으면 인류의 존재를 생각도 할 수 없으므로.

이를 위해서는 20세기의 유산을 전면적으로 재설계하다시피 해야 한다. 우리가 먹는 것을 다시 생각하고 추세와 유행과 기술과 운송 전부를, 제조업과 소비주의를 통째로 다시 생각해야 한다. 이와 동시에 땅은 90억 인구를 먹여 살려야 할 것이며 인류는 망가지지 않은 나머지 자연을 보전해야 할 것이다. 세상은 재상상되어야 한다. 인류가 비행, 핵에너지, 컴퓨터 기술을 발전시킨 것 못지않게 빠르게 재상상되어야 한다.

지구 기후변화에 대응하려면 CO_2 배출을 2050년까지 전면 중단해야 한다. 앞으로 30년 안에 소비 습관이 달라져야 한다. 에너지 생산과 운송에서 완전한 혁명이 일어나야 한다. 과학자들은 대기 중 CO_2 농도가 350ppm을 넘으면 안 된다고 믿는데, 현재 농도는 415ppm이며 해마다 2~3ppm씩 증가하고 있다. 따라서 설령 배출이 중단되더라도 이미 대기 중에 있는 1000에서 2000기가톤의 CO_2는 반드시 재흡수해야 한다.[71] 이 수치는 30년간 인류의 전체 활동에서 산출되는 CO_2의 양에 해당한다.

지구촌 주민들은 과학 소설에서만 접하던 과제를 목도하고 있다. 그것은 대기 중의 기체를 포집하고 비율을 조절하는 것이다. 이 목표는 지금 초등학교에 들어갈 나이가 된 아이들이 지금의 내 나이가 되기 전에, 우리 세대가 은퇴 연령에 도달하기 전에 달성해야 한다. 우리의 임무는 지구를 구하는 것이다. 외면할 수 없다.

기후 혼돈 때문에 세대 전체는 어떤 존재가 되고 싶으냐는 질문이 아니라 어떤 존재가 되어야 하느냐는 질문을 받고 있다. 사실 상황이 전적으로 부정적인 것은 아니다. 전체 세대는 자신에게 역할이 있다고, 숭고한 목적이 있다고 느낄 것이다. 자아를 성찰하거나 실현하고 싶은 사람은 세상이 피난처를 찾을 때까지 30년간 모색을 미뤄야 할지도 모르지만.

해결책의 많은 부분이 상상 속에 묻혀 있다. 새로운 탄소 중립적 세계가 옛 세계를 닮았을 가능성은 희박하다. 대도시 교통 체증이 전기 자동차의 기다란 행렬로 바뀐대도 문제는 여전히 해결되지 않은 것이다. 전기차는 수많은 철, 알루미늄, 전지용 리튬을 필요로 한다. 아이슬란드에서는 차량에서 배출하는 이산화탄소가 연간 수백만 톤에 이른다. 얼마나 빨리 바뀔 수 있을까? 지금 당장, 내일부터 모두가 열흘에 한 번씩 차량 이용을 중지하면 10퍼센트 감축을 달성할 수 있으며 일주일에 하루씩 중지하면 15퍼센트를 감축할 수 있다. 30년이 지나기 전에 도시들이 오늘날 우리에게 친숙한 것과 다른 교통 시스템을 이용하리라 상상할 수 있을까? 대중교통과 경차량—스쿠터, 전기 오토바이, 초경량차—은 오늘날 자동차 군단의 대부분을 대체할 수 있다. 소라게라도 된 것마냥 아침마다 껍데기 속으로 기어들어갈 필요가 없는 것이다. 전기차와 대중교통을 이용하면 배기가스를 0으로 줄일 수 있다. 하지만 개인의 자각만으로는 충분하지 않다. 레이캬비크에 지열 난방 시스템이 도입된 것은 일반 시민이 지열정地熱井을 직접 팠기 때문이 아니다. 가장 거대하고 중대한 해결책은 정부의 주도, 선각자적 정치인, 국제 협력이 어우러져야만 달성할 수 있다.

전 세계 과학자들이 해결책을 찾고 있는데, 그중 상당수는 우리가 예상치 못한 모습일 것이다. 일명 드로다운 프로젝트에 몸담은 전문가 집단은 핵심적인 기후 해결책 100가지를 취합하여 기가톤 단위로 순위를 매겼다.[72] 유엔 지속가능개발목표에서도 세계가 어디로 나아갈지에 대해 비슷한 지침을 내놓는다. 대다수 연구는 같은 방향을 가리키고 있으며 해결책들은 크게 네 가지 범주로 나눌 수 있다.

① 음식물 쓰레기와 식단 변화.

② 태양·풍력 에너지, 전기 동력 운송.

③ 숲 보전, 숲 가꾸기, 습지 및 우림 복원.

④ 여성 권리 신장.

이 모든 해결책이 희망적인 이유는 더 나은 세상에 대한 일관된 미래상을 표방한다는 데 있다.

기후변화는 전 세계 작황에 영향을 미치기 시작했다. 대지의 현재 비옥도는 결코 미래를 보장하지 않는다. 농업은 여러 나라에서 더는 지속 가능하지 않으며, 한동안 해로운 경작 방식이 도입되면서 토양이 황폐화되었다. 생산되는 식량의 약 30퍼센트가 쓰레기로 버려지고 있으며 가축 사료용 옥수수가 전 세계 식량 생산에서 큰 부분을 차지한다. 연구에 따르면 동물 사료로 쓰이는 곡물을 모두 인간 소비로 돌리면 미국에서만 8억 명분의 식량을 생산할 수 있다고 한다.[73] 남은 우림이나 미개간지를 잠식하지 않고 현재 가용한 농지만 이용하더라도 약 40억 명을 더 먹여 살릴 수 있다.[74]

탄소 발자국으로 따지면 소고기 한 끼는 파스타 스무 끼와 맞먹는다. 힌두교인이 소를 신성시하는 풍습이 옳았는지도 모르겠다. 전 세계에서 힌두교의 본보기를 따르면 우리의 문제가 지금보다 훨씬 수월해질 것이다.

군이 신기술 없이 문제를 해결할 수 있는 경우도 많다. 해결의 열쇠는 자연을 보호하는 것이다. 지난 몇 세기의 산업화는 우림과 습지를 쓸모없는 땅이나 단순한 원자재로 전락시켰으며, 한때 존재한 세계의 표본을 보존하겠다며 자연보호구역이 만들어졌다. 우림과 황무지는 탄소를 포집하고 대기를 보호하는 데 핵심적인 역할을 하며, 그렇기에 모든 지구촌 주민의 삶에 필수적이다.

습지가 필수적인 이유는 탄소를 흡수하기 때문이다. 아이슬란드에서는 엄청난 규모의 습지가 적극적으로 개간되었다. 굴착된 길이를 모두 합치면 3만 3000킬로미터로, 지구 둘레와 맞먹었다. 아이슬란드에서 습지가 준설되면서 발생한 배출가스는 아이슬란드의 중공업, 자동차 공업, 항공 산업을 모두 합친 것보다 많다. 해마다 약 800만 톤이 배출된다.[75] 이에 비해 자동차 배기가스는 100만 톤에 그친다. 땅이 말라 부패가 진행되면서 수천 년간 흙 속에 쌓인 탄화수소가 산화되고 있다. 한 세대가 쓸모없다고 여긴 것은 사실 유용한 것이었으며, 농토의 '개량'은 오히려 피해를 일으켰다. 할도르 락스네스는 과도한 습지 준설을 다룬 1970년 기사「땅과의 전쟁」에서 이렇게 결론내렸다. "나중에는 사람들에게 땅을 다시 메워달라며 돈을 지불해야 하지 않을까?"

아이슬란드의 배수로 중 약 70퍼센트는 농사에 이용되지 않고 있다. 연구자들은 배수로를 메우고 습지를 복원하자는 할도르의 제안이 아이슬란드가 기후변화를 막기 위해 할 수 있는 가장 중요한 일임을 밝혀냈다.

최근 태양 및 풍력 에너지 분야가 부쩍 발전했다. 신형 풍력발전기와 태양광 발전 시설은 낡은 석탄 화력 발전소에 맞설 경쟁력을 갖췄으며 전지 기술이 급속히 개량되면서 들쭉날쭉한 발전량을 상쇄할 수 있게 되었다. 미국의 전기 수요를 태양 에너지로 충당하려면 바트나예퀴들 빙하와 맞먹는 약 1만 제곱킬로미터의 면적이 필요한데, 미국의 지붕 면적은 약 5000제곱킬로미터이고 주차장 면적은 약 6만 제곱킬로미터다.

이 경주에서는 승리해도 모두가 승리하고 패배해도 모두가 패배한다. 호주, 아랍 지역, 애리조나가 태양 에너지 도입을 앞당길수록 이 기술이 널리 쓰이고 이를 통해 사람들이 가난에서 벗어날 가능성이 커진다. 아프리카 오지에서는 사람들이 100년에 걸친 통신 기술 발전을 생략한 채 곧장 스마트폰을 쓴다. 같은 일이 에너지 혁신에서도 일어나야 한다. 우리는 석탄과 석유를 생략하고 태양·풍력·지열 에너지로 직행해야 한다. 부자 나라가 기술을 확대하고 스스로 활용하는 것은 현실적으로 가능한 발전 방안이다.

여성 권리 신장이 환경과 무슨 상관이냐고 생각하는 사람도 있겠지만, 연구에 따르면 여성 교육은 가족의 안녕을 보장하며 인구 증가에 대처하는 최선의 방법은 자녀를 낳을 것인지, 낳는다면 언제 낳을 것인지의 결정권을 여성에게 주는 것이다. 그러므로 평등은 미래 환경 문제에 대한 가장 중요한 해결책 중 하나다. 해결책이 무엇인지 아는 것만으로는 충분하지 않다. 화석연료 배출의 중단을 2050년까지 완료하려면 측정 가능한 변화를 거의 당장 이뤄내야 한다.

전기, 상하수도, 난방, 무선통신, 도로 등 우리가 당연하게 여겨 이제는 있는 줄도 모르는 기반 시설은 대부분 20세기에 확립되었다. 비외르든 할아버지가 태어난 1921년에 엘리다아우강에서는 레이캬비크 지역에 전기를 공급하는 최초의 수력 발전소가 건설되기 시작했다. 전기가 우리와 함께한 시간은 그 정도로 짧았다. 할아버지 생전에 아이슬란드의 이용 가능 에너지는 1MW에서 2700MW로 증가했다. 20세기 들머리에 엔지니어, 기계 기사, 무선 통신사, 교환원 등 새롭고 생소한 직업에 종사하는 사람들이 아이슬란드에 들어왔다. 그 사람들이 그 시대의 기술을 개척했다. 지금의 전화번호부에는 직종이 '탄소 감축'으로 되어 있는 사람이 세 명 있다. 이 분야가 거대 산업이 되어야 한다. 21세기의 가장 큰 도약은 대기 중에서 CO_2를 직접 추출하여 가치를 끌어내는 방법을 개발하는 CO_2 포집 및 처리가 되어야 한다.

라이트 형제가 항공 분야에서 첫발을 내디뎠듯 아이슬란드의 헬리스헤이디 발전소에서는 역사상 최초의 탄소 포집 엔지니어들이 첫발을 내디뎠다. 헬리스헤이디 지열 발전소에서는 해마다 약

2만 톤의 CO_2가 발생하는데, 2012년에는 CO_2가 기반암에 흡수될 수 있는지 조사하는 실험이 진행되었다. CO_2를 물에 섞어 탄산수 비슷하게 만든 다음 토양에 뿌려 현무암과 접촉하게 한다는 발상이다. 이 반응에서 형성되는 방해석($CaCO_3$)은 탄산칼슘이 결정화된 것으로, 산호가 껍데기를 만드는 재료다. 처음에는 반응이 몇 년 만에 일어날지 몇천 년이 걸릴지 몰랐다. 알고 보니 암석은 몇 달 만에 바뀌었으며 핵심 테스트에서는 공기가 반짝이는 암석으로 변형되었음이 밝혀졌다. 2014년에 2400톤이 땅속에 분사되었으며 2017년에는 그 수치가 1만 톤에 이르렀다. 이 방법은 해저를 비롯하여 현무암 기반암이 있는 거의 모든 곳에서 쓸 수 있다. 비슷한 방법으로 CO_2를 포집하여 가스를 배출하지 않는 콘크리트 재료를 만들 수도 있다. 이 구상이 성공하면 인류는 산호나 소라게가 쓰는 것과 같은 재료로 보금자리를 지을 수 있을 것이다.

헬리스헤이디의 작은 건물에서는 대기 중에서 이산화탄소를 직접 추출하는 방법이 개발되고 있다. 이 방법은 여전히 비용이 많이 들지만 해마다 개량되고 있다. 2017년에는 약 50톤을 대기 중에서 직접 포집하여 제거하는 데 성공했다. 이 분량은 한 번의 비행이나 아이슬란드인 세 명의 연간 배기가스 배출량에 해당한다. 목표는 10만 톤을 감축하는 것이지만, 지구온난화와 싸우려면 숲 조성과 더불어 추출량을 수백만 배 늘려야 한다. 현재는 어느 해결책이 우세할 것인지, 어느 해결책이 가장 큰 성과를 거둘 것인지 판단할 마땅한 방법이 없다. '수세식 화장실'과 '하수도' 현상에 대한 19세기 저자의 설명과 마찬가지로 30년 뒤에는 이 문단이 시대에 뒤떨어지기를 바란다.

나는 세계 최초의 탄소 포집 엔지니어 중 한 명인 산드라 스나이비외르든스도티르를 만났는데, 우리의 대화 주제는 금세 미래로 넘어갔다. 그녀는 100년 뒤에 열리는 국제회의에서 전문가들이 지구에 어떤 조정을 실시할지, 대기 중 CO_2 농도를 350ppm으로 할지 250ppm으로 할지 논의할 것이라고 믿는다.

해결책에는 여러 측면이 있으며 어느 것은 비할 데 없이 아름답다. 자기 농장의 습지를 복원한 사람과 이야기를 나눴는데, 그는 자연이 얼마나 빨리 되살아나는지 말해주었다. "도랑을 메우고 연못을 만들었습니다. 이듬해 봄에 아비가 나타났고, 도랑과 벌판만 있던 곳에서 50종의 조류를 보았습니다." 많은 해결책이 새로운 연결을 만들고 생활수준을 향상시키고 생태를 개선함으로써 인간과 동물의 복리를 두루 발전시킨다. 이는 활기, 자각, 안정감을 낳을 것이다. 몇몇 해결책은 '접시를 깨끗이 비워라, 옷을 물려 입어라, 양말을 기워 신어라, 아껴 써라'처럼 우리의 할머니들이 늘 말하던 것이기도 하다. 해결책의 많은 부분은 희생을 요한다. 아무것도 대가로 요구하지 않은 채 남들에게 무언가를 해주어야 할 수도 있고 아이슬란드 구조대와 빙하연구회의 정신에 입각하여 단체와 집단, 조직을 만들어야 할 수도 있다. 우리는 과거에서 교훈을 배울 수 있다. 과소비가 횡행하기 전, 행복이 만발하던 지점을 찾아야 한다. 그곳 어딘가에서 우리는 균형과 만족을 발견할 것이다. 아우르드니 할아버지에게 그곳은 꿈의 계곡 바로 위쪽에 있는 천국의 산장이었다.

나는 외이드횝라가 자신의 모습을 내게 드러내어, 나로 하여금 우리 아이들의 생명과 미래를 지킬 수 있도록 이 책을 쓰게 했다고 믿는다. 나는 CO_2가 시험일 거라고, 인류가 통과해야 하는 시련일 거라고, 지구온난화는 인류에게 보내는 경고일 거라고 생각한다. 땅의 야생생물을 죽이고 우림을 파괴하고 신의 광대함으로 만물을 아우르는 침묵을 훼방하는 자는 스스로 멸망할 것이라고. 인류가 맞이한 시련은 모두의 것이므로 세계 각국은 전례 없는 방식으로 힘을 합쳐야 할 것이다. 성공하리라는 보장은 전혀 없다. 만물은 언젠가 최후를 맞으며 인류도 예외가 아니다. 하지만 우리가 성공한다면 세상은 (완벽과는 거리가 멀지라도) 여전히 언어로 표현할 수 있는 것보다 아름다운 곳일지도 모른다.

미래에 대한 대화

2102년 10월 4일

이곳은 흘라드바이르의 부엌이다. 엘리다강이 가을빛 숲을 구불구불 흐르고 셀라우스 거리의 집 앞 수영장에서 김이 모락모락 피어오른다. 도래까마귀 한 마리가 유치원 앞 가로등에 앉아 있다. 우리 딸 휠다 필리피아가 이 집을 사서 개축했다. 휠다는 얼마 전에 아흔을 넘겼다. 열두 살배기 쌍둥이 손녀가 부엌에서 휠다와 함께 앉아 있다. 손녀들은 팬케이크를 오물오물 씹으며 식탁 위 전자 액자로 동영상을 본다. 셀라우스 3번지의 식당에 아이들이 얌전하게 앉아 있는데, 젊은 여인이 촛불 밝힌 케이크를 가지고 들어온다.

휠다 필리피아가 말한다. "저분 알아. 할머니와 이름이 같단다. 지금으로부터 178년 전인 1924년에 태어나셨지. 산수를 해볼

까." 이렇게 말하며 팬케이크 반죽을 젓는다.

두 아이가 묻는다. "무슨 산수요?"

"할머니가 열 살 때 할머니 아버지가 가르쳐주신 간단한 문제야. 너희들이 사랑하는 사람이 여전히 살아 있는 때는 언제일까?"

"무슨 말씀이세요?"

"넌 지금 열두 살인데, 언제면 아흔이 되겠니?"

아이들이 종이에 숫자를 끼적인다. 2090 더하기 90은 2180.

"이제 2170년에 너희에게 손녀가 생긴다고 상상해보렴. 그 아이들은 언제 아흔이 될까? 언제까지 그 아이들이 여전히 너희에 대해 이야기하고 있을까?"

아이들이 더하기를 한다.

"2260년인가요?"

"그래, 상상할 수 있겠어? 너희가 세상에서 가장 사랑하는 사람이 2260년까지도 살아 있을 거라고! 너의 시대를 상상해보렴. 할머니는 2008년에 태어났는데, 너희는 2260년에도 살아 있는 사람을 알게 되는 거야. 그게 네가 연결되어 있는 시간이야. 250년 넘게 말이지. 그건 너희 손으로 만질 수 있는 시간이야. 너희의 시간은 너희가 알고 사랑하는 누군가, 너희를 빚는 누군가의 시간이자 너희가 알고 사랑하는 시간, 너희가 빚는 시간이란다. 너희가 하는 모든 일에는 의미가 있어. 너희는 하루하루 미래를 만들어가고 있단다."

아포칼립스 나우—코로나 이후에 쓴 후기

2020년 6월 17일

모든 것이 멈췄다. 상상하지도 못한 일이 벌어졌다.

인류가 너무 서두른다는 얘기는 오래전부터 있었다. 우리는 생물 다양성을 감소시키며 지구의 한계에 바싹 다가서고 있다. 앞으로 80년간 바다의 수소이온농도는 지난 5000만 년보다 더 많이 변할 것이다. 수천 년간 건재하던 고대의 빙하와 영구동토대도 이후 80년간 녹아버릴 것으로 전망된다. 전면적 파국을 피하려면 속도를 늦춰야 한다. 이 책에서 나는 과학적 사실들을 언급하며 이런 질문을 던졌다. 우리가 분별력이 있는 피조물이고 자신이 무슨 짓을 하고 있는지 안다면, 우리가 어디로 향하는지, 우리의 행동이 어떤 결과를 낳는지 안다면, 우리는 멈출까?

세상이 이토록 빠리, 이토록 극단적인 방법으로 멈추리라고는, 이렇게 거대한 중단을 경험하리라고는 꿈에도 생각지 못했다.

최근 몇 달간의 사태에서 아포칼립스-종말을 연상한 사람들이 많겠지만, 그리스어 '아포칼립스'의 진짜 의미는 무언가를 '폭로'한다는 것이다. 최근 사건들은 우리가 얼마나 취약한지를 폭로하고, 스모그와 스모크(연기)를 폭로하고, 우리의 공급망을 폭로하고, 정부의 능력과 무능력을 폭로하고, 불평등과 특권을 폭로한, 진정한 아포칼립스였다. 이 사건들은 건강이 일개인의 문제가 아님을 우리에게 보여주었다. 지구 위 모든 사람들의 건강은 서로 연결되어 있으며 지구 생태계의 건강과도 서로 연결되어 있기 때문이다.

아이슬란드 정부는 코로나19 상황에 전문적이고 유능하게 대처했다. 정부의 모든 결정은 과학에 기반했으며, 공식 명령은 정치인들을 통해서가 아니라, 수석 역학자, 보건국장, 아이슬란드 경찰총경의 일일 대책 회의에서 나왔다. 그들은 호감과 인간미를 느끼게 하는 집단으로서, 엄격한 명령을 내리면서도 개인의 책임을 강조했다.

아이슬란드 여론 조사에 따르면 96퍼센트가 정부 조치를 신뢰했다. 우리는 불안과 금전적 손실을 겪었지만 그와 동시에—또한 아마도 1990년대 이후 처음으로—시스템과 정부에 대한 확신과 신뢰를 느꼈다. 이 신뢰는 나를 마취하여 개흉 심장 수술을 하려는 의사에게 느끼는 것과 같은 신뢰다. 권위를 무비판적으로 믿는 것이 장기적으로는 바람직하지 않을지도 모르지만, 오랫동안 정치적 양극화를 겪은 뒤에 과학에 기반한 권위를 신뢰할 수 있다는 것은 우리에게 묘한 위안을 주고 있다.

아이슬란드 국민은 이런 식으로 많은 목숨을 구한 것에 대해, 많은 이웃 나라보다 사망률에 낮은 것에 대해 고맙게 생각한다. 신체적 고통을 직접 경험한 사람은 많지 않기에, 인구 대다수가 겪은 고통은 집에 틀어박혀 있어야 하는 것, 고령의 가족·친지를 만나지 못하는 것, 아이들을 곁에 두지 못하는 것, 잃어버린 기회, 대량 실업의 불확실한 미래, 코로나 2차 대유행에 대한 두려움 등이다. 이와 더불어 모든 것이 섬뜩하도록 기이해졌다.

아포칼립스는 모든 나라에서 일어났으며 모든 것을 폭로했다. 이제 우리는 구조를 볼 수 있다. 우리는 히말라야 산맥을 볼 수 있다. 중국의 하늘은 푸르러졌고 베네치아의 물은 맑아졌다. 코로나바이러스는 정치인과 정부의 상상력—또한 상상력의 결여—도 폭로했다. 우한에서 혼란이 벌어졌을 때 많은 사람들은 자기 나라에서도 같은 상황이 벌어지리라 상상하지 못했으며 필요한 예방조치를 취하지도 못했다. 이탈리아에서 혼란이 벌어졌을 때에도, 그것은 우리와 동떨어진 북유럽과 미국의 문제라고 생각했다. 이번 위기는 과학을 이해하고 미래의 현실에 적용하는 것이 얼마나 중요한지 보여주었다. 재빨리 대처한 나라의 사망률은 굼뜨게 대응한 나라들보다 열 배 이상 낮았다. 그럼에도 우리는 배우는 일에 굼뜨다. 비극이 거듭거듭 전파되는 것은 그 비극이 우리에게 일어나리라고 믿지 않기 때문이다. 하지만—이번에—모든 것이

멈춘 것은 사랑하는 이가 다음 주에 병에 걸릴지도 모르기 때문이다. 이 위험이 우리의 마음을 움직였다.

모든 것이 멈춘 것처럼 느껴지는데도, 교통과 항공이 얼어붙으면서 유가가 일시적으로 마이너스가 된 것처럼 느껴지는데도, 전 세계 온실가스 배출 감소율은 약 17퍼센트에 불과하다.[76] 고정된 구조가 여전히 어찌나 많은지, 우리가 아무것도 하지 않거나 겨우 목숨만 부지하는 것처럼 느껴질 때에도 우리는 지구에 어마어마한 영향을 미치고 있다.

희소식은 구조적 변화의 상당수를 우리가 가진 기술의 테두리 안에서 실현할 수 있다는 것이다. 지난 몇 달간 우리는 최악의 습관 중 많은 것들을 버려도 살아가는 데 지장이 없음을 알게 되었다. 기후변화를 막기 위해서는 코로나 바이러스에 대처할 때만큼 극단적으로 행동하지 않아도 된다. 우리는 할머니와 포옹하고, 북적거리는 거리를 돌아다니고, 낯선 사람과 악수하고, 공연장과 스포츠 경기장과 극장과 도서관과 학교와 카페에 가는 일을 그만둬야 했지만, 지구온난화를 막기 위해서는 그러지 않아도 된다. 모든 것을 폭로하는 아포칼립스는 우리에게 진정으로 필요한 것이 무엇인지, 없어도 살아가는 데 지장이 없는 것이 무엇인지, 경고를 진지하게 받아들일 경우 얼마나 신속한 조치를 취할 수 있는지 보여주었다.

지금의 중대 질문은 이것이다. 우리가 사랑하는 이들을 위한 삶의 토대가 2050년, 2060년, 2080년에도 무사하도록 하기 위해서 지금처럼 긴급한 조치를 취하려면 어떻게 해야 할까? 코로나19 위기에서 전 세계적 무대응이 엄청난 고통을 일으킨 것에서 교훈을 얻어 이를 지구 전체의 미래에 적용할 수 있을까? 99퍼센트의 과학자들이 지금 뭔가 심각한 일이 벌어지고 있다고 말하고 있다면? 어떻게 하면 우리가 의사와 간호사를 신뢰하듯 기후학자들을 신뢰할 수 있을까? 전 세계가 멈춰버린 이번 사태에서 우리는 무엇을 배울 수 있을까?

1 "Corporate Default and Recovery Rates, 1920–2008," *Moody's Global Credit Policy*, https://www.moodys.com/sites/products/DefaultResear ch/2007400000578875.pdf.

2 "Splendor in the Mud: Unraveling the Lives of Anacondas," *The New York Times*, https://www.nytimes.com/1996/04/02/science/splend-or-in-the-mud-unraveling-the-lives-of-anacondas.html; Paul P. Calle, Jesús Rivas, María Muñoz, John Thorbjarnarson, Ellen S. Dierenfeld, William Holmstrom, W. Emmett Braselton og William B. Karesh: "Health Assessment of Free-Ranging Anacondas (Eunectes murinus) in Venezuela." *Journal of Zoo and Wildlife Medicine*. Vol. 25, No. 1, Reptile and Amphibian Issue (March 1994), 53~62쪽.

3 *Vísir*, 10. March 1933, p. 2. In *Heimdalli*, 18. Apríl 1933 (1쪽) 507/5000, 그해 1/4분기에 일어난 해양 사망 사고 도표. 총 서른네 명이 목숨을 잃었다. 이에 더하여 기사에 따르면 독일인 어부 두 명과 영국인 한 명이 아이슬란드 인근에서 익사하여 전체 사망자 수는 약 서른여섯에서 마흔 명에 이른다. 이 석 달간 아이슬란드 아동 쉰 명에서 100명이 아버지를 잃었을 것이다. 아이슬란드인들은 이 시기에 다른 나라들

이 전쟁에서 잃은 것만큼 (인구 대비로) 많은 목숨을 바다에서 잃었다.
2014년은 아이슬란드 역사상 최초로 뱃일하다가 죽은 뱃사람이 한 명
도 없는 해였다.

4   Helgi Valtýsson, *Á hreindýraslóðum* [순록의 나라에서]. Akureyri 1945,
    11쪽.

5   같은 책, 104~105쪽.

6   "Our history," *Alcoa*, http://www.alcoa.com/global/en/who-we-are/
    history/default.asp.

7   Helgi Valtýsson, *Á hreindýraslóðum* [순록의 나라에서]. 57쪽.

8   *Sea Level Rise*, http://atlas-for-the-end-of-the-world.com/world_maps/
    world_maps_sea_level_rise.html.

9   *Global Warming of 1.5°C*. IPCC 2018, https://report.ipcc.ch/sr15.

10 Anna Agnarsdóttir, "Var gerð bylting á Íslandi sumarið 1809?," ["1809년
    여름 아이슬란드에서 혁명이 일어났는가?"], *Saga* XXXVII, 1999.

11 *Íslenzk sagnablöð*, Kaupmannahöfn, 1826, p. 80. 번역: "1809년 아이슬
    란드섬에서 일어난 혁명에 대한 역사적 서술," Óðin Melsted, Anna
    Agnarsdóttir 엮음(Reykjavik University Press, Reykjavík, 2016). 163쪽.

12 Caldeira, K. and Wickett, M. E.: Anthropogenic carbon and ocean pH,
    Nature, 425, 365 pp., 2003.

13 "Áhrif loftslagsbreytinga á sjávarvistkerfi," ["기후변화가 해양 생태계에
    미치는 영향."] *Morgunblaðið*, 12. September, 2006, 10쪽.

14 http://www.ipcc.ch/ 참조.

15 Heinrich Harrer. *Seven Years in Tibet*. London: Rupet Davis, 1953, p. 124.
    한국어판은 『티베트에서의 7년 1』(황금가지, 1998) 217쪽.

16 *Dhammapada: vegur sannleikans*. Orðskviðir Búdda. [법구경: 진리의 길.
    부처님의 말씀.] Njörður P. Njarðvík 번역. Reykjavík, 2003, 85쪽. 한국어
    판은 『법구경』(민족사, 2019) 220쪽.

17 *Landnámabók*. Íslensk fornrit I. Jakob Benediktsson 출간, Reykjavík,
    1986, p. 321.

18 P. Wester, A. Mishra, A. Mukherji, A. B. Shrestha (ritstj.) *The Hindu Kush Himalaya Assessment–Mountains, Climate Change, Sustainability and People*. Springer Open, 2019. https://link.springer.com/content/pdf/10.1007%2F978-3-319-92288-1.pdf.

19 같은 책.

20 Kunda Dixit, "Terrifying assessment of a Himalayan melting," *Nepali Times*, February 4 2019. https://www.nepalitimes.com/banner/a-terrifying-assessment-of-himalayan-melting/.

21 David Wallace-Wells, "UN Says Climate Genocide Is Coming. It's Actually Worse Than That," *Intelligencer*, http://nymag.com/intelligencer/2018/10/un-says-climate-genocide-coming-but-its-worse-than-that.html.

22 "Only 11 Years Left to Prevent Irreversible Damage from Climate Change, Speakers Warn during General Assembly High-Level Meeting," https://www.un.org/press/en/2019/ga12131.doc.htm.

23 *Sea Level Rise Viewer*, https://coast.noaa.gov/slr/.

24 Björn Þorbjarnarson: "The Shah's Spleen," https://www.journalacs.org/article/S1072-7515(11)00292-4/fulltext?fbclid=IwAR3u0_tMdcN-ukZqwHhR7CfhNXrCPXkG4cz0ZBBKK8mzZY_LgpGA-hGIzVFg.

25 Blake Gopnik: "Andy Warhol's Death: Not So Simple, After All," *The New York Times*, https://www.nytimes.com/2017/02/21/arts/design/andy-warhols-death-not-so-routine-after-all.html.

26 Wayne F. King, Harry Messel, James Perran Ross og John Thorbjarnarson: "Crocodiles – An action plan for their conservation," https://portals.iucn.org/library/node/6002.

27 "Mamirauá, land flæðiskógarins". *Morgunblaðið*, 24. ágúst 1997, B18~19쪽.

28 "Crocodiles – An action plan for their conservation," https://portals.iucn.org/library/node/6002.

29 Lao Tse: *Bókin um veginn*. Jakob Jóhann Smári og Yngvi Jóhannesson
    þýddu. Reykjavík 1921, p. 11. 한국어판은 『노자』(들녘, 2007)
    630~634쪽.

30 *Arctic Report Card: Update for 2018*, https://arctic.noaa.gov/Report-
    Card/Report-Card-2018.

31 Caspar A. Hallmann , Martin Sorg, Eelke Jongejans, Henk Siepel, Nick
    Hofland, Heinz Schwan, Werner Stenmans, Andreas Müller, Hubert
    Sumser, Thomas Hörren, Dave Goulson, Hans de Kroon: "More than 75
    percent decline over 27 years in total flying insect biomass in protected
    areas," https://journals.plos.org/plosone/article?id=10.1371/ journal.
    pone.0185809.

32 Douglas Martin: "John Thorbjarnarson, a Crocodile and Alligator
    Expert, Is Dead at 52," *The New York Times*, https://www.nytimes.
    com/2010/03/10/science/10thorbjarnarson.html?mtrref=www.google.
    com.

33 "John Thorbjarnarson," The Economist, https://www.economist.com/
    obituary/2010/03/18/john-thorbjarnarson.

34 P. Nielsen: "Síðustu geirfuglarnir". *Vísir*, 12. september 1929, 5쪽.

35 P. Nielsen: "Sæörn". *Morgunblaðið*, 2. August 1919, 2~3쪽.

36 "Media Release: Nature's Dangerous Decline 'Unprecedented'; Species
    Extinction Rates 'Accelerating'," IPBES – *Science and Policy for People and
    Nature*, https://www.ipbes.net/news/Media-Release-Global-Assessment.

37 "Nicholas Clinch, Who Took On Unclimbed Mountains, Dies at 85,"
    The New York Times, https://www.nytimes.com/2016/06/23/sports/
    nicholas-clinch-who-took-on-unclimbed-mountains-dies-at-85.html

38 Sigurður Þórarinsson: "Vatnajökulsleiðangur 1956," *Jökull. Ársrit
    Jöklarannsóknarfélags Íslands*, 44쪽.

39 María Jóna Helgadóttir: *Breytileg stærð jökulsins Oks í sambandi við
    sumarhitastig á Íslandi* [아이슬란드 여름 기온과 비교한 오크 빙하의 크기 변화]. B.S. dissertation in Earth Sciences at the University of Iceland, School of Engineering and Natural Sciences. 지도 교수: Hreggviður Norðdahl. Háskóli Íslands, 2017.

40 https://www.facebook.com/jardvis/posts/2705880609426386 참조.

41 H. Frey, H. Machguth, M. Huss, C. Huggel, S. Bajracharya, T. Bolch, A. Kulkarni, A. Linsbauer, N. Salzmann og M. Stoffel: "Estimating the volume of glaciers in the Himalayan–Karakoram region using different methods," *The Cryosphere*, https://www.the-cryosphere. net/8/2313/2014/tc-8-2313-2014.pdf.

42 "CO2 Concentrations Hit Highest Levels in 3 Million Years," *Yale Environment* 360. The Yale School of Forestry and Environmental Studies, https://e360.yale.edu/digest/co2-concentrations-hit-highest-levels-in-3-million-years.

43 "Are Volcanoes or Humans Harder on the Atmosphere?," *Scientific American*, https://www.scientificamerican.com/article/earthtalks-volcanoes-or-humans/.

44 "Planes or Volcano?," https://informationisbeautiful.net/2010/planes-or-volcano.

45 에이야피아들라예퀴들 화산의 이산화탄소 배출량이 일일 15만 톤이며 미국의 배출량은 5.4기가톤, 영국의 배출량은 400메가톤이라는 가정하에 계산했다. 그런 다음 메탄가스 및 토지 이용에 따른 CO2 등가물을 추가할 수 있다. 여기서의 계산은 불에만 초점을 맞춘다.

46 *Global Warming of 1.5°C*. IPCC 2018, https://www.ipcc.ch/sr15. https://www.globalcarbonproject.org/를 보라.

47 *Global Warming of 1.5°C*. IPCC 2018, https://report.ipcc.ch/sr15.

48 Hans Rosling, Ola Rosling, Anna Rosling Rönnlund: "Deaths in Wars". *Factfulness: Ten Reasons We're Wrong About The World – And Why Things Are Better than You Think*. 한국어판은 『팩트풀니스』(김영사, 2019).

49 https://www.hagstofa.is/utgafur/frettasafn/umhverfi/losun-koltvisyrings-

a-einstakling/ 참조.

50 "Extreme Carbon Inequality," *Oxfam International*, https://www-cdn. oxfam.org/s3fs-public/file_attachments/mb-extreme-carbon-inequality-021215-en.pdf.

51 http://www.loftslag.is/?p=10716 참조.

52 이런 계산의 이론적 토대에 대한 훌륭한 논의로는 https://www. carbonbrief.org/analysis-how-much-carbon-budget-is-left-to-limit-global-warming-to-1-5c 참조.

53 "Global energy transformation: A roadmap to 2050," *IRENA – International Renewable Energy Agency*, https://www.irena.org/publications/2019/Apr/Global-energy-transformation-A-roadmap- to-2050-2019Edition.

54 https://www.herkulesprojekt.de/en/is-there-a-master-plan/the-moon-landing.html 참조.

55 "Mike Pompeo praises the effects of climate change on Arctic ice for creating new trade routes," *Independent*, https://www.independent.co.uk/news/world/americas/us-politics/mike-pompeo-arctic-climate-change-ice-melt-trade-a8902206.html.

56 Sandra Laville: "Top oil firms spending millions lobbying to block climate change policies, says report," *The Guardian*, https://www.theguardian. com/business/2019/mar/22/top-oil-firms-spending-millions-lobbying-to-block-climate-change-policies-says-report.

57 "Annual Energy Outlook 2019," *EIA – U.S. Energy Information Administration*, https://www.eia.gov/outlooks/aeo/.

58 James Rainey: "The Trump administration scrubs climate change info from websites. These two have survived," *NBC News*, https://www. nbcnews.com/news/us-news/two-government-websites-climate-change-survive-trump-era-n891806.

59 "A Fifth of China's Homes Are Empty. That's 50 Million Apartments,"

Bloomberg, https://www.bloomberg.com/news/articles/2018-11-08/a-fifth-of-china-s-homes-are-empty-that-s-50-million-apartments.

60 http://anthropocene.info/great-acceleration.php 참조.

61 "Revisiting the Earth's sea-level and energy budgets from 1961 to 2008," *Geophysical Research Letters*, https://agupubs.onlinelibrary.wiley.com/doi/full/10.1029/2011GL048794.

62 "Global warming impairs stock–recruitment dynamics of corals," *Nature*, https://www.nature.com/articles/s41586-019-1081-y.

63 *Loftslagsbreytingar og áhrif þeirra á Íslandi* [기후변화가 아이슬란드에 미치는 영향]. Report of the Science Committee, 2018, "Ocean Acidification" (6th chapter), https://www.vedur.is/loftslag/loftslagsbreytingar/loftslagsskyrsla-2018.

64 Jón Ólafsson: "Rate of Iceland Sea acidification from time series measurements," https://www.researchgate.net/publication/26636970.

65 Einar Jónsson: "Enn um átu". *Sjómannablaðið Víkingur* 11.–12. tbl. 1980, 45~49쪽.

66 Lee R. Kump, Timothy J. Bralower and Andy Ridgwell: "Ocean Acidification in Deep Time," *Oceanography*, 4/22, 2009.

67 https://unfccc.int/sites/default/files/resource/The%20People%27s%20Address%202.11.18_FINAL.pdf

68 J.E.N. Vernon et al.: "The coral reef crisis: The critical importance of ⟨ 350 ppm CO2," *Marine Pollution Bulletin*, https://www.sciencedirect.com/science/article/pii/S0025326X09003816.

69 *Living Planet Report – 2018: Aiming higher*. WWF 2018, https://www.wwf.org.uk/sites/default/files/2018-10/wwfintl_livingplanet_full.pdf.

70 Christopher A. Brochu og Glenn W. Storrs: "A giant crocodile from the Plio-Pleistocene of Kenya, the phylogenetic relationships of Neogene African crocodylines, and the antiquity of Crocodylus in Africa," *Journal of Vertebrate Paleontology*, 32:3 (2012), 587~602쪽.

71 "Doha infographic gets the numbers wrong, underestimates human emissions," *Carbon Brief*, https://www.carbonbrief.org/doha-in-fographic-gets-the-numbers-wrong-underestimates-human-emissions.

72 https://www.drawdown.org 참조.

73 "U.S. could feed 800 million people with grain that livestock eat, Cornell ecologist advises animal scientists," *Cornell Chronicle*, https://news.cornell.edu/stories/1997/08/us-could-feed-800-million-people-grain-livestock-eat.

74 Emily S Cassidy, Paul C West, James S Gerber and Jonathan A Foley, "Redefining agricultural yields: from tonnes to people nourished per hectare," *Environmental Research Letters*, https://iopscience.iop.org/article/10.1088/1748-9326/8/3/034015.

75 "National Inventory Report. Emissions of Greenhouse Gases in Iceland from 1990 to 2017," Umhverfisstofnun 2019, *Umhverfisstofnun*, https://www.ust.is/library/Skrar/Atvinnulif/Loftslagsbreytingar/NIR%202019%20Iceland%2015%20April%20final_submitted%20to%20UNFCCC.pdf?fbclid=IwAR1rHQQFw7A6eRHq1Y2Zn4tnGjIXk6sqa-vPjCRwP5LUcx0QrnDwESRW2MsI.

76 https://www.nature.com/articles/s41558-020-0797-x.

사진 출처

이미지. 현재 코펜하겐 덴마크왕립도서관 소장(NKS 1867 4to). 카마데누 이미지는 디지털 사진 자료실에서 입수.

148~149쪽 예수그리스도와 J. 로버트 오펜하이머. 예수 이미지는 빌뒤 달뤼르 교회의 제단에 있다. (원래는 오트라달뤼르 교회 소장.) 덴마크에서 제작된 것으로, 제작 시기는 1737년이다. 촬영: 회그니 에이일손. 오펜하이머 이미지는 게티 이미지를 통해 알프레트 아이젠슈테트/〈라이프〉 사진 자료실에서 입수.

172~173쪽 비외르든 소르비아르드나르손(나의 외할아버지)과 아르든디스 소르비아르드나르도티르. 1937년경 빌뒤달뤼르에서 촬영.

174~175쪽 1930년 영국 옥스퍼드에 있는 톨킨 가족의 집에서 찍은 이 사진들에는 아르든디스, J. R. R. 톨킨, 이디스 톨킨, 그들의 네 자녀 크리스토퍼, 존 프랜시스 루엘, 프리실라, 마이클이 들어 있다. 아르든디스 소르비아르드나르도티르의 개인 소장품. 촬영: 아르든디스 소르비아르드나르도티르와 J. R. R. 톨킨.

180~181쪽 1956년 5월 크반나달스흐니우퀴르산에서 아우르드니 캬르탄손과 휠다 필리퓌스도티르. 촬영: 두 사람의 친구 잉기비외르그 아우르드나도티르.

182~183쪽 1954년 5월 크베르크피외들 빙하로 가는 길. 가장 먼 사람부터 회이퀴르 하플리다손, 스테이나 외이뒨스도티르, 시귀르뒤르 바아게, 프로바블리 스테파운 비아르드나손, 휠다 귀드룬 필리퓌스도티르, 아우르드니 캬르탄손. 촬영: 아우르드니 캬르탄손.

184~185쪽 1956년 신혼여행에서 텐트를 치는 장면. 촬영: 아우르드니 캬르탄손.

186~187쪽 1956년 스키를 타고 설상차에 끌려 바트나예퀴들 빙하를 가로지르는 광경. 촬영: 아우르드니 캬르탄손.

224~225쪽 2018년 트리니다드토바고공화국 차카차카레섬 근처에서 액

티브오브런던호와 석유 (또는 가스) 시추 플랫폼. 촬영: 마르
틴 데 투라.

불과 얼음과 땅, 그리고 세상의 끝

초봄에 넘긴 원고가 늦가을에 책으로 나온다. 연한 초록이 조금씩 고개를 내밀던 작업실 창밖 풍경은 누렇고 붉은 잎마저 얼마 남지 않았다. 봄에 심은 수세미에서 열매가 두 개 열려 며칠 전 껍질을 벗기고 씨앗을 빼내 '수세미' 여덟 개를 만들었다. 딸기며 방울토마토며 옥수수며 등등은 수확한 지 이미 오래다. 올해 뿌린 씨앗 중에서 마지막 수확은 이 책이 될 것 같다.

『시간과 물에 대하여』를 번역하면서 번역가의 시간에 대해 생각한다. 번역가의 시간은 2, 3개월을 주기로 어떤 의미도 없이 무정하게 반복된다. 이번처럼 책의 시간(번역과 출간)과 자연의 시간(파종과 수확)이 일치하는 경우는 매우 드문 우연이다. 이 책에도 수많은 우연이 등장한다. 달라이 라마와의 난데없는 인터뷰는 그중 하나에 불과하다. 마그나손은 이 우연들을 씨줄과 날줄 삼아 촘촘한 이야기의 그물을 짠다. 이 이야기의 무대가 아이슬란드인

것은 가장 큰 우연처럼 보이기도 하고 가장 큰 필연처럼 보이기도 한다. 아이슬란드에서가 아니라면 결코 쓰일 수 없었을 이야기.

국토의 10퍼센트가 빙하인 나라. 30개의 활화산이 있는 나라. 북유럽 신화에 나오는 아홉 개의 세계 중에 얼음의 세계 니플헤임과 화염의 세계 무스펠스헤임이 있는 건 우연이 아니다. 『에다』의 필사본이 전해지는 나라. 세계 최초의 의회가 열린 나라. 불의 땅, 무엇보다 얼음의 땅, 아이스-란드.

『에다』는 세상의 창조와 멸망, 새로운 시작을 노래한 신화다. 옛 세상의 지배자 오딘, 토르, 로키, 그리고 라그나뢰크로 인한 종말 이후에 새로운 세상을 여는 발드르. 온 세상을 태워버리는 수르트의 불길은 석유에서 왔을까.

이 책은 이야기들로 이루어져 있다. 북유럽 신화 『에다』의 창조 이야기, 마치 『에다』의 쌍둥이 같은 『베다』이야기, 마그나손의 할아버지, 할머니가 들려주는 아이슬란드의 역사와 사회 이야기, 달라이 라마의 티베트 이야기, 외삼촌 존 소르비아르드나르손과 악어 이야기, 빙하 이야기. 사라진 것들과 사라져가는 것들에 대한 이야기. 숫자로 볼 때는 감이 잡히지 않았던 것들이 이야기로 들으니 생생하게 다가온다. 소설가이자 시인인 마그나손은 허구의 이야기와 역사 이야기를 엮어 우리에게 닥친 위기와 우리가 해야 할 일을 설득력 있게 풀어낸다.

2011년에 『세상의 종말에서 살아남는 법』(초록물고기, 2011)이라는 책을 번역한 적이 있다. 핵전쟁이나 기후 위기로 정상적인 삶이 불가능해졌을 때 미리 비축한 식량과 무기 등으로 자신과 가족의 목숨을 부지하는 방법을 알려주는 일종의 지침서인데, 작업하는 내내 일상생활이 힘들 정도로 우울했다. 저렇게 준비해야 할게 많은데 나는 아무 대책도 없이 암울한 미래를 기다리면서 미래를 대비해야 한다는 책을 번역하고 있다는 것이 답답했다. 그 뒤로 인류의 멸망을 떠올리게 하는 책은 한 번도 번역하지 않았다 (물론 내가 거부한 게 아니라 의뢰받은 적이 없어서이지만). 그러다이 책을 만나게 되었다. 물질적 소멸이 반드시 의미의 소멸을 뜻하는 것은 아님을, 소멸 또한 이야기의 한 부분임을, 그리고 우리가 듣고 겪은 이야기는 소멸하지 않을 것임을 상기하면서 마음이 조금은 가벼워졌다. 이 책을 읽게 될 여러분도 나름의 이야기를 만들어가시길.

노승영

시간과 물에 대하여

1판 1쇄	2020년 12월 7일
1판 6쇄	2024년 1월 9일
지은이	안드리 스나이르 마그나손
옮긴이	노승영
펴낸이	김정순
편집	허정은 허영수 오윤성
디자인	이강효
마케팅	이보민 양혜림 손아영
펴낸곳	(주)북하우스 퍼블리셔스
출판등록	1997년 9월 23일 제406-2003-055호
주소	04043 서울시 마포구 양화로 12길 16-9(서교동 북앤빌딩)
전자우편	editor@bookhouse.co.kr
홈페이지	www.bookhouse.co.kr
전화번호	02-3144-3123
팩스	02-3144-3121
ISBN	979-11-6405-081-9 03330